尽 善 尽   弗 求 弗 迪

业务增长战略

BLM战略规划 7步法

樊辉 著

电子工业出版社
Publishing House of Electronics Industry
北京·BEIJING

内 容 简 介

本书聚焦于 BLM（Business Leadership Model，业务领先模型）在业务战略管理领域的具体应用，从一个业务经营者的角度重点阐述了业务战略管理三部曲——战略设计、战略解码与战略执行的核心内容。全书共 7 章，第 1 章至第 6 章分别介绍了 BLM 战略规划 7 步法中每一步的工具方法和逻辑过程，完成对业务战略的设计和解码，这是业务战略管理三部曲前两部的内容。第 7 章重点聚焦于战略执行过程中的瓶颈突破，这是业务战略管理三部曲第三部的内容。最后的"结语"部分，针对业务战略的管理及 BLM 战略规划 7 步法的实际应用，提供了一些重要的策略性建议。

未经许可，不得以任何方式复制或抄袭本书之部分或全部内容。
版权所有，侵权必究。

图书在版编目（CIP）数据

业务增长战略：BLM 战略规划 7 步法 / 樊辉著. 一北京：电子工业出版社，2022.10
ISBN 978-7-121-44223-0

Ⅰ.①业… Ⅱ.①樊… Ⅲ.①企业战略 Ⅳ.① F272

中国版本图书馆 CIP 数据核字（2022）第 160270 号

责任编辑：杨　雯
印　　刷：三河市鑫金马印装有限公司
装　　订：三河市鑫金马印装有限公司
出版发行：电子工业出版社
　　　　　北京市海淀区万寿路 173 信箱　邮编：100036
开　　本：720×1000　1/16　印张：16.25　字数：233 千字
版　　次：2022 年 10 月第 1 版
印　　次：2025 年 10 月第 12 次印刷
定　　价：79.00 元

凡所购买电子工业出版社图书有缺损问题，请向购买书店调换。若书店售缺，请与本社发行部联系，联系及邮购电话：（010）88254888，88258888。
质量投诉请发邮件至 zlts@phei.com.cn，盗版侵权举报请发邮件至 dbqq@phei.com.cn。
本书咨询联系方式：（010）57565890，meidipub@phei.com.cn。

序言

在激烈多变的市场竞争中活下来

随着信息技术的迅猛发展和市场全球化竞争的进一步加剧，客户不断被细分，产品的生命周期不断被压缩，客户对企业的反应速度和产品质量的要求不断提高，国内绝大多数行业早已进入微利时代。全球新冠肺炎疫情肆虐及其造成的全球经济与社会的不稳定因素增多，今天的企业管理者们发现，要在当下激烈多变的市场竞争中活下来，比以往任何时候都要困难，他们此时所做的任何错误决策，企业将为之付出的代价也要大得多。

作为一名长期与中小企业陪跑的管理咨询顾问，面对当下的经营困局，我与企业的管理者们感同身受。此时的我，想起了那句话：信心比黄金贵。是的，"信心"是人们战胜恐惧和困难的首要条件，但是，除了要有必胜的信心，我认为企业管理者们还要有先胜而后求战的谋略才行。信心源自强大的内心感召，谋略则产生于理性的大脑思考，心脑合一的信心与谋略，才是我们在激烈多变的市场竞争中活下来的两个法宝。

谋略，意指战略，是引领企业在茫茫大海中航行的灯塔。企业战略分为总体战略、业务战略和职能战略三个层次，企业直接参与市场竞争的是各业务单元（BU，Business Unit），总体战略为业务单元设定了总体目标和指导方针，职能战略则为业务单元提供资源和能力。因此，本书试图以业务战略为切入点，为企业管理者们提供一整套设计和执行业务战略的思维框架及大量实操的

工具方法。我希望通过帮助企业管理者提高设计和执行业务战略的质量，提振他们在激烈多变的市场竞争中活下来的信心与勇气。

要想在激烈多变的市场竞争中活下来，必定会是一场历经各种磨难、坎坷和孤独的修行，先在一个小的细分市场和较低平台上活下来，企业才有资源和能力参与更大市场和更高平台上的竞争。这是以空间换时间，是中小企业该走的可持续成长之路，朝三暮四地追寻某些所谓的风口，借助外力飞起来的"虚飘"反映的恰是战略的迷失。进窄门，走远路，见微光，才是一条永生之道，也是中小企业制定战略最本真的意义。

我多么希望这本书能成为一个蕴含强大感召力和必胜谋略的"转经筒"，赠予那些正行走在漫漫修行路上的广大中小企业的管理者们！

樊 辉

2022 年 2 月 18 日深夜于深圳

内容摘要

开宗明义：本书聚焦于BLM（Business Leadership Model，业务领先模型）在业务战略管理领域的具体应用与实操，BLM模型的理论溯源与学派之争则交给专家学者们。

本书从一个业务经营实操者的角度重点阐述了业务战略管理三部曲——战略设计、战略解码与战略执行（战略规划包括战略设计与战略解码）的核心内容。

业务战略设计的核心是以客户为中心，以核心竞争力为基础的业务模式创新设计。

业务战略解码的核心是支撑新的业务模式达成未来业务战略目标的必赢之战。

业务战略执行的核心是突破业务系统的能力瓶颈，打赢必赢之战。

本书所说的业务战略不是竞争战略

有的专家称业务战略为竞争战略，但是笔者并不认同。竞争战略关注的是在哪里竞争，如何竞争，何时竞争，在竞争战略的思想指导下，企业制定战略的核心就是通过成本领先、差异化和集中化三种基本策略获取竞争优势，打败竞争对手。但是，这种你输我赢的竞争策略造成的结果往往是价格战下的双输或多输，在今天越来越强调开放合作的商业环境下，难道我们就不能与竞争对手和谐共处、合作共赢吗？答案是肯定的，事实上，业界已有非常多的成功案例。而且达尔文的进化论也早已证明能够存活

 业务增长战略

下去的往往不是最强的物种，而是能够适应外部环境变化的物种。如果业务战略不是竞争战略，那它又是什么呢？我认为是"发展战略"，企业制定战略的最终目的是谋求发展，而不是打败竞争对手，竞争只是追求发展的一种手段而已，我们也可以与竞争对手合作，把资源投入到更具发展空间的领域来实现发展。正所谓"一枝独秀不是春，百花齐放春满园。"

只有理解了业务战略不是竞争战略，而是发展战略，我们在运用 BLM 战略规划工具制定业务战略时才会专注于实现业务发展的业务设计，而不是一味地盯着竞争对手，策划竞争策略；在规划产品时，才不会总是强调"人无我有，人有我优"，而是聚焦于满足客户的真实需求。

BLM 是业务战略规划工具，更是解决业务问题的思维框架

BLM 是华为于 2006 年花了 3000 多万元从 IBM 引入的一套业务战略制定及业务管理问题分析与解决的思维框架，它的出现，标志着华为的业务战略制定开始由以 IPD（Integrated Product Development，集成产品开发）体系中的 MM（Marketing Manage，市场管理）为工具，以技术和产品创新为核心的规划方法，转向以 BLM 为工具，以业务模式设计为核心的方法论。这一转变，正契合了管理大师德鲁克所说的趋势：当今企业之间的竞争，不是产品和服务之间的竞争，而是业务模式（Business Model，也翻译成商业模式）之间的竞争。

之所以说 BLM 是业务战略规划工具，更是解决业务问题的思维框架，是因为业务战略规划以差距分析为起点，又以弥补差距为终点，而问题正是期望状态与现状之间的差距，弥补差距就是在解决问题，而且是在解决业务发展的战略性问题，所以说 BLM 也是一套

解决问题的思维框架。

掌握了BLM的底层逻辑,既可以在"器"的层面用于制定业务战略,也可以在"法"的层面作为一套方法论指导解决系统性、战略性的管理问题。因此,希望读者在学习运用BLM制定业务战略的过程中,时不时地要由"器"的层面跳跃至"法"的层面去加深对BLM底层逻辑的理解。

澄清业务战略及其管理体系的相关概念,是本书导论部分的内容。

BLM业务战略规划7步法

在IBM原始的BLM业务领导力模型的基础上,结合IPD-MM的流程、模板和方法,华为将其转化成了业务战略规划工具,笔者有幸成为当时业务与软件产品线的首批导入者,并于2015年通过首创的"BLM 7步法"将这套工具引入企业管理咨询和培训行业,得到了众多注重工具落地实操性和逻辑连贯性的企业客户的积极响应。

本书的第1章至第6章分别介绍了7步法中每一步的工具方法和逻辑过程。战略是由对差距的不满意而激发的,并以差距被弥补而结束,差距又可分为业绩差距和机会差距,第1章中的双差分析以识别业绩差距为主。第3章中的市场洞察,本质上就是在识别未来的机会差距在哪里,而探寻市场机会、弥补机会差距的目的,就是要实现我们的战略意图。对战略意图的设计,是第2章的内容。要弥补机会差距,实现战略意图,则必须要有新的业务设计,也就是业务模式(或商业模式)的创新设计,这是战略设计的落脚点,是战略规划的核心,也是本书第4章的内容。业务设计需要转化成业务策略和业务计划才可执行,第5章主要介绍了营销4P中的产品开发策略、定价策略、渠道策略和营销宣传策略的制定工具和方法。

第6章的内容包括7步法中的第6步和第7步，重点讲述了BLM如何借助BEM工具对业务战略进行空间和时间两个维度的解码，并简要地介绍了制订年度经营计划（BP）和编制预算的过程与方法。

通过上述BLM 7步法，我们完成了业务战略的设计和解码，也就是战略管理三部曲的前两部。关于第三部曲战略执行，是第7章的内容。由于篇幅所限，本书将重点聚焦于战略执行过程中的瓶颈突破。也就是如何运用系统思考而非5WHY法之类的线性思考方法，找出业务运营系统中的少数几个关键瓶颈因素，设计出具有杠杆作用的根本解。

在本书的最后"结语"部分，将针对业务战略的管理及BLM 7步法的实际应用，提供一些重要的策略性建议。

本书是笔者在华为作为一名业务经营主管实施业务战略规划，以及离开华为后从事企业管理咨询所获得经验的最新结晶，本书所讲的工具、方法在家电、手机、汽车、安防、通信、医疗、军工、芯片、软件、银行、房地产、物流等多个行业的多家企业中均有成功的应用。尽管笔者倾尽毕生所学与所用保证本书内容的完整性和逻辑性，也难免会存在疏漏之处，欢迎读者批评指正，不吝赐教。相关信息可以关注微信公众号"锐恩IPD研发咨询"或添加笔者的微信号"18665802507"获取。

目 录

序言
内容摘要

导 论

战略制胜的 BLM 思维框架

为什么要制定业务战略　2
企业战略的三个层次　2
如何界定一个业务和业务单元　3
为什么要制定业务战略　4
各层战略的 SP 及 BP 之间的关系　7

战略管理体系 DSTE　8
业务战略规划团队的组成　9
业务战略规划团队各主要角色的职责　9

业务战略规划 7 步法　11
华为导入 BLM 的历史背景　13
为什么要用 BLM 替代 MM 作为战略规划工具　14
不是所有的战略规划都可以用 BLM 的　15
业务战略规划 7 步法概要　16
制定业务战略的方向性错误　19

第1章 以终为始的绩效双差分析

战略是由差距激发的 22
业务模式的五个关键业务要素 23
业务战略的第一性原理 24

业绩差距的分析过程与方法 25
业绩差距根因分析的时机与逻辑 29
差距分析结果示例 30

第2章 唤醒渴望的战略意图设计

战略愿景、使命及目标 34
战略意图要敢于挑战当前的业务领域定位 35
战略意图的设计模板及示例 36

业务战略是对总体战略的解码 37

总体战略制定路线图 39
某机电控股集团总体战略示例 41

第 3 章
由外而内的市场机会洞察

市场洞察的过程与方法概述 48

市场洞察之宏观趋势分析 50
通过业务系统分析宏观趋势的影响 51
宏观趋势分析案例 53

市场洞察之行业环境分析 56

市场细分是客户需求分析的前提 63

客户需求分析的思考逻辑 67

到底什么才是客户的真实需求 69
JTBD 需求理论 70
什么不是客户的真实需求 73

客户需求的市场机会识别 75

市场洞察之竞争对手分析 77
竞争对手或行业标杆分析的思考逻辑 77
竞争对手或行业标杆的分析框架 78

内部运营分析的思考逻辑 81

业务模式价值创造能力的评估 82

竞争优势及核心竞争力的评估 84

内部运营能力现状梳理 87

当前产品的定位及组合分析　88

内部运营能力现状分析　90

市场洞察之综合分析　92

第 4 章　系统的业务模式创新设计

企业价值增长的新引擎　94

价值在各种业务模式之间的转移　94

推动企业价值增长的新引擎：业务模式创新　95

客户需求的裂变是推动价值转移和业务模式创新的原动力　97

价值转移理论为业务战略规划带来的三点启示　100

业务战略的核心是业务模式创新　102

业务战略的核心是业务模式创新　103

三种业务模式创新类型　104

两种破坏式创新的判断依据　106

破坏式创新及其业务战略类型　108

破坏式创新给业务战略规划的启示　108

破坏式创新的客户接纳周期模型　109

业务增长的第二曲线及业务战略类型　111

业务模式设计之客户选择　115

基于客户需求的市场细分方法　116

细分市场的投资机会组合评估　119

各细分市场业务模式创新策略的选择　122

业务模式设计之价值主张　125

价值主张设计方法　125
三种常见的价值主张趋势　127
"与其更好，不如不同"的价值主张设计　128
基于JTBD的价值主张创新设计方法　130

业务模式设计之盈利模式　131

盈利模式不是商业模式　132
盈利模式中交易结构的设计　134
盈利模式中盈利点的设计　135
常见的盈利模式及其分类　137

业务模式设计之业务范围　139

IBM PC机业务范围选择的成功与失败　140
客户接纳周期不同阶段的业务范围选择　142
为我所用或为我所控的价值链优化与重构　143

业务模式设计之战略控制　145

竞争优势的四种类型及其战略控制点　145
不以高毛利为基础的性价比不是有效的护城河　149
以创造客户价值为前提的差异化才具有竞争优势　150
先锁定客户再提高客户的忠诚度　151
规模经济效应是低成本与客户锁定的结合　151
没有竞争优势的唯一出路是高效运营　152
构建基于核心竞争力的竞争优势　153

业务模式的系统思考与评估　154

各细分市场业务模式的整合　155
业务模式设计的系统思考　155
新业务模式的价值创造能力评估　157
业务设计过程的复杂性与结果的简单性　158

第 5 章
一致的业务策略和路标规划

业务策略，从战略到执行的桥梁　162

业务增长路径及增长策略设计　164

研发策略及产品路标规划　167

产品定价策略设计　169

渠道组合策略设计　173

价值主张的营销定位设计　175

业务策略及业务计划的整合　178

破坏式创新业务的运营策略　180

第 6 章
战略解码及年度经营计划

BEM 战略解码工具及过程　184

战略解码的核心是必赢之战　187

识别组织支撑能力的短板　189

基于 GAPMB 的问题根因分析方法　191

5WHY 法对解决系统性问题的不足　192

基于 GAPMB 的系统问题根因分析法　193

组织体系的诊断与一致性检查　197

组织诊断的一致性模型　198
基于 GAPMB 的组织体系诊断方法　199

年度关键任务及 KPI 的分解　203

年度经营计划及预算　207

从战略规划（SP）到年度经营计划（BP）　207
增量绩效导向的开放式薪酬包预算　209

第 7 章 战略执行中的瓶颈突破

战略执行瓶颈的识别与突破　214

战略执行力不足的冲突表现　214
战略执行的最大冲突是追求成长与追求稳定之间的冲突　217
如何解决战略执行中的冲突　218

领导力是战略管理的根本　221

BLM 的领导力是设计型领导力　221
BLM 的领导力是结果导向的领导力　223

价值观及文化的杠杆作用　225

价值观是战略管理的基础　225
文化反映了组织的个性　226
华为组织氛围的诊断工具 Q20　227

经营分析与战略复盘　229

结 语

业务战略管理的策略性建议

建议一　战略是打出来的　232

建议二　适时开辟第二曲线　233

建议三　制定业务战略的目的是求发展而非竞争　235

建议四　依据市场类型设计业务战略　236

建议五　达成战略共识比输出一堆文档更重要　237

参考文献　239

Growth Strategy

导论
战略制胜的 BLM 思维框架

BLM 是战略规划工具,更是一套分析和解决战略性问题的思维框架。

为什么要制定业务战略

"兵者,国之大事,死生之地,存亡之道,不可不察也。"同理,企业的战略事关企业的生死存亡,不得不认真分析和慎重抉择。同时,"胜者先胜而后求战,败者先战而后求胜",不要用战术上的勤奋掩盖战略上的懒惰。

企业战略的三个层次

战略是有层次的,企业的战略自上而下可分为三个层次:总体战略、业务战略和职能战略。如图 0-1 所示。

图 0-1 企业战略的层次

总体战略关注的是企业层面的愿景、使命和目标,以及为了达成这些愿景和目标需要投资的业务及其组合,并为这些业务的发展所制定的企业级的战略举措和发展策略。

业务战略指的是企业内部各产品线、事业部、子公司或者各区域所制定的业务发展战略,产品线、事业部或子公司都是企业的一个个业务单元,也是企业内部真正端到端对业务经营成果负责的利润中心。业务战略关注的是在哪些目标市场上谋求发展,通过何种途径实现发展,采取什么措施促成发展。

最下面的一层是各职能领域要制定的职能战略,包括人力资源战略、技术研发战略、市场营销战略等。毋庸置疑,低层次的战略制定是为了支持上层战略目标和任务的达成。因此,业务战略的制定过程,也包括对公司总体战略进行解码的过程。

对于中小企业而言,战略制定及战略管理的理念和方法与华为这样的全球化企业相比是有很大区别的,总体战略的制定主要以企业老板和几位得力高管的战略意图为主,并给各业务经营团队指出未来业务发展方向、业务重心、总体指导方针政策,不要完全听信一些咨询公司和咨询顾问的批判:你们公司的战略是几个高层在办公室密谋出来的。对于一个年营收不到十亿元甚至才几千万元的企业,对总体战略的把握就只能靠企业老板和几位高管。对未来趋势的洞察和机会的判断,甚至是力排众议。做出战略取舍的抉择不是多加几位中高层主管就可以做得更好的,从维护各自局部利益出发的纷纷扰扰的争吵反而会让制定出来的总体战略四不像。这与要求营销、研发、生产、质量、财务等都要参加规划过程的业务战略是完全不同的,因为业务战略是对总体战略的解码,是达成战略共识的过程。

战略的制定需要投入非常多的时间和精力,对于中小企业,一般只需做出总体战略和业务战略即可,各职能领域的重点是做好年度支撑计划,没必要制定中长期的人力资源战略、技术研发战略等职能战略。

如何界定一个业务和业务单元

如何界定一个业务呢?我们一般从三个维度来界定:谁是我们的客户?客户有什么需求?我们用何种方式满足客户的需求?例如,我们会把

长途汽车客运看成一项业务，中低收入人群是我们的客户，他们的需求是以更省的成本从A地到达B地，实现的方式是坐汽车。如果我们把长途客运看成一项业务，则它还会包括火车客运和航空客运，而航空客运的客户是中高收入人群，他们的需求是速度和舒适度，实现方式是飞机，三个维度都与长途汽车客运存在着非常大的差异。因此，长途汽车、火车、航空客运应当作为三项业务来管理，否则，把它们视为一项业务交给一个独立的业务单元统一管理，则会在资源配置和管理方式上带来极大的挑战和混乱。

很多时候，我们用"行业"就可以划分出业务，很少有一项业务是跨行业的，例如长途汽车客运、火车客运、航空客运就是三个不同的行业。当然，业务的划分与企业自己对业务的定义和解读有很大关系，我们可以把家电业务看成是一项独立的业务，也可以再细分为两个子业务——白电业务和黑电业务。

业务单元就是能够独立地为某特定的细分市场提供属于某行业的产品或解决方案的最小经营单元，常见的业务单元有产品线、事业部、子公司，业务战略一般就是由这些业务单元负责制定的。

为什么要制定业务战略

企业总体战略要落地实施，必须通过战略解码来保证企业内部"上下同欲，左右对齐"。很多企业是直接将公司总体战略规划输出的关键任务和KPI（Key Performance Indicatcor，关键绩效指标）通过战略地图和平衡计分卡这两个工具"纵向"解码给各职能部门的，如图0-2所示。这种方法号称能保证解码结果的垂直一致性、水平一致性和平衡计分卡四个维度的均衡性。这样操作也确实做到了千斤重担人人挑，人人肩上有指标。这种战略解码方法的一个基本假设是企业中的每个部门都做好了，企业就能达成最终战略目标，而这一基本假设是建立在对企业的运作适用加法法则

导论 战略制胜的 BLM 思维框架

的认知模式上的。

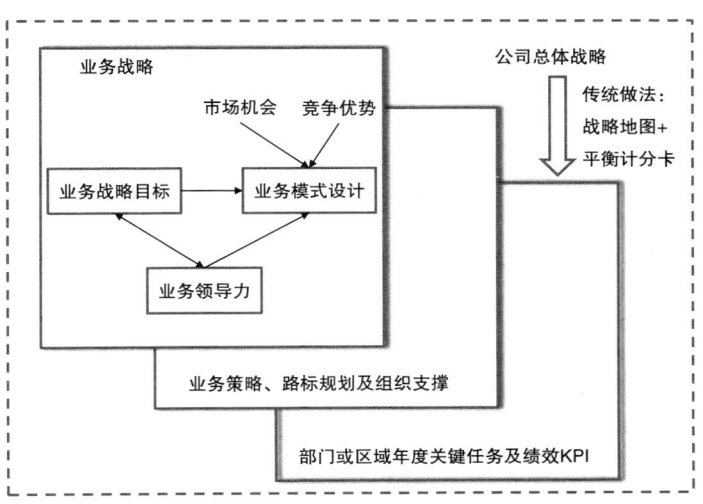

图 0-2 制定业务战略的作用和意义

事实上，企业的有效运作有赖于各项工作及各部门间的配合与协作，凡是各环节间存在相互依赖关系的系统，其整体绩效的输出取决于系统中绩效最差的少数几个环节，也即系统中的瓶颈，而不是所有环节的绩效之和，这是瓶颈理论的基本假设。也就是说，企业的运作，适用乘法法则而非加法法则。企业的资源是有限的，管理层的注意力在过度竞争时代已然成为稀缺资源，这种情况要求我们在战略规划和执行的过程中，必须以达成"左右对齐"的战略共识为基础，然后再将资源和注意力聚焦于必须要打赢的几场战役和必须要补齐的几个能力短板上，而不是将资源和管理注意力"撒胡椒面"，搞所谓的"平衡"。

只有在聚焦瓶颈的指导思想下，我们再来讨论如何让企业的总体战略通过战略解码做到上下同欲，左右对齐，才具有实际意义。

通过传统的总体战略解码方法，上下同欲容易做到，但是左右对齐却很难。现实中大家的做法是先用战略地图将总体战略以平衡计分卡的四个维度描述出来，并开展战略澄清，再在内部运营的维度上从业务流程的角度来分析各部门应承担的 KPI 及重点工作，这些业务流程包括如华为的 IPD、LTC（Leads To Cash，从线索到现金）、ITR（Issue To Resolved，从问题到解决）两大一小价值创造流。尽管这一过程也有各职能部门的共同参与及激烈的讨论，但在实践中，我们发现在没有从各 BU 层面形成统一的业务战略及具体打法的共识下，仅仅从流程及部门职责定位的角度去分解各部门的 KPI 及重点工作，表面上看起来各部门都有任务，也有 KPI 指标牵引它们，而从系统的整体上来看，各部门间还是缺乏战略一致性，无法达成"左右对齐"的战略共识，也即波特所提出的"战略配称"。

事实上，为各 BU 制定业务战略，就是在对总体战略做第一层的战略解码。业务战略的目标主要源自总体战略目标的分解，业务战略会对市场进行细分，并对不同的细分市场设计业务模式（商业模式），在不同的业务模式下，从研发、制造、营销、服务等角度设计不同的业务策略和业务计划，同时输出产品路标规划。这是一次更充分、更彻底的对总体战略的澄清，是与本业务相关的各职能部门共创战略共识的过程。

毕竟，战略地图只是一种战略描述工具，运用的依据是卡普兰的那句著名的论断：如果你不能描述，那么你就不能衡量；如果你不能衡量，那么你就不能管理。为什么要描述战略？是因为企业的总体战略一般是由高层管理者制定的，在将其解码成中基层的工作任务之前，必须让中基层管理者理解企业的总体战略。事实上，描述战略的工具，除了战略地图，开创了瓶颈理论的高德拉特博士也开发过一个叫"战略战术树"的工具，只不过没有战略地图这么普及而已。而业务战略本身就是对企业总体战略的一次更充分、更彻底的描述，战略地图描述的是总体战略的骨架，业务战略则为总体战略充实了血和肉。

通过业务战略完成了对总体战略的第一层解码之后，接下来是对业务战略本身的解码，这是第二层解码，即空间维度的解码。通过第二层解码，将业务战略和业务模式解码成各功能领域的业务策略，如产品开发策略、定价策略、渠道策略、营销宣传策略，并从这些策略中导出各 BU 未来三年的必赢之战和支撑打赢必赢之战的组织能力提升方案。接下来的第三层解码即时间维度的解码，是从三年的战略必赢之战和组织能力提升方案中提炼出下一年度的关键任务，并推导出各 BU 的年度绩效 KPI。第四层解码才是将各 BU 的年度关键任务和绩效 KPI 分解到各职能部门。一般情况下，我们在战略制定过程中，只需要做到第三层解码就够了，第四层解码也就是更低层级的部门和个人的绩效目标分解，我们将其归为人力资源绩效管理的范畴。

实践证明，只通过战略地图和平衡计分卡将总体战略直接分解为各职能部门的重点工作和 KPI 指标，无法达到战略一致性的要求，无法形成端到端的"左右对齐"的战略共识，也就失去了战略共识可以赋予中基层各执行部门的巨大内驱力，战略落地执行的效果大打折扣。而如果有了业务战略的设计及解码，就能很好地弥补上述缺陷。

各层战略的 SP 及 BP 之间的关系

企业的战略分为三个层次，各个层次的战略又可分为 SP（Strategy Plan，战略规划）和 BP（Annual Business Plan，年度经营计划），无论 SP 还是 BP，在英文单词里它们都是一个 Plan，称为计划，只是计划的时间长度不同而已。SP 关注的是三年以上的中长期发展规划，BP 则是指年度经营计划，SP 指导和牵引 BP，BP 是 SP 的战略展开，对 SP 进行战略解码从而得到下一年度 BP 的关键任务（重点工作）和组织级 KPI，BP 再驱动年度预算的编制。在华为内部，SP 也叫春季计划，BP 也叫秋季计划。

一般来说，企业制定 SP 的过程，是一个"V"形过程，首先是由企业总裁办或最高经营决策机构启动 SP 的规划项目，在公司级和各 BU 的战略规划团队帮助下，明确未来的战略方向和业务组合关系。各 BU 依据公司级的战略方向和业务单元定位，在公司级规划团队的协助下制定各自的 SP，并接受最高经营决策机构的战略质询。公司级规划团队在各 BU 的 SP

的基础上，考虑跨 BU 的协作与资源冲突，整合形成公司级 SP，并提交最高经营决策机构审批。这是一个自上而下进行方向指导和目标分解，再自下而上进行整合优化的过程，是一个"V"形过程。BP 的制定过程也是类似的，SP 与 BP 的过程结合起来就是一个"W"的过程。

战略管理体系 DSTE

战略管理的内容包括战略设计、战略解码与战略执行，华为是通过一个叫 DSTE（Develop Strategy To Execution，从战略规划到执行）的一级流程来管理它们的。整个管理过程又分为：战略制定、战略展开、战略执行与监控、战略评估四个步骤。通过这四个步骤，对战略进行闭环管理，并每年不断循环迭代，如图 0-3 所示。

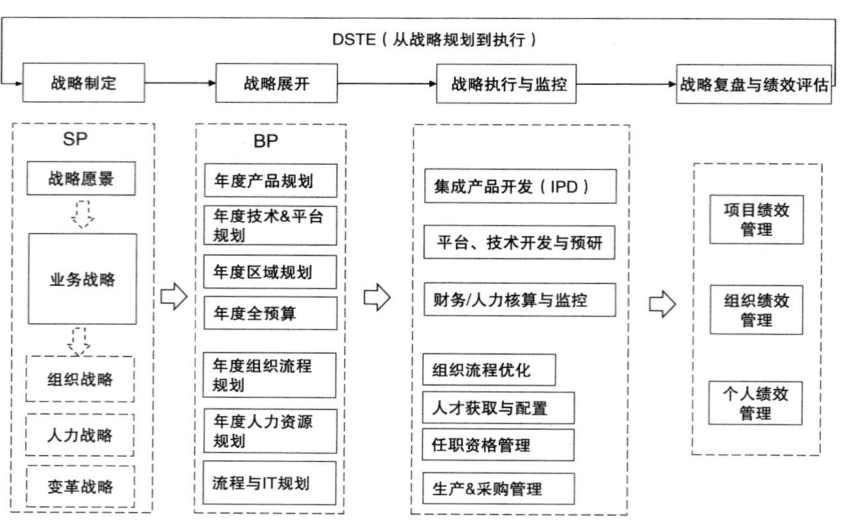

图 0-3 DSTE 战略管理

第一个步骤是战略制定，输出中长期的 SP，针对业务战略，使用的工具是 BLM。第二个步骤是战略展开，对 SP 进行解码，并制定 BP，针对

导论　战略制胜的 BLM 思维框架

业务战略的解码，所使用的工具除了 BLM，还有 BEM（Business Strategy Execution Model，业务战略执行模型）。第三个步骤是战略执行与监控，是业务运营与经营管理的过程。最后一个步骤则是战略复盘与绩效评估。

具体到业务战略的管理，它的规划团队的组成和具体职责如下。

业务战略规划团队的组成

Leader（领导者）或者 Owner（所有者）：BU 总经理 / 事业部总裁。

成员：市场代表、市场调研人员、销售代表、系统工程师、开发代表、制造代表、技术支持代表、财务代表、人力资源代表、质量代表等。

战略规划的工作是不允许委托的，必须由 BU 的一把手亲自抓，因此，这个规划团队的 Leader 或者 Owner 就是 BU 的总经理或事业部总裁，并与来自各个职能领域的规划代表，例如市场代表、开发代表、制造代表和财务代表等共同组成一个规划团队。

业务战略规划团队各主要角色的职责

◆ 市场代表、销售代表：

✓ 收集行业及市场趋势信息并进行初步分析，挖掘机会点。

✓ 提供针对行业内主要竞争对手的市场表现、产品竞争力的分析，提出竞争策略。

✓ 收集并分析判断客户未来的主要痛点需求，影响客户购买行为的主要因素。

✓ 提供公司产品在市场上的竞争表现、客户满意度等方面的数据和信息分析报告。

✓ 提出有竞争力的营销策略、产品特性及路标建议。

◆ 系统工程师、开发代表：

✓ 提供竞争对手主要产品的技术竞争力分析报告。
✓ 竞争对手研发现状及优势分析。
✓ 本公司研发和技术开发短板分析。
✓ 制定技术和研发能力提升方案。
◆ 制造代表、技术支持代表：
✓ 收集分析竞争对手在工艺、制造、采购等供应链方面的主要竞争优势。
✓ 提供客户在售后支持、产品体验、满意度等方面的信息。
✓ 提供本公司主要产品 DFX（Design For X，面向产品生命周期各环节的设计）和产品质量方面的分析报告。
◆ 财务代表：
✓ 提供支持业务战略规划的财务分析。
✓ 提供 BU 财务成本方面的信息，协助制订业务计划。

有了规划团队，下面我们看时间进度安排。华为的战略规划是全年都在做的，每年的 4 月到 9 月做 SP，也叫春季计划；10 月到来年的 2 月做 BP，也叫秋季计划。对于中小企业来说，这个时间成本太高了。笔者根据多年实操经验，认为中小企业的战略规划项目把时间压缩一半也是可行的，每年 9 月到 11 月完成 SP，11 月到 1 月完成 BP，2 月进行年度关键任务和绩效目标的沟通落实。如图 0-4 所示。

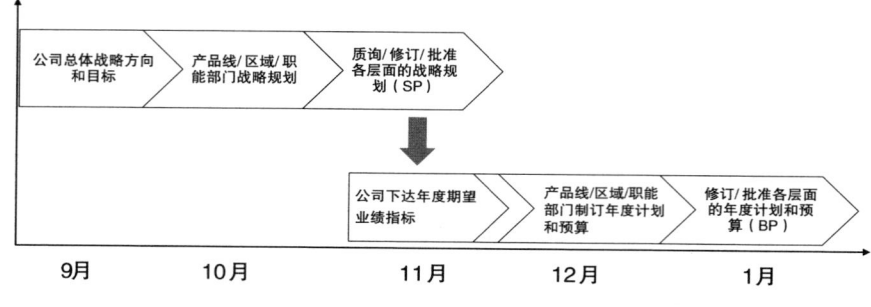

图 0-4 业务战略规划进度计划

在 SP 和 BP 的制订过程中，有一种战略研讨的形式是值得大家借鉴的，那就是战略工作坊（Workshop）。战略工作坊的具体操作过程可分为三个阶段：会前集思广益，会中充分讨论，会后整理发布。会前把要讨论的问题和材料按战略研讨的主题进行分类，发给参会人员并收集反馈信息。会中讨论时要做好节奏的引导，既要充分研讨，又要及时收敛。整个研讨会输出的内容有很多的文档，但它们不是最重要的，因为这些文档在随后的时间里，基本上不会有人再认真地看上几眼。研讨会最重要的输出内容是通过充分的讨论和观点的碰撞，大家所达成的"左右对齐"的战略共识。这些共识为业务策略设计和组织支撑能力的一致性提供了基础，也为后续的战略执行提供了强大的内驱力。

业务战略规划 7 步法

"幸得识卿桃花面，从此阡陌多暖春。"这是央视对日本花滑选手羽生结弦的赞誉，也是笔者对战略规划工具 BLM 的赞誉。笔者在华为任职期间，运用 BLM 成功完成业务转型，分析和解决了诸多战略性业务难题。自进入 IPD 咨询领域以来，所使用的咨询方法论也源自 BLM 的思维框架。BLM 业务领先模型如图 0-5 所示。

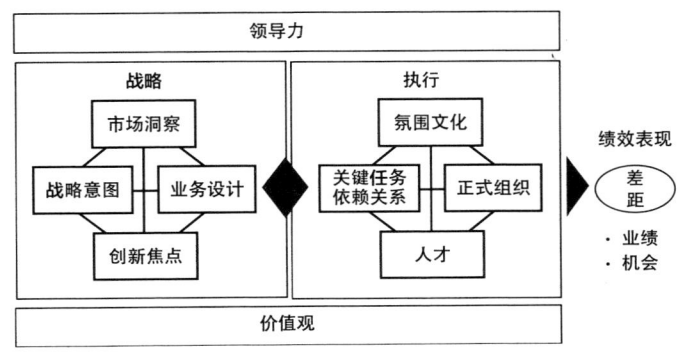

图 0-5　BLM 业务领先模型

 业务增长战略

  BLM 从差距分析、市场洞察、战略意图、创新焦点、业务设计、关键任务依赖关系、正式组织、人才、氛围文化以及领导力与价值观等各个方面引导业务经营团队在战略制定与执行的过程中，进行系统的思考、务实的分析、有效的资源调配及执行跟踪。

  BLM 业务领先模型分为五大部分：

  ◆ 整个模型像一个拉杆箱，拉杆箱的把手就是差距，抓住差距也就提起了整个战略规划过程。

  ◆ 差距分业绩差距和机会差距，要弥补业绩差距，必须从关键任务、氛围文化、人才和正式组织入手加强战略执行。

  ◆ 要弥补机会差距，必须要有新的业务设计，这是战略设计的落脚点，而业务设计的输入是源自市场洞察的市场机会。

  ◆ 不是菜市场里所有的菜都是你篮子里的菜，战略即选择，筛选的最高标准就是战略意图。

  ◆ 业务设计需要创新思维，而且是聚焦业务主航道的创新，创新的类型有产品和技术的创新、内部运营的创新以及业务模式的创新。当今时代已经是业务模式竞争的时代。

  ◆ 模型的最上面是领导力，领导力是根本，战略的设计与执行必须是高层亲自领导的。高层领导力的培养过程就是领导业务经营团队进行战略问题和机会的洞察，并据此进行业务设计，推动战略执行来达成战略目标，进而提升自身的影响力。

  ◆ 模型最下面的价值观是基础，作为业务的最高领导层，要确保公司的价值观反映在战略上，价值观是决策与行动的基本准则，各级管理者还要确保公司的价值观是日常执行中的一部分。

  ◆ 从战略到执行的连接处就是战略解码，战略要落地，必须要有很强的执行力和组织支撑（包括正式组织、人才、氛围文化）作保障，否则，再好的战略也会落空；但执行不是空谈，执行需要具体的战略目标作牵引，需要具体的业务设计和业务策略作为执行的内容。

差距即问题，因为问题是期望状态与现状之间的差距，可见 BLM 为 SP、BP 及战略关键问题的研讨提供了统一的思维框架。

华为导入 BLM 的历史背景

BLM 源自 IBM，最开始是作为领导力模型而非战略规划工具由华为的销服体系导入华为的，目的是要提升中高层管理者的领导力，所以它最初的中文翻译是"业务领导力模型"，而非后来的"业务领先模型"。作为业务与软件产品线及印尼代表处的第一批将 BLM 转化为战略规划工具的试用者之一，笔者与其他试用该工具的业务主管一开始就对该工具的适用范围达成了共识：它只适用于某产品线、BMT、SPDT、PDT 或某细分市场制定本领域以业务模式设计为核心，以产品组合及产品路标的规划为主线的业务战略规划。

在导入 BLM 之前，我们的业务主管是用 IPD 中的 MM（Marketing Manage 市场管理）工具来制定业务战略的。所以，当初把 BLM 由领导力模型转变成战略规划工具时，我们融入了许多 MM 的规划思路、实操工具和方法。MM 战略规划模型如图 0-6 所示。

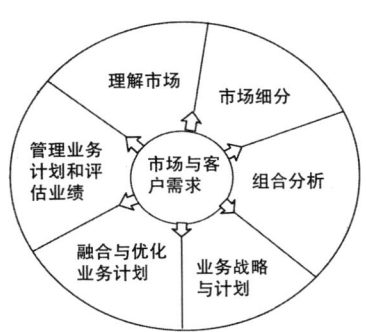

图 0-6　MM 战略规划模型

正是基于上述背景，字面意思简单易懂的 BLM 融合了流程化、模块化、细节化的 MM 之后，我们深知在 BLM 的实际应用过程中，大量 BLM

的使用者特别是那些对 MM 不熟悉的业务主管，一定会在制定业务战略的过程中遇到许多的陷阱。例如，在做差距分析时，要不要直接就进行差距根因的分析？如果要做根因分析，还是用 5WHY 法吗？又如，BLM 右边的"执行"部分：关键任务、正式组织和人才，从时间维度来看，关注的应当是未来三年的战略执行能力保障，那么，又如何将"执行"部分转化成年度经营计划（BP）呢？所有这些陷阱，都会造成业务战略制定过程困难重重。制定出来的业务战略在逻辑上都不能做到自洽，又如何能够让公司高层相信你的业务战略是可行的呢？所以，我们后来俗称 BLM 为"别乱摸"，也是为了给 BLM 的使用者提个醒。

为什么要用 BLM 替代 MM 作为战略规划工具

最主要的一个初衷就是意识到现在不是产品竞争时代，而是商业模式的竞争时代。记得当年笔者在华为管理彩铃（RBT）业务时，就已经尝到过商业模式创新的甜头。例如在尼日利亚跟跨国运营商 MTN 搞合作运营，五五分成，针对小国和财力有限的运营商推 Hosting 模式，与当地的外包公司针对现场定制开发搞 ISV 合作模式，这些商业模式的创新都为彩铃产品夺得全球 NO.1 的市场份额，平均销售毛利达 86%（2008 年数据）提供了强有力的竞争优势，这是竞争对手无法轻易模仿的，而单纯的产品功能特性的创新却可以被对手很快模仿。

是什么促使我们由聚焦产品功能特性的创新转变为商业模式创新的呢？当然有每年不低于 30% 收入增长的考核压力，还有另一个原因，就是当年任总针对这款被大家称为尖刀产品的彩铃的团队说：你们彩铃产品是不是成功的产品，还不要过早下结论。听了这句话，让我们很是震惊，并深刻反思，于是认识到一个很大的问题，就拿中国移动在成都的音乐基地来说（当时中国移动在全国有七个不同的游戏、手机阅读等基地），仅在这一个基地，其每年的收入是 160 亿元，而我们只有 4500 万元，当时我们还沾沾自喜地认为我们只派了一个项目经理在现场，带着二十多个外包人员，一年挣 4500 万元已经很多了。可是，相对于中国移动的这 160 亿元，挣的这点钱算啥？原因在哪里？就在于我们没有运营资质，无法自运营。怎么办？那就跟客户合作运营嘛，于是就有了在尼日利亚的合作运营。这是第一次成功的商业模式创新，而产品和技术并没有做任何创新。

意识到商业模式创新的作用之后，我们再用 MM 做战略规划时，发现 MM 还是聚焦在产品创新领域，只是在思考业务策略和计划时，要从业务发展路径（安索夫矩阵）、新技术接纳曲线（TLC）、利润区和盈利模式等方面考虑业务模式的设计，基础理论就是美世咨询的 VDBD（Value Driven Business Design，价值驱动的业务设计）。但我们认为这样做还不够，业务战略规划的核心应当由聚焦产品创新转变为聚焦业务模式也就是商业模式的创新上来。于是我们在第一时间接触到 BLM 时，就认定以后的规划工具就是它了。但是我们并没有完全抛弃 MM，因为 BLM 太粗糙了，不具实操指导性，所以才有了把 BLM 大卸八块，把 MM 的流程、工具、模板揉进 BLM 的创举，形成了 BLM 业务战略规划 7 步法。

因此，总结起来，BLM 战略规划方法就是"BLM（业务领先模型）+ IPD-MM 战略规划方法 + 华为战略规划实践"。

不是所有的战略规划都可以用 BLM 的

任何工具和方法论都是有其适用边界的，随着这几年外界学习华为的热情持续高涨，BLM 也有被滥用的趋势。

BLM 业务战略规划的核心是业务模式创新设计（或商业模式设计），设计的内容包括客户选择、价值主张、盈利模式和战略控制等。业务模式或商业模式一定是针对某细分市场或某业务单元的，而不是针对整个市场或整个公司的。我们不会说某个公司的商业模式是什么，只会说某个业务、某个产品或某个细分市场的商业模式是什么。

业务模式中客户选择的过程就是先对市场进行细分，并对细分市场进行评估，然后确定最终的目标细分市场，也就是目标细分客户群。价值主张体现的是产品的价值定位，要解决客户什么问题，不愿意解决客户什么问题，这些只能针对某细分市场而言，不能笼统地针对整个市场。盈利模式和战略控制也只能针对某细分市场，因为在不同的细分市场上，企业会面对不同的客户群体、不同的竞争对手、不同的市场环境，所以盈利模式、竞争策略肯定不一样。

总体战略以业务为颗粒度进行规划，业务战略则以细分市场为颗粒度进行规划。因此，BLM 工具的强项在于业务战略规划，而非总体战略规划。不是所有的战略规划都可以用 BLM 的。

业务战略规划 7 步法概要

本书所采用的 7 步法与原始的业务领先模型还是有区别的，最大的不同就在于新的模型增加了一个模块：业务策略及计划。因为业务设计是战略层面的输出，而支撑战略执行的组织及人才则是战术层面的要求，从战略到战术，中间必须经过策略的细化，包括研发策略、采购策略、生产策略、营销策略等。这样，整个战略规划过程就是从战略到策略再到战术逐步细化的过程。如果没有业务策略和业务计划的制定，绝大多数情况下，战略与战术是脱节的，也就是说，这样的战略是不可执行的。业务战略规划 7 步法如图 0-7 所示。

下面我们来讲解一下 BLM 业务战略规划 7 步法中每一步要完成的任务和主要的输出。

导论 战略制胜的 BLM 思维框架

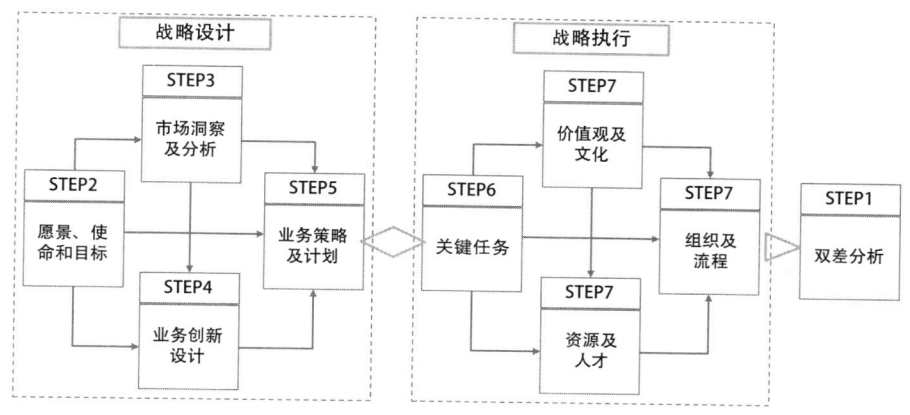

图 0-7 业务战略规划 7 步法

双差分析（STEP1）：战略规划从差距分析开始，有差距才有动力，也就是用所谓的创造性张力去弥补差距。差距分为业绩差距和机会差距，业绩差距是看过去，机会差距是看未来。弥补业绩差距需要加强战略执行，而弥补机会差距则需要设计新的业务模式。因为还没有进行正式的市场洞察，所以第 1 步的重点是要识别出业绩差距，切入点是本业务单元的财务表现和市场表现。

愿景、使命和目标（STEP2）：机会差距的产生，源于业务经营团队对未来战略方向和目标的期望，也就是战略意图，这是第 2 步要设计的内容。战略意图包括愿景、使命和目标。愿景要回答从事什么业务，通过何种方式，想成为什么样子；使命则回答为客户、为企业、为员工创造什么价值；目标包括财务目标、市场目标、技术目标等。

市场洞察及分析（STEP3）：第 3 步聚焦于市场洞察的"四看"，即看趋势、看客户、看对手、看自己。前面的三看是看外部环境，最后的"看自己"则是把视角转向企业内部。看趋势包括看宏观趋势和行业趋势（中观），看客户、看对手、看自己则是微观行为。朝外看主要是为了寻找弥补机会差距的市场机会，朝内看则是为了识别出自身的优劣势，说得直白一点，"市场洞察"就是要找到可做的（有市场机会）、想做的（企业愿景）和能做的（内部能力）三者的交集，为接下来的业务模式和业务策略的设计提供输入。

业务创新设计（STEP4）：业务模式的创新设计是战略设计的落脚点，是整个战略规划的核心。业务模式的设计需要系统思考客户选择、价值主张、盈利模式、业务范围和战略控制这五个要素及其相互关系。业务模式又称商业模式，它反映了业务日常运营的基本逻辑，业务模式的不同，会带来业务经营系统和管理模式的迥异。在这一步，战略规划团队开始对市场进行细分和评估，并选择最终的目标细分市场，然后针对每一个目标细分市场进行业务设计，最后再进行业务模式的整合。业务战略的好坏之分，取决于业务模式的高下。如何判断业务模式的高下？要用到战略的第一性原理：战略就是要构建创造客户价值（市场成功）、企业价值（财务成功）且可持续的能力（持续成功）。

业务策略及计划（STEP5）：业务模式是战略层面的东西，战略需要转化为策略，然后细化成战术，才有可能取得战场上的胜利。业务计划包括产品包、分销渠道、订单履行、定价/服务条款、技术支持和营销宣传六个要素。与业务设计类似，刚开始，战略规划团队应当针对每一个目标细分市场制定详细的业务策略和计划，并输出每个细分市场的产品路标规划，然后再将所有细分市场的业务策略和产品路标规划整合成业务单元总的业务计划及产品路标规划，同时输出本业务单元对人力资源和关键技术的需求清单，作为后续技术和人力资源规划的输入。

关键任务和组织支撑（STEP6 和 STEP7）：在这两步，我们需要借助一个叫 BEM（Business Strategy Execution Model，业务战略执行模型）的工具对业务战略进行战略解码。战略解码的核心是从众多的业务策略中梳理出对战略目标的达成具有决定性意义的重大战略举措，也就是未来三年必须要打赢的 3~5 场必赢之战，再由必赢之战的关键成功因素导出战略 KPI。同时还要分析，为了打赢必赢之战，组织能力上还存在哪些明显的短板，造成能力短板的根因及解决方案分别是什么（包括业务领导力、组织流程、人才与激励、氛围与文化四个要素）。至此，我们还只是完成了对业务战略空间维度的解码。最后，我们还需要从三年的战略必赢之战和组织能力提升方案（可能还有组织变革方案）中提炼出下一年度的关键任务，并从上述的战略 KPI 及年度关键任务中导出本业务单元的年度组织级 KPI（一级 KPI）。如此，我们完成了对业务战略时间维度的解码。最后，基于年度关键任务和组织级 KPI，制订出年度经营计划和年度预算。

需要强调的一点是，尽管战略规划 7 步法将整个过程分成了 7 个步骤，然而，在实操过程中，前面三个步骤并不存在严格的先后关系，实操时也可以先做市场洞察，再做双差分析和战略意图的设计，只要求在做业务设计（第 4 步）之前，这三步的输出应当都比较清晰了才行。

制定业务战略的方向性错误

在业务战略的咨询过程中，笔者发现企业经常会犯一个方向性的错误。业务战略规划有两种思考方向，一种是以市场为导向，以客户需求为出发点的规划思路，这种方向是由外而内的，是大家认为理所当然的。而实际操作中，我们经常看到业务经营团队规划出来的战略的出发点是基于自身现有的资源与竞争优势的，这种方向是由内而外的。

由内而外思考战略的第一个问题是：我是做什么的？接下来会思考我能提供什么产品和解决方案，我有哪些可利用的渠道和合作伙伴，然后才是我的这些产品和渠道可以满足哪些客户的需求。

相反，由外而内思考战略的第一个问题是：谁是我们的客户或者客户还需要什么？从客户和客户的需求出发，就会思考我们要开发什么产品和渠道才能满足客户，业务活动所需要的资源与核心竞争力是什么，如何弥补资源与竞争力的不足。

基于由内而外的战略思考，柯达认为自己是做胶卷的，最后走向了破产；基于由外而内的战略思考，同样是做胶卷的富士发现化妆品和医疗行业的客户还有未被满足的需求，于是富士成功实现了业务转型。由内而

外的战略思考具有很强的隐蔽性，规划团队也做市场洞察和客户需求的分析，只是分析的结论是凭我们的资源和能力能够满足哪些客户需求，而非应该（可做并且想做）满足哪些客户需求。

当然，笔者并不倡导脱离自身资源和能力基础的假大空的战略虚无，业务战略是发展战略，要用发展的眼光去思考战略选择。本书提倡以核心竞争力为基础，按照由外而内的战略思考方式制定战略，然后站在未来看现在，反过来思考为实现战略该如何补齐资源和能力的短板，在"能做的""可做的"与"想做的"三者的交集地带做出正确的战略抉择。

Growth Strategy

第1章
以终为始的绩效双差分析

　　差距，亦始亦终。因为差距的存在，所以才产生弥补差距的创造性张力。

战略是由差距激发的

BLM 7 步法的第一步是双差分析，之所以称之为双差，是因为差距有两种：一是业绩差距，二是机会差距。

➢ 业绩差距是对现有经营结果和期望值之间差距的一种量化的陈述。

➢ 机会差距是对现有经营结果和新的业务设计所能带来的经营结果之间差距的一种量化的评估。

业绩差距是看过去，拿当前的经营业绩与过去设定的期望值来比较，例如年初公司给我们 BU 定的收入目标是 2 亿元，到年底只完成了 1.8 亿元，那么没有完成的 0.2 亿元就是业绩差距。

机会差距是看未来，假如我们通过市场洞察，看到了未来许多的增长机会，于是我们期望通过采用新的业务模式去抓住其中的某些机会，将三年后的年收入目标提升至 5 亿元，而以我们现在的业务模式及组织能力，最多只能完成 1.8 亿元，剩下的 3.2 亿元就成了我们的机会差距。

需要说明的一点是，差距不只是收入、利润、投资回报率等财务上的表现，市场份额低、销量不足、客户满意度差等市场表现，以及产品创新能力弱、质量事故频发、客户响应速度慢等内部运营能力的不足都有可能成为差距。而且这些差距之间是存在因果关系的，财务表现是由市场表现决定的，市场表现是由内部运营能力决定的，这是差距根因分析的基本逻辑。因为业务战略规划的过程就是以差距的识别为起点，以差距被弥补为终点的一个过程，所以这一过程也是一个有关差距的识别、根因分析以及解决方案的提出这种问题分析与解决的逻辑思考过程，这是一条隐藏在 BLM 7 步法中的暗线，希望读者朋友通读完本书后能够找出并深刻理解这条暗线。

业务模式的五个关键业务要素

战略是由差距激发的,业绩差距常常可以通过高效的执行来填补,并且不需要改变现有的业务设计。填补一个机会差距需要有新的业务设计,在本书中所说的业务设计,是指业务模式(Business Model)设计,有时也叫作商业模式设计。

业务模式由五个关键的业务要素组成,如图 1-1 所示。

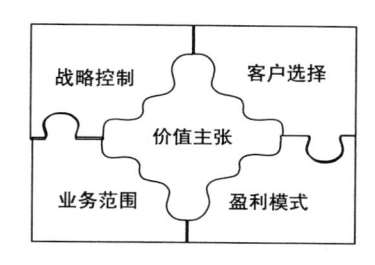

图 1-1 业务模式五要素

有关业务模式五个要素的具体内涵,先简单介绍如下。

◆ 客户选择:
✓ 要实现预期的战略意图,应当选择哪些细分市场/客户群?
✓ 我们必须或不得不放弃哪些细分市场/客户群?

◆ 价值主张:
✓ 我们要卖什么产品、服务和解决方案?
✓ 我们的价值主张与其他竞争对手的差异在哪里?

◆ 盈利模式:
✓ 我们想跟哪些利益相关方形成稳定的交易结构?
✓ 我们有哪些盈利点?能否形成可持续的收入来源?

◆ 业务范围:
✓ 我方在经营活动中有哪些角色和范围?
✓ 哪些活动由我方自己执行,哪些与合作伙伴一起执行?
✓ 如何与价值链上的合作伙伴们协同、共生?

◆ 战略控制：
  ✓ 客户为什么购买（或必须购买）我们的产品？
  ✓ 如何才能保持客户的忠诚度并有效阻隔竞争对手？

一说到业务模式或者商业模式，我们可能就会想到著名的商业模式画布（Business Model Canvas），这是另一个通过九个要素来描述业务模式的工具。其实国内有名的"魏朱商业模式"开发团队也提出了自己的业务模式可视化工具，而且笔者特别认同他们对业务模式的这一定义：利益相关者的交易结构。

用哪种工具来描述商业模式会更好？本书不作评判，容易陷入当年软件行业对"Java"好还是"C++"好的无谓争论。倚天剑和屠龙刀各具优势，关键在于使用者有没有从系统的角度去思考这些要素之间的协同与配合，也就是它们之间的一致性。错误就在于我们总是将商业模式的各个要素分割开来，分别设计，然后再简单地将它们凑在一起就算完成了整个商业模式的设计，笔者也曾经见过一些企业就是这么用的。本书特别强调，业务模式是由它的五个要素相互连接、相互作用而形成的一个有机系统，所以在设计业务模式时，必须对它的五个要素进行系统的思考。如何系统思考，这是第4章要讲的内容。

业务战略的第一性原理

业务战略规划的核心是业务模式设计，业务战略的优劣由其业务模式来决定，那么，我们又该如何评价一个业务模式的好坏呢？本书后文会提供一个业务模式价值创造能力的评估工具，用于评价业务模式的好坏。设计这一评估工具的认知基础就是"业务战略的第一性原理"。

什么是第一性原理？亚里士多德说：在对每一系统的探索中，存在第一原理，它是一个最基本的命题或假设，不能被省略或删除，也不能被违反。带火第一性原理的是硅谷钢铁侠马斯克，他告诉大家他成功的秘密是使用第一性原理作为思考的框架：打破一切知识的藩篱，回归到事物本源去思考基础性的问题，在不参照经验或其他的情况下，从事物的最本源出发去思考。

几何学的第一性原理之一：两点之间，直线最短。

生物进化的第一性原理：物竞天择，适者生存。

谷歌的第一性原理：便利和免费。

亚马逊的第一性原理：更低的价格，更快的速度，更优质的服务。

华为IPD（集成产品开发）体系的核心思想之一是"产品开发是一项投资行为"，基于这一核心思想，评价一款产品是否成功，有且只有两个标准，那就是：市场成功和财务成功。同理，创办一家企业，进入一个新的业务领域，何尝不是一种投资行为，而且是一种追求持续成功、保持基业长青的投资行为。因此，业务战略的第一性原理是：构建创造客户价值（市场成功）、企业价值（财务成功）且可持续的能力（持续成功）。

因此，业务模式的设计必须为构建可持续地创造客户价值、企业价值的能力而展开，通过客户选择和价值主张来体现客户价值的最大化，而盈利模式的设计及业务范围的选择，是为了获得企业价值的增长，战略控制则是为了保障上述两种价值创造过程的可持续性。

业绩差距的分析过程与方法

在第一步的双差分析中，重点是对业绩差距的分析，只是顺带会识别出一些机会差距。为什么要这么安排呢？因为这时第三步的"市场洞察"还没有做，是无法全面识别机会差距的。所以，只能是在市场洞察做完了之后，再回过头来补充和复查在第一步未完成的对机会差距的识别。

业绩差距的分析包括以下四个步骤：

✓ 第一步：收集数据和相关的信息，包括但不限于 BU 的主要经营数据、产品及服务的市场份额及收入占比、客户满意度调查结果、竞争对手的调查结果等。

✓ 第二步：进行现状分析，主要分析产品市场表现、财务状况、客户满意度和内部运营能力。分析的过程是由财务状况入手，再看造成财务状况不佳的产品市场表现和客户满意度调查结果，最后将视线转向内部运营的主要短板，因为内部才是决定性的因素。

这一步的重点是现状分析而非根因分析。所谓现状分析，就是以找差距为主，不要一上来就分析根因，这是许多企业导入 BLM 时会遭遇的第一个坑。有问题（差距）为什么不做根因分析？理由马上就会讲到，在这里先提出来是希望引起读者注意。在业务战略制定的过程中，我们会遭遇许多大大小小的坑，一不小心就会掉进坑里，使规划项目陷入困境。

✓ 第三步：进行差距的识别，对照 BU 当初设定的战略目标和关键任务，查找业绩差距。同时我们还要与主要的竞争对手进行比较，查找竞争差距。最终识别出来的各种差距会非常多，所以需要整理出有战略影响力的关键差距。

✓ 第四步：输出差距分析报告。

差距分析的重点是整个 BU 的市场表现和财务表现，为什么是这两种表现而不是别的方面呢？因为评价产品或 BU 是否成功的标准是市场成功和财务成功。回到前面的业务战略的第一性原理，市场成功其实就是创造客户价值的结果，财务成功就是创造企业价值的结果。

差距分析要从 BU 的财务表现切入，从这里切入是最直观的。要做财务分析，必须具备能看懂财务三张表的基本功，对利润表也就是损益表的分析是基础。财务表现要从盈利能力和成长能力两个方面来看。

反映盈利能力的指标包括但不限于：销售毛利率、贡献毛利率和贡献利润率。

✓ 销售毛利率 =（销售收入 - 销售成本）/ 销售收入

✓ 贡献毛利率 =（销售毛利 - 期间费用）/ 销售收入

✓ 贡献利润率 =（贡献毛利 - 标准分摊）/ 销售收入

反映成长能力的指标包括但不限于：销售收入增长率、销售毛利增长率和贡献毛利增长率。

✓ 销售收入增长率 =（本期销售收入 - 上期销售收入）/ 上期销售收入

✓ 销售毛利增长率 =（本期销售毛利 - 上期销售毛利）/ 上期销售毛利

✓ 贡献毛利增长率 =（本期贡献毛利 - 上期贡献毛利）/ 上期贡献毛利

分年份、分产品用大量的图表来展示财务分析的结果是最常用的方式，如图 1-2 所示。

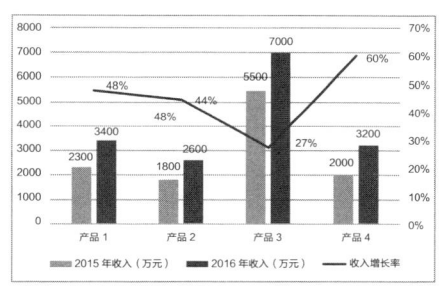

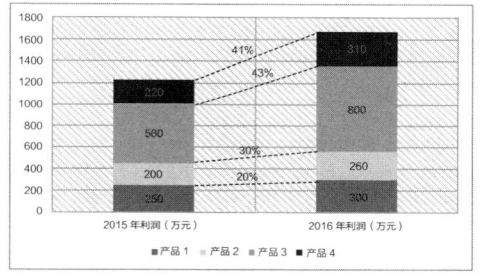

图 1-2　财务表现分析示例

BU 的财务表现是由其在市场上的表现来决定的，表 1-1 是分析市场表现时所用模板的示例，内容包括各产品的市场份额、收入占比、客户满意度及其主要的不满意之处、与竞争对手相比的主要劣势。

表 1-1　分析市场表现的模板示例

产品	市场份额（2016年）	在整个 BU 的收入占比（2016年）	客户满意度（2016年）	客户的主要不满意之处	与竞争对手相比的主要劣势
轿车	22%	33%	7.8 分	×××	×××
重卡	13%	19%	8.2 分	×××	×××
中卡	37%	27%	7.5 分	×××	×××
轻卡	16%	15%	8.0 分	×××	×××

续表

产品	市场份额（2016年）	在整个BU的收入占比（2016年）	客户满意度（2016年）	客户的主要不满意之处	与竞争对手相比的主要劣势
大客	22%	6%	7.6分	×××	×××
中客	31%		7.2分	×××	×××
轻客	7%		8.2分	×××	×××

看完了BU的财务表现和市场表现，下面就要看我们自己内部运营的表现了。内部运营的结果可以从当初为BU制定的各项KPI考核指标的完成情况来看。表1-2展示的是某BU的年度考核指标，其中的内部运营相关的KPI指标包括产品成本降低率、产品及时交付率、关键技术突破率和产品质量事故次数等。

表1-2 某BU的年度考核指标

维度	子项	底线目标	达标目标	挑战目标	实际完成情况	业绩差距	主要原因分析
财务	销售额（万元）						
	销售收入（万元）						
	服务收入占比（%）						
	新产品收入占比（%）						
	利润（万元）						
市场	市场份额（%）						
	VIP客户保留率（%）						
	新客户占比（%）						
	客户满意度（分）						
内部运营	产品成本降低（%）						
	产品及时交付率（%）						
	关键技术突破率（%）						
	产品质量事故（次）						
	合作与渠道拓展（个）						

续表

维度	子项	底线目标	达标目标	挑战目标	实际完成情况	业绩差距	主要原因分析
学习与成长	骨干员工离职率（%）						
	组织氛围（分）						
	专家培养（人）						

这张表格将 BU 的市场表现、财务表现和内部运营表现等通过 KPI 的完成情况进行了汇总。大家要注意，最后一列是主要原因分析，不是根因分析。

业绩差距根因分析的时机与逻辑

为什么不在第一步就进行业绩差距的根因分析呢？因为这一步的任务是识别差距，而不是分析造成差距的根因并提出改善方案。笔者在华为内部应用 BLM 时发现，即使华为一贯在倡导自我批评和定期召开民主生活会，但大家在分析差距的根因时，很多时候还是会陷入扯皮和无休止的争论中，造成了规划项目一启动，项目组的工作氛围就很差。而且我们意识到，这一步的重点应该是让大家识别和找出差距，激发弥补差距的创造性张力。

在 BLM 7 步法中，业绩差距根因的分析是在各步骤中逐步展开的。如图 1-3 所示。我们首先从财务上的差距入手，而财务表现是由市场表现决定的，于是我们可以挖掘出市场表现上的不足，这两种差距是在第一步差距分析时完成的。

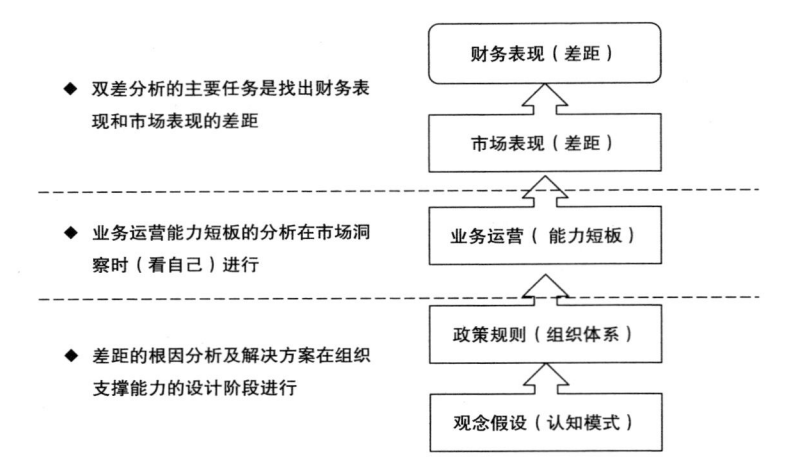

- 双差分析的主要任务是找出财务表现和市场表现的差距
- 业务运营能力短板的分析在市场洞察时（看自己）进行
- 差距的根因分析及解决方案在组织支撑能力的设计阶段进行

```
财务表现（差距）
    ↑
市场表现（差距）
    ↑
业务运营（能力短板）
    ↑
政策规则（组织体系）
    ↑
观念假设（认知模式）
```

图 1-3　业绩差距根因分析的逻辑

产品的市场表现则是由企业内部运营系统及运营能力决定的，运营能力包括高层的领导力、中层的管理能力、基层的执行力，以及客户需求的挖掘能力、产品规划能力、项目管理能力等，这些能力上的短板应该在第三步市场洞察中的"看自己"时分析。组织能力又是由组织体系的政策规则、流程制度、绩效管理、激励机制等决定的，而上述的政策规则、激励机制的制定，则受到了公司高层对企业的基本假设和认知模式的影响。只有到了这个层面，我们才算是真正进行了根因的分析，这一层面的根因分析，则是在BLM 7步法的第7步中完成的。

差距分析结果示例

下面我们来看一个差距分析的示例，这是一个经营某在线教育平台产品的BU。

业绩差距：

2014年我司在线教育产品由于没有人力满足部分客户的定制化开发需求，放弃了广东、江苏和山东几个教育大省的投标，造成了2015年6000万元销售额和15%的利润缺口。

机会差距：

未来五年，国家将投资 150 亿元大力推广在线职业教育，如果我司能在 2015 年 3 月之前完成与几大 CP（内容提供商）的合作谈判并推出二次定制能力强的 V3R1 平台产品，则可以在新的职业教育领域为我司每年增加约 2 亿元的销售收入，两年后获得在线职业教育平台约 30% 的市场份额。但目前还没有一家 CP 有合作意向，并且在线教育 V3R1 平台还没有启动规划，与市场要求至少有 9 个月的时间差距。

竞争差距：

我司在线教育产品可服务性、运行可靠性以及定制开发的交付速度与竞争对手 A 相比都有很大的差距。

可服务性：我司（5 分），竞争对手 A（8.5 分）。

可靠性：我司（7 分），竞争对手 A（9 分）。

交付速度：我司（6 分），竞争对手 A（8 分）。

Growth Strategy

第 2 章
唤醒渴望的战略意图设计

战略意图的作用,是为了唤醒水手对大海的渴望。

战略愿景、使命及目标

战略意图包括愿景、使命和目标，如图 2-1 所示。愿景描述的是 BU 要从事什么业务，通过何种方式想成为什么样子；使命描述的是 BU 为社会、为客户、为企业、为员工创造什么价值；战略目标包括财务目标、市场目标、产品目标等。

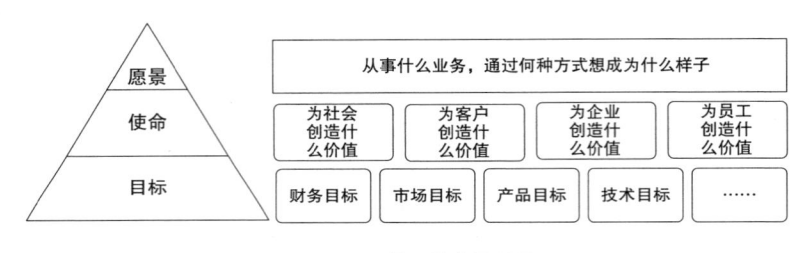

图 2-1　愿景、使命及目标

战略意图是对未来发展方向的一种期望、预测和定位，要具有前瞻性；战略意图要有感召力，能够感召所有利益相关者，引导他们产生创造性张力，为实现战略意图而发挥超出管理者预期的主观能动性；战略愿景的表述要简单明了，生动形象，最好是用一句话就能概括。

就像华为的愿景是：丰富人们的沟通与生活。微软的愿景是：致力于提供使工作、学习、生活更加方便、丰富的个人电脑软件。IBM 的愿景是：无论是一小步，还是一大步，都要带动人类的进步。总之，愿景要能唤起水手对大海的渴望。我们经常教导基层员工，除了每日"搬砖"，还得心中有"庙堂"，愿景就是我们展示给员工和客户的"庙堂"。

BU 的战略目标有两个重要的来源：一是 BU 业务经营团队对未来的期望；二是公司总体战略目标的分解。大部分情况下，BU 的战略目标主要来自总体战略目标的分解，因为业务战略本质上是对总体战略的解码。从公司总体战略解码出业务目标时，主要包括以下三类目标：

- ◆ BU 的财务目标：
  - ✓ 销售收入达 × 亿元。
  - ✓ 主营业务利润率为 ×%。
- ◆ BU 的市场地位：
  - ✓ 市场份额占比 ×%。
  - ✓ 品牌影响力及客户满意度达到 ××。
- ◆ BU 的运营管理：
  - ✓ 效率及成本管理目标。
  - ✓ 工作环境改善与员工发展目标。

战略意图要敢于挑战当前的业务领域定位

战略规划团队在设计战略意图时，要敢于挑战当前的业务领域定位，特别是在当现有业务遭遇增长瓶颈，急需开辟第二增长曲线的业务转型期。一个鸡蛋从外面打破就成了别人的食物，主动从内部打破就能获得新生。

当可口可乐在全球市场占有率达 35.9% 的时候，公司内部出现了两种意见分歧：要么骄傲自满，要么发愁出路在哪里。但是时任 CEO 郭思达却不以为然，他说：我们每一个人每天消耗 64 盎司（1 盎司≈30 毫升）的水，可口可乐只占了 2 盎司，我们占消费者的"肚子份额"仅仅是 3.12%。从此以后，可口可乐把碳酸饮料战线燃烧到了纯净水、咖啡、果汁、牛奶和茶饮料等产品领域，在之后的十六年里走上了一条高速成长之路。

杰克·韦尔奇对通用电气所有业务提出了战略定位：Be No.1 or No. 2 or be gone，也正是我们所熟知的"数一数二"的业务定位思考方法。杰克·韦尔奇的这一招很凑效，许多业务很快就做到了数一数二。然后韦尔奇又问他们现在市场份额是多少，业务负责人很骄傲地说，已经高达 25%。那么如何让市场份额由 25% 变成 5% 呢？方法是把分母变大，于是韦尔奇说，能否换个领域，在那里的市场份额开始少一点也没有关系，就好比我们现在是小池塘里面的大鱼，但是我们得找个大池塘，到里面去做小鱼，然后再长成大鱼。最经典的例子就是通用电气一开始只生产飞机发动机，后来逐渐进入市场更大的飞机服务市场并做到了行业的第一、第二。

但是，像可口可乐这样由碳酸饮料向其他饮料品类多元化延伸，要基于自己的核心竞争力。关于核心竞争力，在第 3 章的市场洞察中会有更详细的阐述。同时，这里要强调的一点是，表面上看，业务追求多元化发展与我们一直在强调的战略要聚焦的观点是相悖的，实则不然。笔者的观点是：对于在第一曲线还脚跟未稳的业务，战略当然是要聚焦于某一细分业务领域；对于已在某业务领域形成了自己核心竞争力的成熟业务，应当在业务增长趋缓但是还有增长时就积极开拓第二曲线，可以考虑多元化策略，这是当下许多由 OEM（代加工）或 ODM（原始设计制造商）业务模式向 OBM（自主品牌）转型的中小企业的一种选择。因此，战略聚焦不是墨守成规，多元化发展也不是盲目扩张，是聚焦还是多元化，要依业务的发展阶段而定。

战略意图的设计模板及示例

表 2-1 展示的是在指导各 BU 设计战略意图时所使用的模板。

表 2-1 指导各 BU 设计战略意图的模板

	愿景	从事什么业务，通过何种方式，想成为什么样子
使命（本 BU 存在的目的和意义）	为公司创造什么价值	本 BU 在公司的定位及对公司的贡献，如利润创造者、机会促成者或平台提供者等
	为客户创造什么价值	业务解决了客户什么问题，为客户带来什么收益
	差异化能力或体验	影响客户选择公司而不是竞争对手的产品的主要优势或能力
	利润模型和战略控制	业务的战略控制点是什么，如何盈利
	未来业务发展优先级	未来的主要业务发展方向及优先级
战略目标	财务目标	1～3 年收入、利润等目标
	市场目标	细分市场及市场份额等目标
	产品及技术目标	产品及技术发展目标
	组织能力目标	组织及人才目标
	合作伙伴	供应商、渠道等战略合作伙伴关系

我们以某企业的视频会议业务单元为例说明模板的使用。

➢ 愿景：3 年内成为国内视频会议系统 NO.1 供应商，5 年内占全球市场份额达 20% 以上。

➢ 使命：为电信级和企业级客户提供更方便、更高效的面对面的沟通方式。

➢ 财务目标：2015 年、2016 年、2017 年的收入目标分别为 1.6 亿元、2.8 亿元、4.0 亿元，税前利润分别为 3500 万元、6000 万元、1 亿元。

➢ 市场目标：重点突破运营商市场和高清终端市场，使其成为未来的主要增长点；未来 3 年运营商市场的份额目标分别为 10%、20%、35%。

➢ 产品目标：与芯片厂商合作开发相关芯片，2015 年推出 UDPV2R1 产品平台。

➢ 组织能力目标：导入 IPD 研发管理体系，2 年内全面提升产品开发效率和质量。

业务战略是对总体战略的解码

业务战略本质上是对总体战略的解码，BU 的战略目标主要来源于总体战略目标的分解。从笔者多年咨询和培训的经验来看，许多中小企业是没有总体战略的，即使有，也只在企业老板一个人的脑袋里，而大型企业一般都是有总体战略的，但是总体战略不聚焦，又过于复杂，业务经营团队对总体战略的理解只能是雾里看花。因此，无论是中小企业还是大型企业，业务经营团队都需要一个工具，来帮助他们从老板的脑袋里或公司复杂的总体战略中梳理出总体战略的主要内容。

基于上述原因，本书提供一个总体战略的方向性思考框架供读者在梳理总体战略时使用。这个思考框架也只聚焦总体战略五个方面的内容。

◆ 战略愿景和阶段目标：
✓ 企业的愿景和使命是什么？
✓ 各阶段的战略目标分别是什么？
◆ 业务领域及投资组合：
✓ 企业要保持或进入哪几个业务板块？
✓ 各业务板块在投资组合中的定位如何？
◆ 竞争优势及关键举措：
✓ 我们给客户提供怎样的价值主张？
✓ 我们有何竞争优势参与竞争？
✓ 要赢得竞争的关键战略举措有哪些？
◆ 取胜所需的核心能力：
✓ 要赢得竞争需要强化哪些业务活动？
✓ 需要开发和增强哪些核心能力？
◆ 组织支撑及管理体系：
✓ 新战略需要怎样的组织架构和流程？
✓ 新战略需要何种领导力和激励机制？

即使是在已经建立起规范化战略管理体系的企业，制定总体战略的基本原则也只能是"方向大致正确，组织保持活力"。战略是对趋势的判断，很难完全看清楚，只能做到大致正确。在方向大致正确的前提下，通过有活力并高效的组织，在战略执行过程中不断地对方向进行纠编，逐渐逼近最终的战略目标。

在前面介绍战略管理体系 DSTE 时曾介绍过总体战略 SP 与业务战略 SP 的制定过程是一个自上而下进行方向指导和目标分解，再自下而上整合优化的过程（如图 2-2 所示），绝对不是先有详细的总体战略，业务经营团队再通过战略地图和平衡计分卡对总体战略进行解码就得出业务战略。

第 2 章 唤醒渴望的战略意图设计

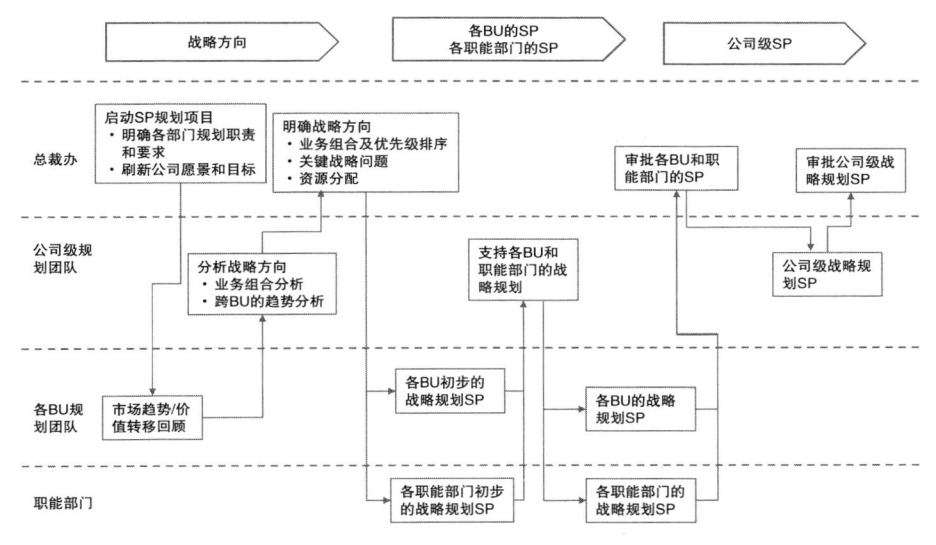

图 2-2 公司与 BU 的 SP 制定过程

总体战略制定路线图

企业总体战略（SP）的制定过程是先确定大致的战略方向和总体目标，并给出初步的业务组合及各 BU 的战略定位，各 BU 依此制定各自的业务战略，最后整合形成最终的公司级总体战略（SP）。如何整合各 BU 的业务战略从而形成公司级总体战略？笔者在 BLM 业务领先模型的基础上，结合工作实践提炼出一个总体战略制定路线图，如图 2-3 所示。当然，这也参考了麦肯锡和普华永道等咨询公司的战略咨询方法及其核心思想。

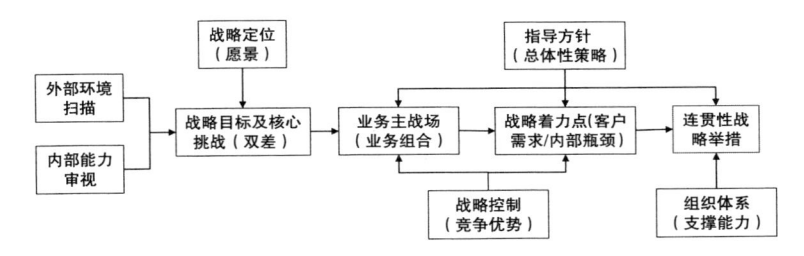

图 2-3 总体战略制定路线图

此路线图中的各要素与 BLM 中各要素之间的关系如表 2-2 所示。

表 2-2　总体战略制定路线图各要素与 BLM 业务领先模型各要素之间的关系

路线图的各个要素	BLM 的各个要素
外部环境扫描，内部能力审视	市场洞察
战略定位，战略目标	战略意图
核心挑战	双差及创新焦点
指导方针，业务主战场，战略着力点，战略控制	业务设计
连贯性战略举措	关键任务
组织体系	氛围文化，正式组织，人才

要谈总体战略，最经典的案例莫过于《隆中对》了，下面我们就试着用此路线图将诸葛亮为刘备制定的战略梳理出来：

➢ 外部环境扫描：豪杰并起及对曹操、孙权、刘表、刘璋的分析。

➢ 内部能力审视：屡战屡败，南撤到荆州归附刘表，暂驻新野，兵有区区数千人，将只有关、张、赵三人。

➢ 战略定位及目标：兴复汉室，成就霸业。

➢ 核心挑战：缺人，缺地盘，缺物质保障。

➢ 指导方针：联吴抗曹。

➢ 主战场：荆州乃兵家必争之地，掌握军事主动权；益州乃天府之国，起保障作用。

➢ 战略着力点：贤人、能人。

➢ 竞争优势：帝室之胄，信义著于四海，总揽英雄，思贤如渴。

➢ 战略举措：先占荆州，后取益州，保其岩阻，西和诸戎，南抚夷越，外结好孙权，内修政理。

这里需要强调的一点是，层次更高的总体战略比业务战略和职能战略所关注的范围更广、内容更多，对全局的影响更大。总体战略更多的是对企业未来发展方向、业务重心、指导方针、竞争策略及关键资源的总体性规划。越是总体性的，就越要简单、明确和聚焦，不要用模糊性和复杂性来显示总体战略的"高大上"，不要让下级部门在制定业务战略和职能战略时浪费过多的时间去揣摩总体战略的真实意图。

某机电控股集团总体战略示例

下面以经过信息处理后的某机电控股集团的总体战略为例，展示总体战略的主要内容。

一、集团的战略定位

以机械装备及重型汽车为核心业务，兼顾电子信息等相关领域的战略投资，成为专业化的、有规模优势及核心竞争能力的、国内一流的机电产业集团。

二、产业发展机遇

集团的发展面临着诸多发展机遇，主要表现在八个方面：

- 国际、国内产业转移。
- 中国能源产业的增长及结构调整。
- ××直辖市带动区域经济的快速发展。
- ××市深化国企改革及促进国有控股集团发展的各项措施。
- 我国固定资产投资的长期持续增长。
- 西部大开发带来的政策、投资及市场机遇。
- 国家对装备制造业的政策扶持。
- ××市政府大力发展相关产业的规划及政策。

三、外部挑战和制约

集团受制于四大外部挑战和制约：

- 宏观经济和政策：东北老工业基地振兴等因素客观上对××机电业的发展形成挑战。
- 市场需求：公司下属重点板块和业务的市场需求受到宏观调控影响

较大。

> 行业竞争：下属业务普遍遭到外企与民企的夹击，发展前景堪忧。

> 区域经济发展环境：××在人才环境、金融环境及投资环境等方面相对落后。

四、内部主要矛盾和问题

集团的进一步发展将受阻于三个方面的内部矛盾和问题：

> 战略定位：集团产业定位及集团本部功能定位需要调整和明晰。

> 管控能力：集团战略管理、资本运营、财务监管及人力资源管理薄弱，传统国企经营管理机制僵化落后。

> 资源：人才、资金、优质经营性资产、产能、技术、营销等资源短缺且分散，有待改善及整合。

五、各业务板块的战略定位分析

各业务板块市场吸引力和竞争地位的评估结果，如图2-4所示。

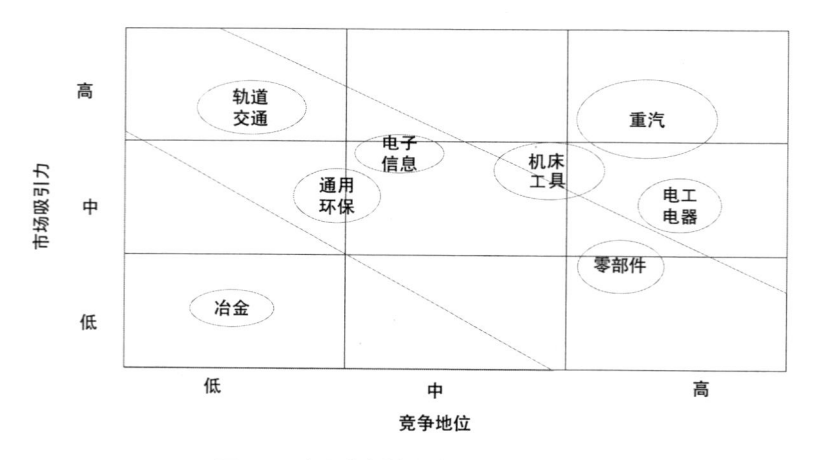

图2-4 各业务板块的战略定位评估结果

六、未来业务及投资机会组合

未来业务及投资机会组合如图2-5所示。

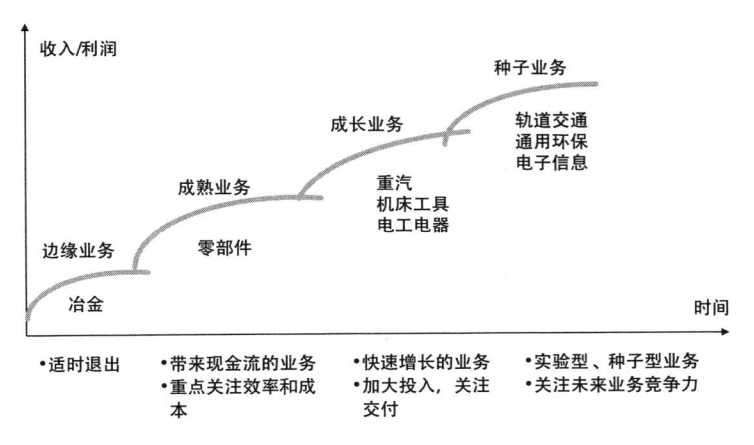

图 2-5 未来业务及投资机会组合

七、战略设计及指导方针

➤ 围绕一个中心：抓住核心产业和核心技术，做大集团的经济规模及资产总量，提高资产质量和竞争能力。

➤ 依托两个支点：通过管理体制变革提升干部管理能力，激发组织活力。改善业务发展环境，通过核心工艺和关键技术的创新增强产品的核心竞争力。

➤ 采取三个步骤：集团发展分为"结构调整"、"转型提速"及"稳步扩张"三个阶段，逐步转型，循序渐进，向目标迈进。

➤ 推行四大指导方针：以归核化、规模化、轻资产及国际化为战略指导方针。

➤ 发展五大产业：做精做实、做强做大五大业务板块，大力发展重汽、电工电器及机床工具，培育电子信息及通用环保。

八、战略阶段划分及目标

战略阶段划分及目标如图 2-6 所示。

业务增长战略

	结构调整（2008—2009年）	转型提速（2010—2012年）	稳步扩张（2013—2018年）
经营目标	➢整合资源，集中优势，加强管控，做大做强集团核心业务 ➢形成有梯度的业务组合及项目储备，搭建优势产业平台 ➢引进战略投资者，实现核心业务或集团的股权多元化，积极筹划上市	➢完成茶园及北部新区等工业园区建设 ➢完成核心业务或者整个集团的上市，实现资产证券化 ➢培育10～15家××工业50强企业 ➢通过资本运作，在更大范围内收购、兼并与整合资源，加速核心业务的发展壮大	➢成为国内一流的机电产业集团
管理目标	➢压缩管理幅度和层次，针对不同业务建立切合实际的、高效的管控模式 ➢培育集团的资本运作及战略管理能力，加强财务的监管及决策支持能力 ➢培育二级集团的运营管理能力	➢实现向产业集团的转型 ➢形成有效的集团资本运作及战略管控能力 ➢形成强大的、可复制的产业运营管理能力 ➢形成产业投资和运营的高级人才储备 ➢完成企业文化的整合，统一贯彻集团核心经营理念	➢塑造包括资本运营、战略管控、产业投资及运营能力等的核心竞争能力
财务目标	➢销售收入158亿～185亿元 ➢利润6亿～8亿元	➢销售收入290亿～326亿元 ➢利润12亿～14亿元	

图 2-6　战略阶段划分及目标

九、各业务板块的战略目标分解

各业务板块的战略目标分解如图 2-7 所示。

机电集团收入目标分解

业务板块	2009年收入目标（亿元）	2012年收入目标（亿元）
重汽	40～45	80～90
汽摩零部件	46～60	70～84
电工电器	34～36	58～64
机床工具	6	15
通用环保	17～26	43～53
电子信息	17	24
合计	160～190	290～330

目标分解依据

- 重汽：×××
- 汽摩零部件：×××
- 电工电器：×××
- 机床工具：×××
- 通用环保：×××
- 电子信息：×××

图 2-7　各业务板块的战略目标分解

十、集团层面的战略举措

➢ 投资方向：投资的先后顺序即资金比重为连杆70%，机床业务20%，军品业务5%，对外投资5%。

➢ 融资渠道：融资渠道的优先顺序及融资比例为自筹资金10%，股权融资 60%，债权融资 30%。

➢ 财务管理：改善资本结构，降低存货占用，提高应收账款周转，实行全面预算管理。

➢ 生产举措：通过精益生产降低成本、改善质量，达到适时生产。

➢ 质量管理：从意识、制度、流程和责任等方面改进质量管理。

➢ 人才开发：内部培养和外部引进相结合，职业生涯设计和激励制度相结合，吸引人才、留住人才。

Growth Strategy

第 3 章
由外而内的市场机会洞察

没有对未来市场机会的洞察，业务战略必将成为无源之水，无本之木。

市场洞察的过程与方法概述

业务战略规划的核心是业务模式设计，而业务模式的设计需要正确的市场机会，否则，巧妇也难为无米之炊。市场机会源自对市场的洞察，一家做摄影器材的企业在学习了 BLM 7 步法之后，启动了他们的战略规划项目，当他们走到第三步时才发现，对照 7 步法的要求，他们以前所做的市场分析和评估，根本就不是在做"市场洞察"，顶多算是在做"市场浏览"，尽管他们也用 PESTEL、波特五力模型等工具做市场分析，但整个过程输出的只是一些研究报告和二手信息的简单堆砌，各个角度的分析方法及输出的内容之间没有内在的逻辑关系，都是散乱的，以这样的输出作为下一步业务模式设计的输入，结果可想而知。

"市场洞察"是 BLM 7 步法中的第 3 步，在这里还是想再一次提醒一下前面曾经强调过的一点，那就是整个 7 步法中的前三步：双差分析、战略意图设计和市场洞察，它们之间没有严格的先后关系，是一个不断反复的过程。

经常看到有些书籍和资料将 BLM 的方法总结为"五看三定"，五看是看行业、看市场、看竞争、看自己、看机会，三定是定控制点、定目标、定策略。其实，"五看三定"不是对 BLM 的总结，在运用 MM 和 VDBD 制定业务战略时，华为内部就早已总结出"五看三定"的说法。因此，用 BLM 替代 MM 之后，如果还将 BLM 简单地看成是"五看三定"的升级版而已，则说明还没有真正理解"业务战略的核心是业务模式创新设计"。

为了防止造成更多的理解上的混乱，在这里，有必要将"五看三定"与本书所述内容做一个简单对照。本书的市场洞察只有四看（看趋势、看客户、看对手、看自己），把看机会放在了四看之后的综合分析以及机会差距的复查中。三定中的"定控制点"对应本书第 4 步"业务模式创新设计"中的"战略控制","定目标"是第 2 步"愿景、使命与目标"的内容,"定策略"则对应本书第 5 步的"业务策略及计划"。

现在我们来快速理解一下整个市场洞察的内容和它的逻辑过程,其内容总体上可分为两大部分,一部分是外部市场环境的分析,另一部分是企业内部运营的分析。外部分析包括宏观趋势分析、行业环境分析、客户需求分析和竞争对手分析,内部分析则包括对当前主流业务模式的评估、竞争优势的分析、当前产品组合及内部运营能力的分析。外部分析是分析企业所面临的机会和威胁,特别是对行业内部或跨行业的价值转移趋势的分析;内部分析则是要识别出企业内部资源和能力上的优劣势,特别是对支撑自己参与市场竞争的内部核心竞争力现状要有一个清晰的认知。

本书将市场洞察简单概括为"四看":看趋势、看客户、看对手、看自己。前面的三看就是外部分析,看自己则是内部分析。看趋势包括看宏观趋势和行业趋势,行业趋势属于中观,客户、对手、自己则属于微观。由此可见,我们的市场洞察包括对内外部环境的宏观、中观和微观的分析。

在这里,有必要补充说明一下市场洞察中的"看自己"与前面第 1 步"业绩差距分析"的逻辑关系。业绩差距分析其实也是在看自己,这两处的"看自己"有何关联或区别呢?答案在前面讲"业绩差距根因分析的时机与逻辑"时已经给出。第 1 步中的"看自己"只是在找自己在市场和财务表现上的业绩差距,而市场洞察中的"看自己"则是从内部的业务运营系统和运营能力上分析造成上述业绩差距的主要原因是什么,也就是说,后者是对前者的原因分析。

在市场洞察的内外部分析完成之后,我们必须对第 1 步的双差分析结果和第 2 步的战略意图设计进行复查,及时更新我们到目前为止所识别出来的重要差距,包括内部能力与外部机会不匹配的机会差距和内部不协调的能力差距,也要依据我们对内外部环境更深入的理解,从可不可做、要不要做、能不能做三个维度全面思考并更新 BU 的战略意图。只有做完了这两个复查，市场洞察这一步才算结束。

市场洞察之宏观趋势分析

企业外部的宏观环境包括影响企业和整个行业生存与发展的社会文化、政治因素、经济发展、科学技术、生态环境、法律法规等各方面的因素，又称为企业所处的大环境。获取宏观环境分析所需的信息是进行宏观趋势分析的第 1 步，获取的信息是否全面、有效和可靠，将直接影响宏观趋势分析的效果。

信息获取的渠道非常多，可以通过以下途径：政府工作报告、行业协会、国家部委或统计局、法律法规、专业网站或论坛、专业调查报告等。

通过上述各种渠道获取信息之后，需要对它们进行甄别和梳理：

➢ 检查信息的可靠性。信息可靠是宏观趋势分析的基础，一些具有重大影响意义的信息，我们必须从更专业、权威的渠道去获得，以确保其真实可靠。

➢ 信息的去伪存真。由于获取信息的渠道多、范围广，有些信息可能是相互矛盾的，有些信息可能是虚假的，这些都需要我们在进行宏观趋势分析前做好甄别和证实。

➢ 信息的组织与整理。大量的信息被做完上述的初步处理之后，要按照我们的分析目的和所使用的方法进行相应的分类和整理。

宏观趋势分析常用的 PESTEL 方法将所有影响企业的外部宏观因素分为社会文化、政治因素、经济发展、科学技术、生态环境、法律法规六个维度，我们在信息收集和趋势分析时可以从这六个维度去展开。

社会文化是指企业所处社会的民族特征、文化传统、宗教信仰、风俗习惯、教育水平等，影响社会文化的变量包括社会各阶层的人口比例和收入差距、消费结构和消费水平、文化背景和价值观等。

政治因素是指影响企业经营活动的政治力量以及与其有关的政策、法规等，如中美关系，财政及货币政策的变化，地方政府的规定，公众舆论等。

经济发展是指企业所处大环境下的经济结构、产业布局、经济发展水平及未来经济走势等。影响经济因素的变量包括GDP的增长水平、就业和失业率、通货膨胀水平、利率及汇率水平等。

科学技术是指发明创造、新技术、新工艺、新材料、新方法的出现及应用前景。影响技术因素的变量包括研发投入水平、专利权、技术变化的速度、科研机构的数量等。

生态环境是指企业的经营活动及产品或服务与环境发生相互作用的因素，包括对生态环境和气候的影响，能源和资源的循环利用等。

法律法规则包括行业公约，所在国的基本法、公司法、行业竞争法、劳动法等。

通过业务系统分析宏观趋势的影响

可以看出，PESTEL方法在进行宏观趋势分析时，可以引导我们从上述六个维度把握企业未来所面临的机会和威胁，但是要想真正发挥PESTEL方法的作用，我们还需要先解决以下两个问题。

第一个问题：如何才能更有针对性，同时更全面无遗漏地筛选出对企业真正有影响的外部环境因素进行分析，而不是漫无目的地眉毛胡子一把抓，因而浪费了大量的资源和时间分析了很多与企业没有关联性的因素？

第二个问题：我们凭什么判断筛选出来的这些外部因素的变化对我们来说到底是机会还是威胁？为什么会是机会？为什么会是威胁？理由是什么？

要回答上述两个问题，我们可以把企业看成是一个系统，这个系统与外部环境要产生物质流、信息流、资金流、能量流的交换，直接发生交换作用的则是企业的业务系统，也叫业务运营系统。要交换，就得有交换的市场，于是，我们又可以将企业的外部环境按供应市场、产品市场、资本市场和人才市场进行划分。由此可见，外部环境是通过这四个市场与企业内部的业务系统产生作用力与反作用力的。因此，PESTEL方法的重点是分析宏观趋势的变化是否会对企业外部的供应市场、产品市场、资本市场和人才市场产生比较大的影响，如此才能有针对性地筛选信息。

那么这些外部因素的变化到底是机会还是威胁呢？为了做出是机会还是威胁的判断，我们需要理清楚外部因素的变化是如何在企业内部产生"连锁反应"的。为了搞清楚这个"连锁反应"，需要将当前的业务运营系统画出来，如图3-1所示。这是一个有渠道分销的制造企业的业务系统。

有了这个业务系统，我们就可以找出业务的增长之轮（如粗线条标识出来的）及制约业务增长的关键要素。如果外部环境传导给企业的是机会，那么这个机会首先会作用在业务系统的一些关键要素上，通过各要素之间的连接关系，最终为这个增长之轮注入动力；如果是威胁，则将注入的是阻力。

通过业务系统的引入，使得宏观趋势分析的PESTEL方法在无遗漏条件下更有针对性，也使我们分析出来的机会和威胁有了更多的确定性。

理解了PESTEL方法的使用原理，真正执行这一方法的过程就变得简单多了，可以通过以下几个问题引导我们筛选信息，并做出是机会还是威胁的正确判断。

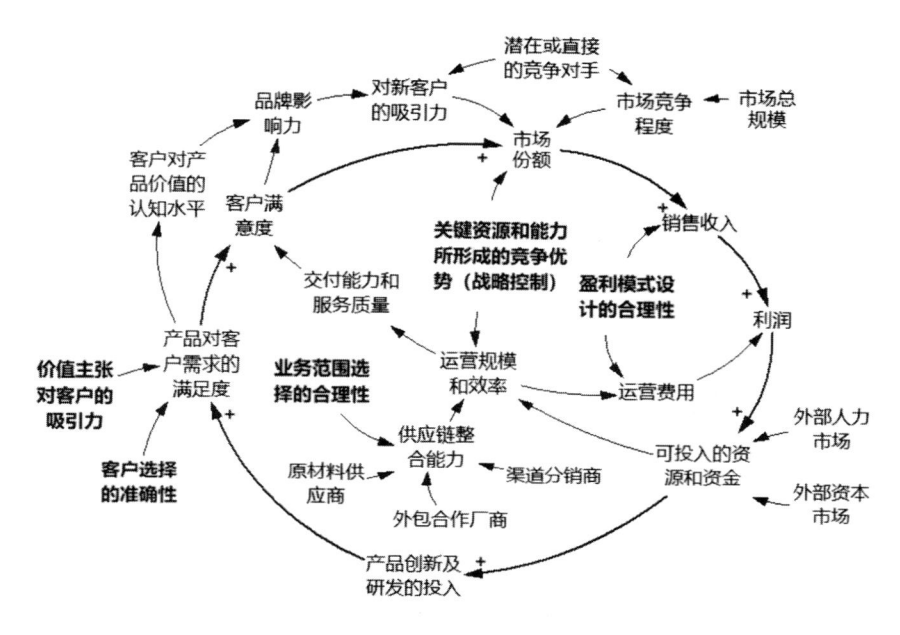

图 3-1 业务系统与增长之轮

➢ 在这个商业环境中，影响业务系统运营的因素有哪些？
➢ 有哪些因素过去曾经（对业务系统的运营）有过影响？
➢ 未来有哪些环境因素可能会（对业务系统的运营）产生影响？
➢ 产生这些影响的可能性有多大？
➢ 对业务系统可能会造成多大的影响？

宏观趋势分析案例

下面我们来看一个宏观趋势分析的经典案例，这个案例与麦当劳和肯德基相关。

肯德基1987年在北京开了第一家门店，而麦当劳1990年才在深圳开第一家店。事实上，首先考察中国市场的是麦当劳，为什么麦当劳起了一个大早，却赶了一个晚集呢？当时，麦当劳派一个美国人来考察中国市场。这个美国人之前也没来过中国，经过一番实地考察之后，他得出一个结论：中国是一个饮食口味极其顽固的国家。例如，对于早餐，北京人喝豆浆吃油条，上海人吃泡饭，广东人喝早茶，各地的口味都不一样，中国人绝对不会吃牛肉汉堡。不久之后，肯德基派出了出生于中国台湾地区的王大东，经过考察，他得出了截然不同的结论：中国会成为全世界最大的快餐市场。王大东注意到，北京的流动人口非常多，这里有很大的市场空间，而且相比汉堡包，炸鸡更符合中国人的口味。另外，当时中国处于改革开放初期，中国人对刚刚接触的西方世界充满好奇，吃西餐就是代表洋气和体面。同时，中国正在大力发展农业现代化，家禽养殖是优先发展的一个领域，这与肯德基的主打产品炸鸡很吻合。

由这个案例我们可以看出，针对同一外部大环境，不同的企业会得出差异性非常大的分析结论，因而制定出完全不同的战略。

下面我们再以安防行业的宏观趋势分析为例，说明 PESTEL 方法的具体应用，表 3-1 展示的是对安防行业进行宏观趋势分析的部分内容。

表 3-1 安防行业宏观趋势分析（部分）

影响因素		具体变化和趋势	机遇	威胁
社会文化	城市级需求（产品市场）	我国城镇化率不断提升，城市流动人口占比增长明显，平安城市、智慧城市等治安防控及社会治理需求构成了安防行业长期成长的基本盘	智能化安防监控需求将保持长期稳定增加	
社会文化	民用级需求（产品市场）	随着人们生活水平及安全意识的提高，普通家庭、中小企业、商铺逐渐成为常规安防需求的中坚力量	需求结构的变化带来新产品的销售机会	产品定位及销售模式也需要适时调整
经济发展	海外需求（产品市场）	"一带一路"倡议对于相关地区将提出较高的安防要求，相关地区的安防需求有望受到强力拉动	西北地区及海外市场的安防需求尤为迫切	
经济发展	产业资本（资本市场）	视频监控需求持续火热，资本市场看好视频监控设备领域，行业发展向好	资本市场对安防行业的支持	

续表

影响因素		具体变化和趋势	机遇	威胁
产业政策	国家支持力度（供应市场）	2016年国务院发布的《"十三五"国家战略性新兴产业发展规划》正式将智能安防纳入国家发展战略中	资金、资源的扶持力度将加大	加剧行业竞争
	地方财政（产品市场）	在国家政策驱动下，地方财政公共安全支出金额逐年增加，公共安全占一般公共预算支出的比例也在增加	平安、智慧城市的安防需求增加	
技术演进	人工智能的应用（产品市场）	人工智能技术在安防场景中的应用，使安防行业由被动监控转向主动识别	人工智能打开了安防行业的新空间	有竞争力的人工智能初创企业进入安防行业
	云计算的应用（供应市场）	云计算为安防行业后端海量视频数据的存储、计算和分析提供了低成本、更灵活、更安全的实现方式		华为、阿里巴巴、腾讯参与竞争

表 3-1 中的影响因素包括 PESTEL 的四个维度和四个市场，第二列是对具体变化和趋势的描述，第三列、第四列是对机遇和威胁的判断。我们来看一下与社会文化因素相关的安防产业民用级需求的变化趋势，这里指出"随着人们生活水平及安全意识的提高，普通家庭、中小企业、商铺逐渐成为常规安防需求的中坚力量。"安防产业一直以来主要以城市级和行业级应用为主，这种民用级需求结构上的变化，给安防企业既带来了新的销售机会，也带来了对产品的定位和销售模式上的调整要求。安防行业技术演进的趋势则是：近几年随着人工智能和云计算技术在安防领域的应用日益成熟，制约传统安防行业发展的天花板被打开，预示着安防行业的利润区发生了转移，大量新的竞争对手也将趁此机会涌入该行业。

宏观趋势的变化会对整个行业中的所有企业带来影响，特别是会给整个行业带来结构性的调整，下面我们来看行业环境的变化趋势分析方法。

市场洞察之行业环境分析

行业环境是影响企业的中观环境，行业环境分析的逻辑是首先梳理出本行业的现状，然后看本行业的竞争格局，最后分析行业环境的变化趋势。

行业现状的梳理包括行业业务及产品构成、行业发展阶段分析、产业价值链分析；行业竞争格局则是分析主要参与者及其经营状况、各主要参与者的市场份额、战略群的分布情况；对行业的发展趋势，主要看行业规模及成长性、行业需求变化趋势、行业竞争变化趋势。

下面我们以安防行业为例，展示行业分析的方法和内容，其中部分数据源自艾瑞咨询、光大证券、亿欧智库等的研究报告。如图3-2所示。

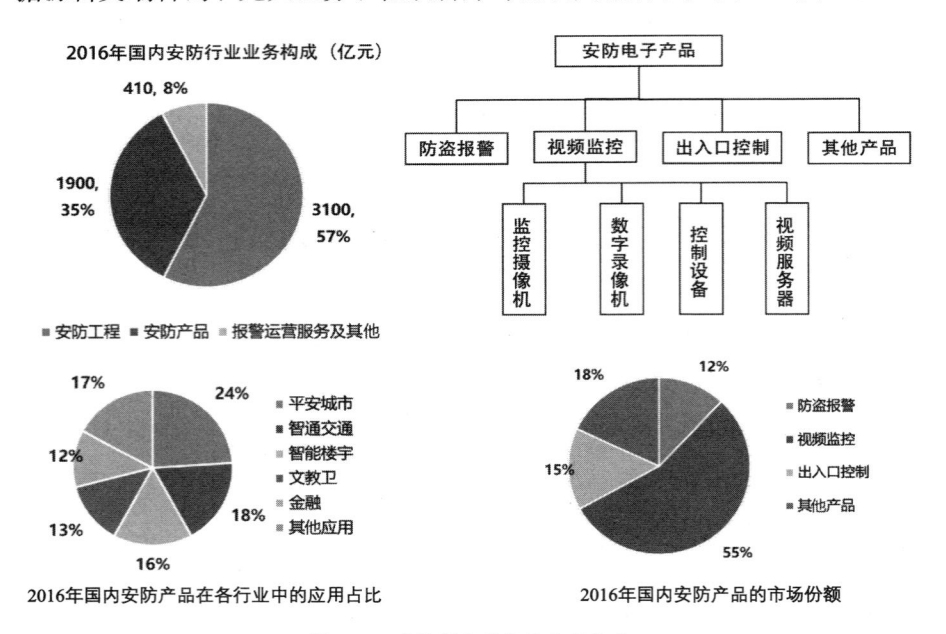

图3-2 安防行业业务及产品构成

首先是行业的业务及产品构成状况，2016年安防工程和安防产品的销售各占整个安防业务的57%和35%。而在安防产品中，视频监控占比达55%，是安防行业的主力产品。安防产品的行业应用包括平安城市、智能交通和智能楼宇等。

通过对行业发展阶段的分析，可以理解推动行业在不同阶段递进的主要驱动力和影响因素。如安防行业的发展历程，就主要是围绕着视频监控技术的改进创新而不断升级的，如图 3-3 所示。它经历了从看得到，到看得远、看得清，再到看得懂四个阶段。在看得到的模拟监控阶段，以模拟摄像机 + 视频矩阵 + 磁带录像机为产品矩阵。在看得远的数字监控阶段，则采用数字记录技术的 DVR 产品取代了磁带录像机。在看得清的高清监控阶段，图像高清化、设备网络化、应用平台化的趋势明显。近几年人工智能和云计算使安防行业由事后查证、人工决策升级为全程监控、智能决策，标志着安防行业进入了看得懂的阶段。

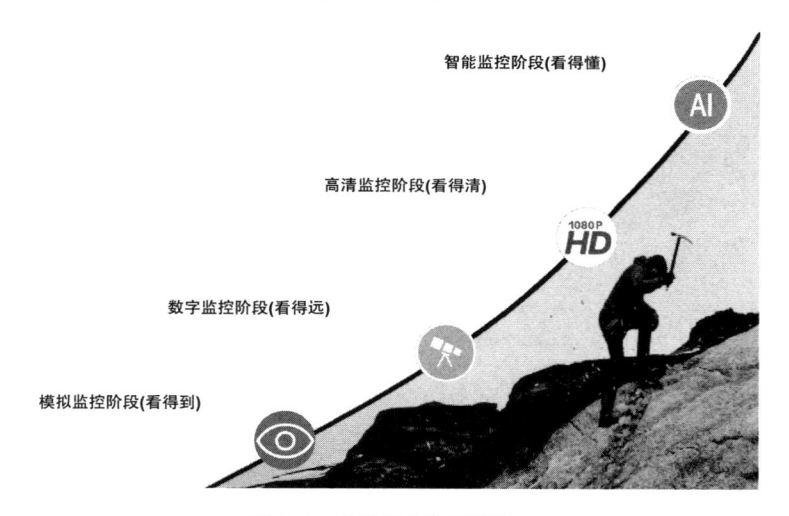

图 3-3　安防行业发展阶段

图 3-4 展示的是安防行业的产业链分析，整个产业链按所提供的产品和服务可分为四段，分别是零部件生产、系统集成、代理服务和终端应用。我们可以通过下面的问题来引导我们分析整个产业链。

➢ 整个行业为客户提供的最终价值是什么？
➢ 整个行业从源头到终点有哪些关键环节？
➢ 每个环节有哪些重要的参与者？

➢ 每个环节凭借什么核心要素，提供什么产品，创造了什么价值，获得了怎样的利益？

➢ 这些环节中有哪些战略控制点？分别掌握在哪些参与者手上？

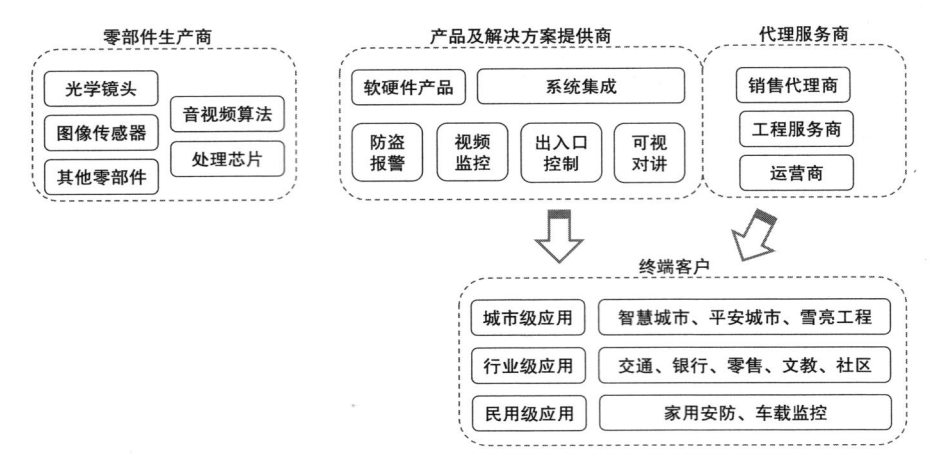

图 3-4 安防行业的产业链

图 3-5 的安防产业链图谱展示的则是整个行业的价值网，这个价值网明确了各主要参与者在其中的位置，以及与其他参与者的相互关系。

图 3-5 安防产业链图谱

以上是对整个安防行业现状的梳理,接下来看行业的竞争格局。通过 2017 年全球安防行业前十强的营收同比增速(如表 3-2 所示),可以看到国内安防企业海康威视和大华股份的营收增速远高于海外厂商,它们在全球范围内都具备了强大的竞争实力。

表 3-2 2017 年全球安防行业前十强的营收同比增速(营收单位:亿美元)

排名	公司名称	国家/地区	业务类型	2017 年营收	2016 年营收	营收同比增速
1	海康威视	中国	多元经营	53.64	42.43	26.40%
2	大华股份	中国	多元经营	26.81	18.96	41.40%
3	亚萨合莱	瑞典	门禁系统	23.11	20.84	10.90%
4	博世	德国	多元经营	20.88	19.64	6.30%
5	安迅士	瑞典	多元经营	9.67	8.3	16.50%
6	菲利尔	美国	视频监控	7.77	7.72	0.60%
7	安朗杰	美国	门禁系统	5.06	4.48	13.00%
8	韩华	韩国	视频监控	4.93	5.41	-9.00%
9	天地伟业	中国	视频监控	4.48	3.45	30.25%
10	威智伦	加拿大	多元经营	4.09	3.54	15.60%

在全球市场上,份额超过 10% 的是海康威视、大华股份、亚萨合莱和博世,其余厂商的市场份额均低于 5%,这个数据显示出安防行业的碎片化特点。

在国内市场上,海康威视与大华股份占据了半壁江山,排名第三的宇视科技只占 4.5%,显示出海康威视与大华股份在视频监控行业的强大主导地位。这一行业的全球及中国国内主要参与者所占的市场份额如图 3-6 所示。

图 3-7 显示的是国内安防企业战略群的分布情况,战略群分析有利于企业看清自己在行业中的竞争地位与状况。同一个战略群内的企业会关注相同的细分市场,面对相同的机会与威胁,并采取类似的竞争策略。战略群可以从品牌影响力、产品线宽度、垂直整合程度、分销模式、地域等维度进行划分。

2017年全球安防行业市场份额

- 其他厂商，14.6%
- 威智伦，2.1%
- 天地伟业，2.3%
- 韩华，2.5%
- 安朗杰，2.6%
- 菲利尔，4.0%
- 安迅士，5.0%
- 博世，10.7%
- 亚萨合莱，11.9%
- 大华股份，13.8%
- 海康威视，27.5%

2017年中国视频监控产业市场份额

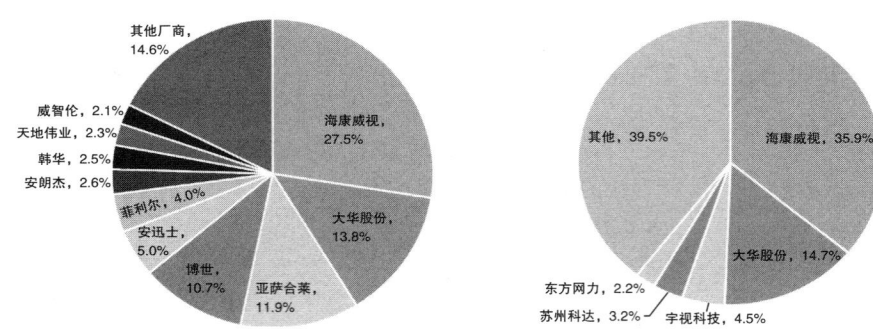

- 其他，39.5%
- 海康威视，35.9%
- 大华股份，14.7%
- 宇视科技，4.5%
- 苏州科达，3.2%
- 东方网力，2.2%

图 3-6　主要参与者的市场份额

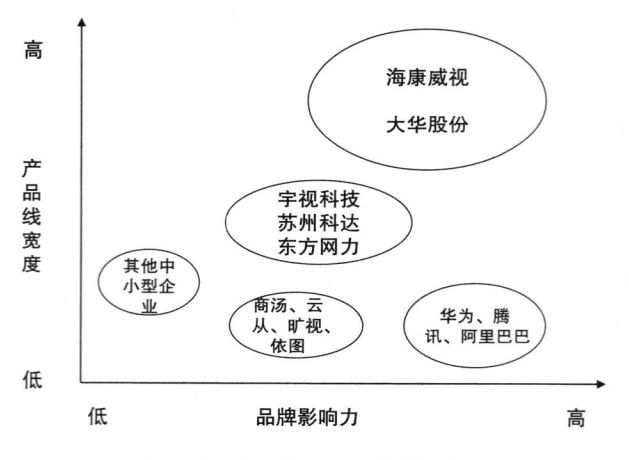

图 3-7　国内安防企业战略群的分布

行业分析的第三步是分析行业未来的变化趋势，首先要分析的是行业规模和成长性，这里是从全球和国内两个市场及整个安防产业和视频监控两个维度分别分析的。如图 3-8 和图 3-9 所示。

经过 20 余年的高速发展，国内安防基础设施已经相当完善，安防产业已经进入了成熟期。海康威视与大华股份作为行业龙头，通过进一步提高市场占有率和向海外扩张的方式，可以维持高于行业平均水平的营收增速，但在 2014 年前后依然难以避免增速逐步下滑的趋势。如图 3-10 所示。

第 3 章　由外而内的市场机会洞察

全球安防产业市场规模及增速（亿美元，%）

全球视频监控市场规模及增速（亿美元，%）

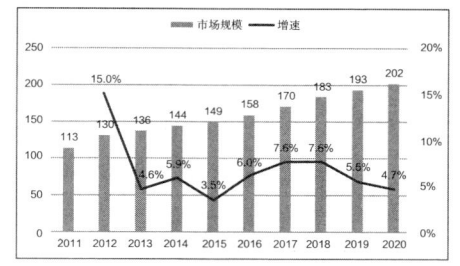

图 3-8　全球安防规模及成长性

中国安防产业市场规模及增速（亿美元，%）

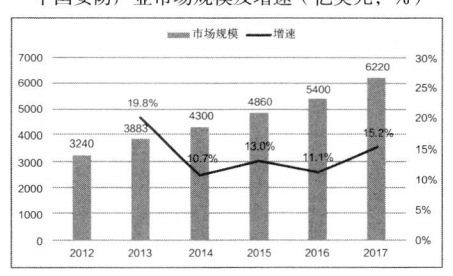

中国视频监控市场规模及增速（亿美元，%）

图 3-9　中国安防规模及成长性

海康威视营收增速

大华股份营收增速

图 3-10　海康威视与大华股份的成长性分析

但是，在人工智能和云计算的驱动下，传统安防升级为智能安防，开始拥有全程监控、智能决策的能力，并成为物联网的一部分，有望打开安防行业新的成长空间。如图3-11所示。

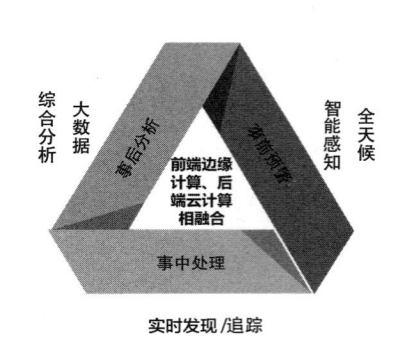

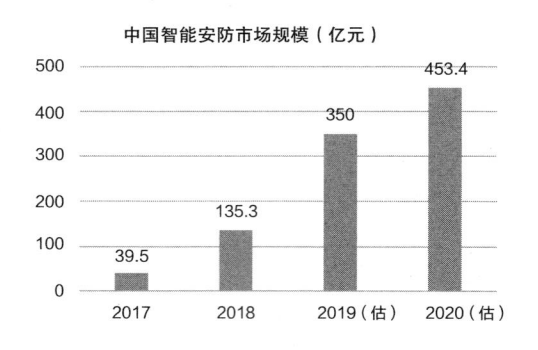

图3-11 智能安防的成长性分析

整个行业的安防需求也呈现出新的变化趋势，由传统安防向智能安防转型，甚至成为物联网的趋势正在加速。在城市级应用上，从传统安防向智能安防的升级换代成为主要的增长点；行业级应用则正在下沉到一二线城市的各个片区以及三四线城市的县级地区。以住宅小区、办公单位、普通家庭、便利店、私营企业、养老院等为代表的民用市场逐步成为安防的热点领域。同时，海外市场空间巨大，亚太地区尤其是印度和东南亚将成为海外布局的重点。

智能安防时代，新的竞争格局正在重构中，海康威视、大华股份同时在前后端发力，希望建设全产业链覆盖的完整生态；华为、阿里巴巴、腾讯则是借助云计算能力的优势，从后端切入，首先进入城市级的应用；创业"四小龙"的战略各有不同，商汤侧重于在后端建立城市级的视频分析平台，云从、旷视与依图则是在前端发力，提供可直接应用的智能产品。

以上就是从现状梳理、竞争格局和行业发展趋势三个角度对安防行业的分析方法和分析内容的展示。

市场细分是客户需求分析的前提

业务模式设计的首要问题是"谁是你想要服务的对象"。要想成为一家成功的汽车制造商，面对 70 后和 90 后的不同客户群，我们无法用同一款产品来打动他们。战略在某种意义上可以说就是一种选择，或者说一系列的选择，而最基本的选择是"谁是你想要服务的对象"以及"如何为你所选择服务的对象创造独特的价值"。这就是市场细分及细分市场的客户价值定位。也是基于此原因，接下来的业务模式设计及竞争策略的制定，就是要紧紧抓住"与其更好，不如不同"这一基本原则去展开，找准自我定位，为目标客户群提供独一无二的价值。不要与你的竞争对手死磕一点，特别是进行价格战。

对于市场细分，我们第一步就可以按 2B 的企业市场和 2C 的消费者市场进行区分，对于每种市场中的客户，我们至少还可以区分出财务性购买者、技术性购买者和最终用户。例如，一款儿童玩具，父母既是财务性也是技术性购买者，小孩则是最终用户，而对于 2B 的工业品，财务性购买者、技术性购买者和最终用户则会是三个不同的部门或角色。关于客户和用户的区别，相信大家都明白，不用多说。另外，本书所讲的方法，没有区分企业市场和消费者市场，对两种市场都是适用的，只是在具体操作时，会有些细节上的不同。

下面通过笔者自己正在打理的线上知识店铺来看看如何细分客户及对每个细分客户群进行价值定位。

2019 年 6 月上线这个知识店铺的初衷是为了给企业客户一个试听的平台，通过此方法来评估笔者的理论体系及授课风格是否能满足他们的线下培训与咨询的要求。由此可以看出，此店铺最初设想的目标客户是企业的人力及业务部门主管，也就是上面所说的财务性和技术性购买者，而非最终用户，也即是说最初的业务模式主要是 2B 的。既然定位只是一个给企业客户试听的平台,所以对该店铺也就没有投入精力去打理。

随着2020年新冠肺炎疫情的暴发,培训咨询行业受到了极大的冲击,于是笔者开始思考如何开展线上业务,以及分析线上业务的目标客户是谁。最后的结果是决定将业务拓展到2C领域,将该知识店铺重新定位成产品创新与研发管理优质内容的学习平台。聚焦那些对产品创新和研发管理感兴趣,想提升这方面的知识和能力的个人,通过对员工的影响,进而影响企业的人力和业务主管,增加2B的销售机会,因为2B的市场才是收入的主要来源。

这个知识店铺当前推出的主打产品是与IPD、BLM和ORM(Optimal Resistance Model,最小阻力模型)三个重要知识体系相关的"课程"和"专栏",另外还有"问答区"和"最新内容"。"问答区"是笔者与学员互动答疑的地方,"最新内容"则是展示最新原创或收编的图文及视频的地方。如图3-12所示。

在这里使用了两个变量来细分客户:一是图中的纵轴"谁在买",二是横轴"买什么"。如图3-13所示。

纵轴从下往上代表三类不同学习深度的客户,分别为阅读者、提问者和践行者。我们经常讲的学习的三个层次:看山是山,看水是水;看山不是山,看水不是水;看山还是山,看水还是水。就分别对应着这三类客户。从阅读到提问再到践行,也代表了客户对产品的认可度及黏度的提升。

横轴是对该知识店铺所提供产品的分类,包括单点知识、系统框架和咨询服务。

单点知识只阐述一个观点、概念,或者教授解决单一问题所需的几个知识点,例如"ORM系统思考优质内容精选"专栏中的《假设思考法,快速搞定单领域的业务问题》这篇图文,就讲了如何运用假设思考法快速解决"三个月内扭转销售下滑趋势"这样的问题。

系统框架则是成体系、系统化的理论知识,往往会用一个或几个框架将这些理论知识框起来,这是一种结构化思维。通过这些框架可以帮助客

第 3 章 由外而内的市场机会洞察

图 3-12 线上知识店铺

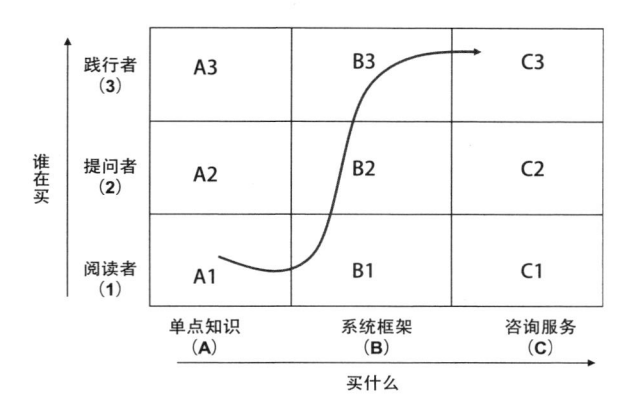

图 3-13 知识店铺的客户细分

户搭建起自己的知识和能力体系，如店铺中的 IPD、BLM 和 ORM 就分别代表了产品和技术创新、业务模式创新和管理创新这三个创新体系。

系统框架还只是一幢别墅的设计图纸，要想真地将别墅建起来，除了自己要亲自动手，大部分情况下还要咨询服务顾问手把手带。正如这句话所说：看到的是信息，理解了是知识，会用了是能力，问题解决了才是本事。

通过纵轴的 123 和横轴的 ABC，我们可以将客户细分成九宫格。每一个格子代表了一个细分市场。当然，有的格子基本上是没有或只有少量客户的，如 C1，处于阅读者层次的客户是不存在咨询服务这种需求的，再如 A2，许多提问者都是在学习了课程之后才提问的，对单篇图文或视频，只是吸收观点和知识点，提不出问题。

此知识店铺关注的是 A1、B1、B2、B3 和 C3 这五个细分市场的客户。A1 主要是用来引流和"种草"的，这一区间的客户的特点是"免费"，免费获得各种知识和信息。笔者现在基本上每隔一两天就会通过微信公众号、朋友圈及知识店铺的群发消息，给学友们推荐一篇原创或从网上收编而来的优质图文和视频，这些内容会呈现在"最新"或各专栏中。B1 对应着那些想系统性地学习 IPD、BLM 和 ORM 的客户，店铺是通过免费或收费的专栏及线上课程来满足他们的。B1 区间的那些勤于思考的客户在系统学习的过程中，肯定会有许多的疑问和不解，他们很自然地会进入 B2 区间。针对这一部分客户，店铺开设了问答区和各课程的微信社群，并且还会不定期地组织一小时的线上视频互动及答疑。为什么是 B2 而不是 C2 呢？因为没有针对问题的详细调研，笔者只能给出通用的而不是个性化定制的解决方案。B3 的客户比 B2 的学习要求更进一步了，他们更注重工具和方法的实操性，希望将知识快速转化成自己的动手能力。针对客户的这些需求，店铺提供了线下课程、工作坊和特训营等学习方式，而且还会在店铺上分享优秀学员的学习笔记及实践案例。C3 区间的客户则不再满足于知识的学习和能力的培养，他们的诉求是解决实际工作中的问题，而且还是系统性的管理问题，这种管理问题单凭他一个人的力量是无法完成的，于是他可能会申请引入外部专家顾问的咨询服务。针对这一类需求，笔者提供的产品有 10 天 5 夜的 BLM 微咨询、中大型 IPD 咨询项目和常年顾问。

在上述客户细分及客户价值定位的基础上，线上知识店铺的业务模式设计的雏形也就有了。通过 A1 的吸粉和引流，引导客户购买高品质、体系化的专栏和精品课程，再通过互动问答、工作坊、特训营的方式帮助客户将知识转化为能力，最后影响企业的人力和业务主管导入笔者的咨询服务。

线上知识店铺市场细分案例提醒我们，不同细分客户群的需求迥异，与其满足市场上全部客户的 10% 的需求，不如只聚焦于 10% 的客户认为最重要而又最不满足的少数几个需求。市场细分是客户需求分析、业务战略设计的基础，有关市场细分及每个细分市场的价值定位的具体操作过程和方法，在第 4 步"业务模式创新设计"中还会更详细地讲解。

客户需求分析的思考逻辑

完整的客户需求管理包括需求的收集、分析、分发、实现和验证这五个过程，本书的市场洞察只涉及需求分析这一个环节，需求的收集和调研应当是平时就在做的，而不是等到战略规划项目启动了才匆忙去收集需求。

客户需求分析的目的是要从客户需求的变化趋势中，识别出未来的市场机会。那么，从哪里切入开始进行客户需求的分析呢？就从"客户为什么购买"这个问题切入。客户为什么要购买我们的产品，或者客户为什么不购买我们的却买了竞争对手的产品？原因是客户在追求其重要需求的最大满足度，也就是说客户在追求能给自己带来价值最大化的产品和服务。价格是价值的货币表现，作为产品的供应商，我们是用产品成本加上合理的利润，也就是产品售价来作为产品价值的衡量方式。但是客户可不是这么认为的，客户购买产品是为了完成一项或几项任务，这个任务包括功能型任务和情感型任务，例如，客户购买奔驰汽车，除了要满足他舒适、快捷的出行和驾驶需求外，还要满足他对社会地位的需求。因此，客户对产品价值的判断是基于他的功能型任务和情感型任务能在多大程度上得到了满足。

那么，客户又是从哪些维度用什么方法来评价上述任务被满足的程度的呢？首先，在评价的内容上，要求产品满足的是客户的真实需求，而不是我们自己想像出来的伪需求，否则，客户是不会拿正眼瞧你的。如何识别或挖掘出客户的真实需求呢？方法有深度访谈、行为观察和大数据分析等，这些都是需求调研和收集的工作。

搞清楚了客户评价的内容，接下来就是找到客户评价的方法。客户一般是从重要性和满足度两个维度来评价的，重要性是客户关注的重点和需求偏好，有时我们会利用kano模型中的基本需求、期望需求和魅力需求来给需求做大致的分类排序。以酒店住宿为例，整洁的房间和安全的住宿环境是基本需求，优选的房价和免费的早餐是期望需求，发现客人咳嗽，送上一杯清肺润喉的枇杷膏，这是魅力需求。至于客户需求的满足度，我们可以从更多、更快、更好、更省四个方面去评价，如更多样式的选择、更快的送达速度、更好的使用体验、更省的维护成本。

客户在实际的产品购买过程中，会用他的重要性和满足度的评价方法来衡量市场上的现有产品。如一个游戏发烧友想买一部智能游戏手机，他的功能型任务是玩游戏，情感型任务是通过与朋友们一起"吃鸡"，在短时间内就能获得在现实中无法实现的成就感。对于游戏手机，他最看重的一条评价标准可能是更好的游戏体验，但什么是更好的游戏体验呢？这时，我们需要将他的评价标准转化成可以与实际产品对应的购买标准，例如CPU的性能、屏幕的大小、散热和续航能力等。一般地，我们用$APPEALS这个工具从八个维度来分析客户的关键购买标准。

理解了客户为什么购买和客户对需求满足度的评价标准，我们就可以分析出市场上还存在哪些客户看重的、满足度却比较低的需求，以及性能和价格都超出客户预期，客户希望将性能降低一些，同时把价格也降下来的需求。前者是不足的市场机会，后者则为超出的市场机会。

以上就是我们分析客户需求、洞察市场机会的思考逻辑。接下来，我们将按照这个逻辑来讲解更详细的分析过程和方法。

到底什么才是客户的真实需求

"如果我当初问人们想要什么的话，他们只会告诉我想要更快的马"，这句话经常出现在跟客户需求相关的知乎、博客、专栏等媒介的专题讨论中，许多产品经理或设计人员从这句话中解构出客户的真实需求是"速度更快的交通工具"。现在让我们思考一下，客户的真实需求真的就是"速度更快的交通工具"吗？如果客户是想以更快的速度见到自己心爱的姑娘，没错，这就是他的真实需求；如果客户是想在恋人生日当天送上一束鲜花呢？他还是需要更快的交通工具吗？打个电话给姑娘住地附近的花店是不是更好的解决方案呢？现在我们来总结一下：如果是见面，就需要更快的交通工具；如果是送花，打一个电话就行了。看出来了吗？我们应当根据客户需要完成的"任务"提供不同的产品或解决方案，这里所说的"任务"才是客户的真实需求。华为对客户需求分析的十六字方针是：去粗取精，去伪存真，由此及彼，由表及里。需求分析的前提是基于客户的具体场景，所谓场景就是前面所说的"任务"。

JTBD 需求理论

按照 JTBD（Jobs-To-Be-Done）需求理论，客户购买产品是为了完成一项或多项任务，这些任务叫"目标任务"，客户的目标任务包括功能型任务和情感型任务，情感型任务又可分为个人情感和社会情感两种类型的任务。

先让我们来看下面的两个例子。

第一个例子：客户购买电钻，是为了在墙上钻孔，钻孔又是为了挂结婚照（功能型任务），挂结婚照的目的是向另一半表白自己对爱情的忠贞（个人情感），同时也是为了向来家里拜访的亲朋好友们晒幸福（社会情感）。

第二个例子：客户购买割草机是为了平整后院的草坪（功能型任务），草坪被修剪得整整齐齐的，是为了与家人一起分担家务，增进与家人的情感（个人情感），同时向周边的邻居和来访的朋友们展示出我们是干净、整洁、勤快的一家人（社会情感）。

如上两个例子形象地阐述了 JTBD 需求理论的内涵，如图 3-14 所示。

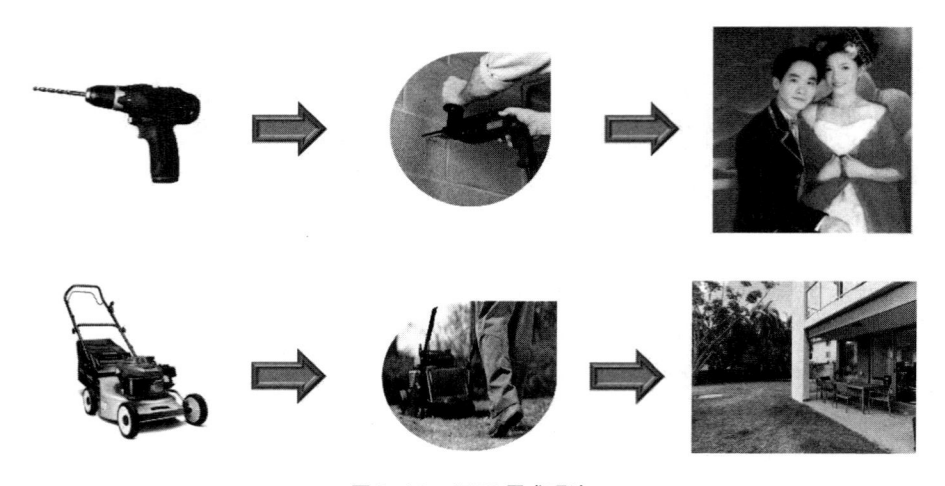

图 3-14 JTBD 需求理论

正是基于对目标任务特别是情感型任务的理解，对第一个例子中的客户，我们为客户提供的晒幸福的产品除了电钻以外，还可以用3D打印技术打印一个孔，也可以用生物技术让细菌吃一个孔，还可以不需要孔，提供一台可动态循环播放多张结婚照的投影仪或VR/AR设备。对第二个例子，我们提供的解决方案是永远长不高的草种子，为客户省去了割草的麻烦。

客户除了想要完成更多的任务，还想以更快的速度、更好的质量和更省的成本完成任务，客户会用一系列的指标来衡量任务的完成情况，这些指标就是客户期望的目标成果。还是以上文的"马"为例来说明客户的目标成果，假设客户的目标任务就是用更快的速度见到心上人，客户跟心上人的距离决定了客户对"更快的速度"的期望结果也就是目标成果的不同：

➢ 如果出发地是北京，目的地是上海，则客户的目标成果是800km/h，此时我们提供的解决方案是飞机。

➢ 如果出发地是北京海淀区，目的地是北京朝阳区，则客户的目标成果是80km/h，此时我们提供的解决方案变成了的士或者自驾。

➢ 如果出发地与目的地只相距2km，则客户的目标成果就成了8km/h，这时的解决方案应当是步行或共享单车了。

800km/h、80km/h或8km/h都是客户根据自己要完成的目标任务在心中给出的对任务完成的质量好坏的衡量标准或期望结果，也就是目标成果。一般来讲，即便是很简单的如剃须刀这样的产品，从购买到使用再到日常保养，客户也能提出50～150条目标成果。这些目标隐藏在客户心中，他们却很少主动说出来，客户需求挖掘的很大一部分工作就是要清晰地定义客户对更快、更好、更省的衡量标准是什么。有了这些标准，才能从客户的角度对产品创意和概念进行量化评估，而不再是简单地凭个人理解来评价。

客户要完成一项任务，是会受到诸多条件限制的，这些限制条件有时间上的、空间上的、经济上的、个人能力上的……例如，上文关于"马"的案例，如果客户的目标任务是尽快从北京到上海去见一位姑娘，客户的目标成果当然是越快越好，于是我们提供的解决方案是建议客户乘飞机。但是对于一个月收入只有 5000 元的餐厅服务生来说，花费近 4000 元买两张北京与上海之间的往返机票，是不是有点花费太大了？而这就是对这位客户完成目标任务的限制条件。在此限制条件下，这位客户也许对只需要 500 元的二等高铁票更感兴趣。这些限制条件往往正是造成客户体验差的真正原因，所以我们要求产品经理设计的产品要降低客户首次使用的学习成本，降低产品对使用环境的要求，减少客户使用过程中的障碍，不要让客户像声讯服务一样不断地做选择。

通过上述的分析，我们应当能理解客户的真实需求到底是什么了，概括起来就是这三点：

> 目标任务：客户购买产品是为了完成任务，关注焦点不再是客户，而是任务。

> 目标成果：客户会使用一系列指标衡量任务的完成情况和效果。

> 限制条件：为了更多、更快、更好、更省地完成任务，客户会面临诸多如费用和能力等限制条件。

而这三点组成了客户对真实需求的完整定义，缺一不可。

下面我们运用客户真实需求的定义来分析一下摩托罗拉的铱星系统到底有没有满足客户的需求。铱星系统是由 66 颗环绕地球的低轨卫星组成的全球移动通信系统，目标是任何人在任何地点、任何时间与任何人采取任何方式进行通信。大家想一想，这五个任何是不是客户的需求？我想，在任何年代，这五个任何都是客户的真实需求。但铱星系统为什么最后失败了呢？我们来分析一下原因，它的手持终端很笨重（约 1 磅）并且很昂贵（3000 美元），话费高达每分钟 3～7 美元，通话质量差，室内、车内不能通话。对照客户真实需求的定义，前面讲的五个任何其实是客户的目标任务，这是没问题的，但是，在满足客户的目标成果和消除客户的限制条件上，铱星系统做得很差。因此，从整体来看，它是没有满足客户需求的。

什么不是客户的真实需求

为了更好地理解什么才是客户的真实需求，现在让我们从反面也即什么不是客户的真实需求，来看看客户或客户代表（销售经理、服务经理、公司领导们）平时是如何向我们提需求的。

第一个是关于电脑包的例子："我每周都在各种恶劣的环境里使用电脑包，我希望满足我工作需要的电脑包必须是树脂材料做的。"这是客户最常见的提需求的方式，"我希望满足我工作需要的电脑包必须是树脂材料做的""服务员，我这几天感冒了，给我拿一包三九感冒颗粒""我想买一台每晚只需一度电的美的空调"，等等。所有这些需求，跟"我想要一匹更快的马"是类似的，这些需求都只是客户提出的自己的解决方案而已。客户经常会针对某一个问题提出他们自己的解决方案，而客户并不是该领域的产品或技术专家，他们的方案可能会损害产品其他方面的性能和质量，也即是说它不是最优方案。这里不是说我们不需要考虑客户给出的方案和建议，相反，我们应当重视这些方案和建议，通过这些方案和建议，可以帮助我们进一步理解客户会使用何种标准来衡量产品的价值。

第二个是关于剃须刀的例子："我希望剃须刀手柄的直径再加粗2cm，要有5种以上颜色可选，形状要5～15°的流线型。"这种需求形式常见于2B业务及定制化开发项目中从强势的客户那里提交过来的需求，这些客户经常会对产品的大小、重量、颜色、形状等提出具体的设计规格和要求。如果我们接受这些要求，就是默认客户知道最佳解决方案，而事实并非如此，如果我们通过分析了解到客户要求加粗剃须刀手柄是为了防止刮胡子时剃须刀从手中滑落，则可以在不改变手柄尺寸的情况下，采用条纹设计的橡胶材质。尽管某些时候客户提出的具体设计规格是合理的，我们也需要进一步挖掘这些规格是如何帮助客户更多、更快、更好、更省地完成何种任务的，以此来激发研发人员和产品经理发挥他们的才能创造性地提出更优的解决方案。

第三个是关于电钻的例子："我希望电钻高效、可靠、耐用并且动力十足。"这个例子告诉我们，客户会用高度抽象性的语言来描述对产品整体质量的要求。"耐用"可能确实体现了客户想要的一些产品特性，但是以此作为产品设计的输入时，设计人员会试着延长钻头的使用寿命、采用高抗弯性的材质、减少钻头的磨损等方案，但是这三种方案能否满足客户对"耐用"的评价标准呢？即使都能达到客户的要求，研发也不可能投入资源和时间并行开发三种方案。

第四个是关于手机的例子："同样是Android手机，这款手机的客户体验比起三星、华为的手机差得太多。"这个例子告诉我们，客户会用方便清洗、成本更低、体验更好等词汇来描述希望产品给他们带来的收益或好处。这些描述对营销宣传是有用的，但是对于产品创新和设计来说是模糊的，无法衡量和操作。对于手机的"客户体验"，客户想要的效果也即目标成果可能是诸如"玩手机游戏时不要出现慢、卡、顿""微信视频通话要流畅""拍照效果好""充电速度快"等，如果不能清晰地知道客户这种描述的真实含义，产品经理和研发人员只能按照自己的理解，在容易实现的功能上进行优化或改进，而这种改进往往却是客户不看重的。

在企业实际的需求挖掘和分析过程中，正是由于需求入口处提交的需求都是上述四种形式的描述，造成了研发和营销之间的摩擦和矛盾，以至于研发部门总抱怨营销部门提的需求是不可行的、没有任何价值的，而营销部门也总是指责研发部门闭门造车，客户想要的不做，做出来的又不是客户想要的。根因是我们没有做客户需求调研吗？我们没有以客户和市场为导向吗？事实上，这些工作我们没少做，我们总是理所当然地认为已经获取了上述四种形式的信息，就已经是很好地"倾听了客户的声音"，就可以基于VOC（voice of customer）进行产品创新和开发了。事实证明这些信息并不是可以直接拿来指导产品经理、研发人员进行产品创新和设计所需的信息，只有真正理解了客户购买产品是要完成什么目标任务或进行什么活动，用什么标准来衡量任务的成果与预期的目标成果还有多少差距，同时通过使用该产品，帮助客户克服了以前完成任务的过程中经常遇到的哪些障碍和限制条件，才能保证产品创新设计是满足客户真实需求的。

客户需求的市场机会识别

通过目标任务、目标成果和限制条件三个要素理解了客户的真实需求，在实际购买产品时，客户会从更多、更快、更好、更省的角度去衡量他认为重要性高的那些目标任务、目标成果和限制条件在多大程度上会被满足。而客户对"更快"的理解必须匹配到产品的具体功能和特性上才有可比性，例如，对智能手机"更快"的理解，可能是CPU性能更高，运行内存更大，开机速度更快等。而这些要素就构成了客户的关键购买标准。

本书使用 $APPEALS 工具从 8 个维度来提炼客户的关键购买标准，如图 3-15 所示。这 8 个维度分别是：价格、可获得性、包装、性能、易用性、保证、生命周期成本和社会接受程度。而这 8 个维度的每一个维度，

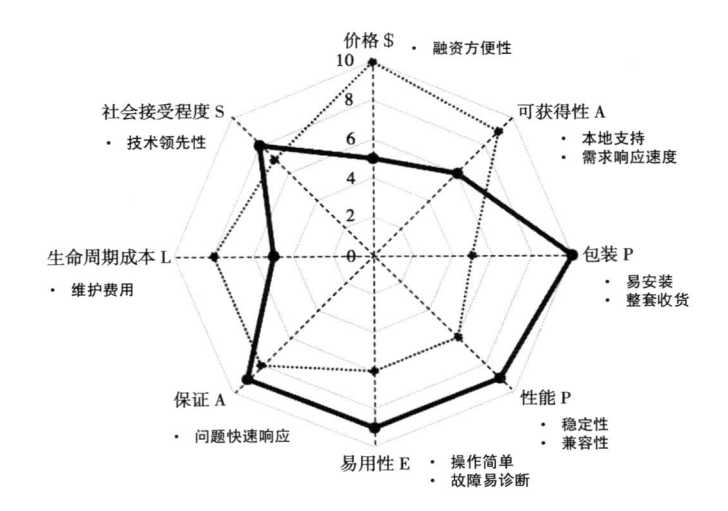

图 3-15　客户关键购买标准

又包含了许多子维度，如生命周期成本就包括培训费用、增值服务、可维护性和升级成本等。通过 $APPEALS 工具的运用，可以提炼出影响客户购买的 8～12 项关键因素。

如图 3-15 所示，这是全国平安城市对安防设备的关键购买标准，8 个维度一共 12 项，同时通过雷达图展示了我方和某竞争对手的产品在这些购买标准上的满足度，使我方产品相对于竞争对手的优劣势一目了然。

客户需求分析的最后，是要识别出未来的市场机会在哪里。按照客户对需求重要性和满足度的评价，我们可以将市场机会划分成这样四种：极佳的市场机会、不足的市场机会、刚好满足的市场机会和超出的市场机会，如图 3-16 所示。

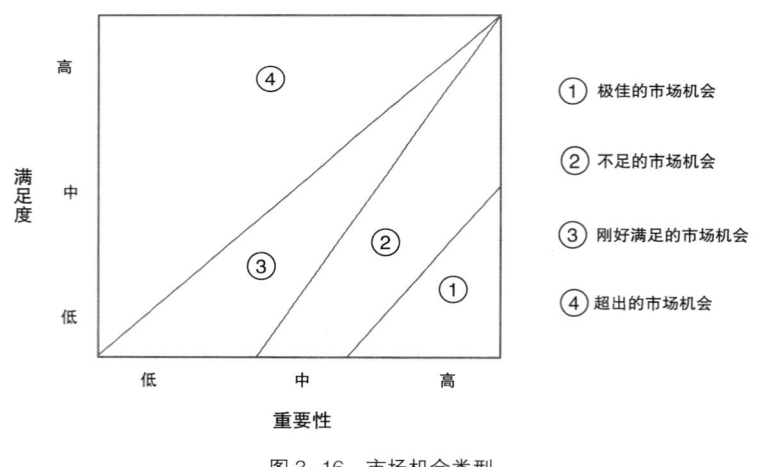

图 3-16 市场机会类型

将市场机会进行分类，是为了给接下来的业务模式创新设计提供一个基本的判断依据。按照哈佛大学商学院教授、创新大师克莱顿·克里斯坦森的创新理论，业务模式的创新形式可分为延续式创新和破坏式创新，破坏式创新又可细分为低端市场破坏式创新和新市场破坏式创新。业务模式的创新形式要与市场机会的类型相匹配。

极佳的市场机会是那些客户很看重但满足度却很低的需求，这种市场机会较少出现在成熟市场，在成长或新兴市场比较多见。这种市场机会带来的往往是颠覆式或破坏式创新。

不足的市场机会是那些客户比较看重，但满足度还有待提升的需求，这些需求在成熟和成长市场都会有，面对这种市场机会，我们采取的创新方式往往是延续式创新。

中心偏上的超出的市场机会也是值得考虑的市场机会，超出的市场机会存在于那些被过度满足的需求中。例如，我们因私乘坐飞机出行时，我们的诉求是低成本快捷地到达目的地，而不是像商务出行还要求旅行的舒适度。此时，我们就会认为航空公司提供的一些额外服务如地勤服务、机上免费饮料等是多余的，能否将这些服务项目取消，同时把机票价格也降下来呢？而这就是美国西南航空和国内春秋航空等廉价航空公司的业务模式。这种市场机会的创新模式我们称之为低端市场破坏式创新。

市场洞察之竞争对手分析

到目前为止，市场洞察"四看"中的看趋势和看客户就介绍完了，现在让我们来看对手，也就是微观中的竞争对手分析。对竞争对手的分析，属于竞争分析的范畴。在前面行业环境分析中，对行业的竞争格局及未来的竞争趋势都已经分析过了，这里我们聚焦于对某些具体的竞争对手特别是行业标杆的分析。

竞争对手或行业标杆分析的思考逻辑

分析竞争对手，要从两个维度出发，一是竞争对手们在想什么，二是他们在干什么。关于他们在想什么，首先是要了解他们未来的战略意图是什么，同时还要摸清楚他们对本行业的技术及客户需求的发展趋势，以及对未来的业务模式做出了哪些基本的假设和判断。至于他们在干什么，就是要了解竞争对手当前及下一步的竞争策略是什么，他们的产品开发计划及市场营销策略又是什么。另外，我们还要分析竞争对手的核心竞争力体现在哪些方面，他们的产品开发、市场营销及售后服务等能力与我们相比有哪些优劣势。

以上所述，就是竞争对手分析的两个维度和四个要素。理解了从哪些方面去分析，接下来就是收集相关信息对竞争对手做具体的分析工作了。具体的分析工作又分为两步：第一步是竞争对手的综合分析，包括对竞争对手的市场份额、主流产品、目标客户、竞争策略等的综合性分析；第二步是对竞争对手的某些主流产品与我公司的产品在客户的关键购买标准上的对比分析，也就是大家所熟知的竞品分析。

了解和分析竞争对手，是为了更准确地预测对手的下一步行动和策略，我们在设计自己的业务模式，制订业务策略和计划时才会更有针对性，更具竞争优势。

竞争对手或行业标杆的分析框架

理解了竞争对手分析的思考逻辑，下面我们来看具体的竞争对手或行业标杆的分析框架，这个框架把要分析的所有内容通过五个步骤全部包含在内了。

- ◆ 第一步是对竞争对手现状的了解：
- ✓ 竞争对手当前的市场竞争地位如何？
- ✓ 竞争对手当前的财务状况如何？
- ✓ 竞争对手当前采取的主要竞争策略是什么？
- ◆ 第二步是竞争对手的关键能力分析：
- ✓ 竞争对手的核心竞争力是什么？
- ✓ 竞争对手的产品开发能力、市场营销能力、售后服务能力如何？
- ◆ 第三步是竞争对手对自身和行业的假设：

- ✓ 对行业趋势和客户需求的看法如何？
- ✓ 竞争对手对自己优劣势的看法如何？
- ✓ 竞争对手的技术和产品创新趋势如何？
- ◆ 第四步是竞争对手的战略意图分析：
- ✓ 竞争对手的战略意图和市场目标是什么？
- ✓ 未来竞争的重点产品或服务是什么？
- ✓ 竞争对手针对主流市场的业务模式是什么？
- ◆ 第五步是预测竞争对手的下一步行动：
- ✓ 竞争对手的后续竞争策略是什么？
- ✓ 竞争对手的产品计划是什么？
- ✓ 竞争对手的市场营销计划是什么？

这个分析框架其实是很好理解的，关键是做这些分析所需的信息从哪里来，这就又回到了我们前面所说的"巧妇难为无米之炊"这个问题上来了。关于如何收集竞争对手的信息，这是许多人比较忌讳的，同时也是许多人迫切想了解的。一般来说，凡是竞争分析做得好的企业，基本上都有信息收集和分析的部门或专职的员工。而有的企业会使用一些不好意思拿到桌面上来的手段去获取信息，这是违反商业道德的，是笔者明确反对的。

下面这份模板（如表 3-3 所示）展示了对竞争对手的综合分析，包括 A 和 B 两个竞争对手。具体内容有市场份额（地位）、主流产品（服务）、年销售收入、销售利润率、盈利模式、目标客户、价值主张、竞争的优劣势等。综合分析是对竞争对手一些关键要素的素描，对那些平时较少接触竞争对手，而又在参与本次业务战略规划的人员来说，通过这份素描，可以帮助他们快速建立起对竞争对手的总体印象。

表 3-3　对竞争对手的综合分析

		我公司	竞争对手 A	竞争对手 B
市场份额（地位）				
主流产品（服务）				
财务状况	年销售收入			
	销售利润率			
盈利模式				
目标客户				
价值主张				
竞争优势				
竞争劣势				
技术/产品创新趋势				
未来竞争策略				

只是对竞争对手有个总体的印象还不够，还得进一步分析其参与市场竞争的具体产品，也就是竞品分析。竞品分析是基于前面应用 $APPEALS 工具提取出来的客户关键购买标准，有的企业会用雷达图来展示竞品分析的结果，但笔者建议用折线图也就是大家常说的价值曲线图来展示会更清晰一些，就像如图 3-17 所示的 A、B、C 三款产品在客户关键购买标准上的竞争情况。

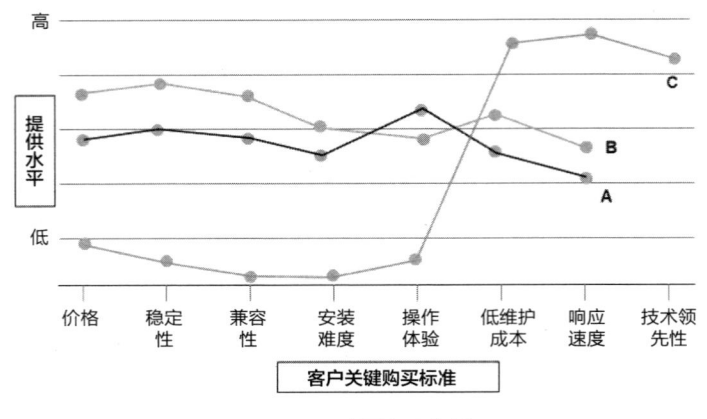

图 3-17　主要竞品分析

内部运营分析的思考逻辑

看完了外部环境，下面将洞察的目光转向企业内部——看自己。对于企业内部环境的分析，主要是从下面四点展开的：

➤ 当前业务模式及其价值创造能力的评估。
➤ 竞争优势及核心竞争力的评估。
➤ 当前产品定位及组合分析。
➤ 内部运营能力现状的梳理。

前文已多次强调，双差分析也是在"看自己"，但彼处的"看自己"是在找差距，重点是找业绩差距，而此处的"看自己"，则是从内部运营的层面分析造成业绩差距的原因。

业绩差距首先表现在财务上，而财务表现是由市场表现决定的，于是我们可以进一步挖掘市场表现上的不足，这是在业绩差距分析时完成的。而产品的市场表现则是由企业内部运营系统及运营能力决定的，系统结构决定系统行为，业务运营系统的优劣是由业务模式决定的。所以，此处的"看自己"，最重要的一点就是要评估支撑当前业务运营系统的底层业务模式，按照战略的第一性原理，就是要评估当前业务模式的价值创造能力。

业务系统要运营好（这里所说的好，就是要效率高、质量好、运作成本低），则需要各种运营能力，包括高层的领导力、中层的管理能力、基层的执行力，以及客户需求挖掘能力、产品规划能力、项目管理能力等，而自身在这些能力上的优劣势，也是需要在此处"看自己"时进行分析的。

许多企业在分析内部运营能力时，最容易犯的一个错误是抱有"怨妇"思想，总是一味地去找企业自身的不足，但对自己的优势却视而不见。看自己时，我们一定要全面、客观，既要用"木桶理论"找出自身的短板，也要用"长木板理论"发现我们的优势资源和能力。这些竞争优势，正是我们在设计业务模式时追求"与其更好，不如不同"，在设计竞争策略时做到"以己之长，攻敌之短"，并设计出好的战略控制点所依赖的基础。

业务模式价值创造能力的评估

在前面的章节中，曾经提到了一个非常重要的观点：战略的第一性原理是构建创造客户价值（市场成功）、企业价值（财务成功）且可持续的能力（持续成功）。业务战略的核心是业务模式，所以业务模式的设计必须以构建可持续地创造客户价值、企业价值的能力为目标，通过客户选择和价值主张来体现客户价值的最大化，而盈利模式的设计及业务范围的选择，是为了获得企业价值的增长，战略控制则是为了保障上述两种价值创造过程的可持续性。

因此，一个新的业务模式被设计出来后，必须依据此原理来对其进行价值创造能力的评估。另外，在设计新的业务模式之前，也有必要对当前的业务模式进行价值创造能力的评估，这是"看自己"中最重要的内容。

如何评估业务模式的价值创造能力呢？BLM 7步法是从三个方面、九个维度来评估的：

◆ 第一个方面是评估客户价值的创造能力，从客户需求满足度、企业的价值主张、产品及解决方案的性价比三个维度进行评估。

✓ 客户需求满足度：只是满足了目标客户群的表层功能性需求，还是满足了客户最终的或更深层次的如情感类需求？

✓ 企业的价值主张：针对独特性，客户是否真正认可我们的产品和服务？针对价值和收益，是否能帮助客户实现更多、更快、更好、更省的增值和收益？

✓ 产品及解决方案的性价比：是否提供了超出客户期望的性价比？

◆ 第二个方面是评估企业价值的创造能力，从收入模式、成本结构和企业的定价能力三个维度来评估。

✓ 收入模式：收入的增长是否真正源于为客户创造了价值，而不只是产品差价或进出口汇率的变化。

✓ 成本结构：对上游关键物料的依赖程度及议价能力如何？业务范围的选择是否优化了企业的成本结构？

✓ 企业的定价能力：产品同质化竞争程度如何？品牌溢价能力如何？

◆ 第三个方面是评估客户价值和企业价值创造过程的可持续性，是否存在足够强的战略控制手段来保持客户的忠诚度并有效阻隔竞争对手。战略控制能力的评估是从客户忠诚度、战略卡位和竞争对手的模仿壁垒三个维度展开的。

✓ 客户忠诚度：客户满意度如何？重复购买的概率如何？将产品推荐给他人的可能性如何？

✓ 战略卡位：在价值网络中的某些节点是否具有不可替代的战略地位？

✓ 竞争对手的模仿壁垒：影响业务模式成功的关键因素是什么？其被模仿的可能性和难度如何？

理解了业务模式价值创造能力的评估方法，下面通过一个案例来说明它的具体应用。

深圳明浩科技有限公司（以下简称"明浩科技"）是一家集安防产品的研发、生产、销售和服务为一体的高新技术企业。该公司产品线全面覆盖音视频压缩卡、摄像机、DVR、NVR及各类安防行业解决方案。

安防行业的价值链从上到下依次为：音视频算法的提供商→音视频芯片的制造商→系统集成商→分销渠道商→工程服务商→最终用户，明浩科技属于系统集成商。明浩科技所处的市场环境中，同质化竞争激烈，公司当前的营销策略主要是通过争夺更多的经销商资源和实施各种折扣优惠政策提升销售额。图3-18展示了明浩科技的价值链。

算法及芯片商 → 明浩科技 → 分销渠道商 → 工程服务商 → 最终用户

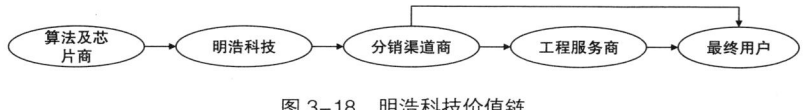

图3-18 明浩科技价值链

下面是对明浩科技价值创造活动的概要分析：

➢ 公司所有经营政策和活动基本都是围绕着分销渠道商制定和开展

的，很少关注真正的工程服务商和最终用户的需求。

> 明浩科技只是满足了工程服务商和最终用户购买安防产品的需求，并没有解决工程服务商整体施工和最终用户对于安全的个性化需求。

> 明浩科技处于产业价值链的中间位置，对上游算法和芯片商具有依赖性，对下游分销渠道商没有控制力。

> 利润来源单一（产品销售），且无法与工程服务商和最终用户形成持续的购买关系。

明浩科技创造客户价值的能力评估：

> 满足了客户的浅层需求，与竞争对手相比，没有差异性。

> 尽管购买价格低，但产品的生命周期综合使用成本并不低，客户对产品的整体认可度低。

> 无法为分销渠道商和最终用户提供超出预期的性价比。

明浩科技创造企业价值的能力评估：

> 赢利只源于大众化产品的制造差价，而不是主要来源于为工程服务商和用户创造了价值。

> 对上游关键物料的依赖程度大，且没有议价能力。

> 同质化竞争激烈，没有品牌溢价。

明浩科技价值创造过程的战略控制能力评估：

> 工程服务商和最终用户更换分销渠道商的成本很低，客户主要依据价格做购买决策。

> 明浩科技在价值链中没有形成自己的不可替代的战略地位。

> 没有核心竞争力，以模仿竞争对手为主。

竞争优势及核心竞争力的评估

如今的市场环境，已经由激烈竞争演变为过度竞争，各行各业全面进入微利时代，业务经营团队必须对自己参与市场竞争的优势和核心竞争力有着深入系统的认知。如果不知道现在自己是怎么赢的，也就是客户为什么选择我们的产品，而不是竞争对手的产品，那么将来也必将不知道自己是怎么输的。

上一节中的评估当前业务模式价值创造能力中的战略控制能力，就已经是在识别和梳理企业自身的竞争优势与核心竞争力了。那么核心竞争力与竞争优势的关系是怎样的呢？竞争优势，即巴菲特所说的护城河，其目的在于保护企业自身的利润流，保持客户的忠诚度并有效阻隔竞争对手。因此，竞争优势是一种对外的比较优势。而核心竞争力则是企业内部经过整合之后使企业具有独特竞争优势的资源和能力，是一种内在的资源和能力。按照经济学家张维迎的说法，核心竞争力是一种偷不去、买不来、拆不开、带不走的资源和能力。所谓偷不去，即很难模仿；买不来，说明不是花钱就能得到的；拆不开，因为它是多种资源和能力整合而成的；带不走，即使员工离职也不受影响。

举例来说，以人为本的软硬件设计能力是苹果的核心竞争力，基于软硬件设计能力提供的良好的用户体验是其竞争优势。海底捞的竞争优势是极致的服务，而它的核心竞争力则是促使员工主动服务好客户的内部管理机制。任正非所说的"人才不是华为的核心竞争力，对人才进行管理的能力才是企业的核心竞争力"，则更进一步诠释了竞争优势与核心竞争力的关系。

一般来说，从对利润流的保护作用由低到高进行划分，企业可以运用的竞争优势分为供给优势、客户优势、生态优势和品类优势四种类型。供给优势是站在产品和服务的供给侧思考如何从营销4P（产品、定价、渠道、传播）的角度提高产品和服务的低成本或差异化竞争优势；客户优势则是站在产品和服务的需求侧思考如何提高客户的忠诚度或客户的转换成本；生态优势是站在整个价值链或价值网的角度思考如何与价值链或价值网中的所有利益相关方形成利益共同体，对利益共同体之外的竞争对手形成强大的规模和成本优势，同时，本利益共同体内部的企业如果想离开，则需要高昂的转换成本。所以也可以这样说，掌握客户优势则提高了客户的转换成本，生态优势则提高了企业的转换成本。品类优势则是跳出了当前竞争激烈的价值链或价值网，开创了一个新的行业或价值网络，我们称之为一个新的品类。新品类一般会采取新的技术或新的商业模式，是一个进化了的新物种，它们对旧的物种可以降维打击，做到"我消灭你，与你无关"。企业该如何构建上述四种竞争优势，是本书第 4 章要讲的内容。

核心竞争力的构建，需要以关键资源为基础，并通过内部运营能力的整合转化而成。关键资源一般包括有形资源、无形资源和人力资源，资金、设备是有形资源，技术/工艺、品牌、企业文化是无形资源，关键技能、沟通与协作、激励机制则构成了人力资源。

核心竞争力不是每个企业或每个 BU 都会有的，如果通过评估和梳理发现企业目前没有任何的核心竞争力，则需要从现在开始，想清楚要如何才能真正构建自己的核心竞争力并付诸努力，因为"罗马不是一天建成的"。

识别自己的核心能力，对于那些正处于业务转型、想开辟第二增长曲线或者正在谋划实施多元化经营的业务经营团队来说，具有引领他们走出迷茫、焦虑和无助的灯塔作用。柯达发明了数码摄影技术，却于 2012 年申请破产保护，退出冲洗和打印照片的传统业务，出售了专利，并于 2013 年重组为一家规模大幅缩小的公司。柯达的竞争对手富士，2012 年的市值却依然高达 120 亿美元，从传统的相机用品及服务提供商转型为拥有大量医疗保健和电子产品的多元化公司。富士之所以能够成功转型，就在于成功应用了自己所拥有的核心技术——防止胶片上的胶原蛋白老化的抗氧化技术。人们使用相机胶片最大的痛点就是时间久了，相片会褪色发黄，事实上，人体皮肤与相机胶片的主要成分都是胶原蛋白，防止相片褪色与延缓皮肤衰老所使用的抗氧化技术是一样的，于是富士将其研究了几十年的防止相片褪色的抗氧化技术应用在化妆品上，推出了艾诗缇品牌。基于同样的原理，富士还将这项核心技术成功应用于医疗设备、光电、数码影像、印刷以及高性能材料等领域。

国内一家专为汽车主机厂商代工生产汽车座椅的厂家，面对主机厂商对其利润空间的不断挤压，也在思考业务转型的问题。最后，他们识别出自己的核心能力在于滑轨和调角器等功能件的设计技术和制造工艺。基于这一认知，他们将企业的愿景重新调整为：用户全生命周期的乘坐解决方案提供商，并将产品拓展至功能沙发、儿童座椅、办公座椅和电竞椅子，同时积极开展前期设计服务的探索。成功打出了既要活下去，还要活得好，更要活得久的产品组合拳。图3-19是这家座椅厂商的产品组合。

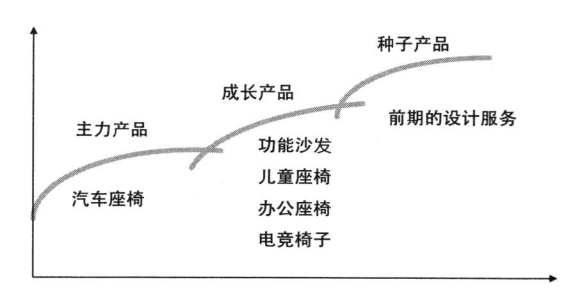

图3-19 座椅厂商的产品组合

内部运营能力现状梳理

在分析内部运营的能力之前，需要先梳理出业务单元当前的产品组合，因为不同的产品组合定位，对内部运营能力的要求是不一样的，成熟产品关注的是交付效率和成本，成长产品则注重前端的市场行为和抢占市场份额，种子产品是创新类产品，侧重于产品竞争力的构建。成熟产品、成长产品和种子产品形成了业务单元的产品组合，这是业务战略的一个非常重要的内容。

当前产品的定位及组合分析

"组合"这个概念来自金融领域的"投资组合",如买不动产,买股票基金,买商业保险等。投资为什么要组合?是为了追求利益最大化,风险最小化。创立一个新的业务或开发一款新产品,也是一种投资行为,所以需要组合管理,要确定每一款产品在当前产品组合中的定位。

确定产品组合的方法是波士顿矩阵(BCG Matrix),横轴表示该产品在市场中相对于最大竞争对手的市场份额,纵轴表示产品的销售量或销售额的年增长率。通过这个矩阵,我们可以将 BU 的所有产品分为金牛、明星、瘦狗和问号产品。为什么叫问号产品而不是问题产品?如果是问题产品的话,则需要直接放弃了;对于问号产品,则可以有两种选择,一是放弃,二是将其作为种子产品进行预研。明星产品是快速成长中的产品,金牛产品则是成熟的主流产品,是 BU 的主要现金流产品,瘦狗产品则需要择机退出市场。

在产品组合中,我们常常将波士顿矩阵中的瘦狗产品、金牛产品、明星产品和被选中的问号产品分别称为边缘产品、成熟产品、成长产品和种子产品。对边缘产品采取的策略应当是在恰当的时间退出市场,如果继续维护这种产品,就是在"活受罪";成熟产品就像低垂的果实,是 BU 收入和利润的主要来源,这种产品一般是 BU 当前的主力产品,它是为了保证企业"活下去"的;成长产品是快速成长中的产品,这类产品是让企业"活得好"的;种子产品则是处于初创期、预研类的产品,它们中的一部分产品会成长为未来的明星产品,是保证企业"活得久"的产品。各 BU 的业务战略,首先是要"活下去",然后再追求"活得好",最后与竞争对手拼的是看谁"活得久",谁能成为真正的"百年老店"并且"基业长青"。通俗一点儿讲,就是要"吃着碗里的,盯着锅里的,想着田里的"。

图 3-20 展示的是某汽车制造企业利用波士顿矩阵对各种车型的战略定位分析结果,圆圈代表产品(注:此处将重卡、大客和轿车当作了产品而

非业务来分析，因此，这里所说的产品组合分析，也可以看作是业务组合分析，方法是一样的），位置表示这个产品的市场增长率和相对市场份额的高低，有时，我们还会用圆圈面积的大小来表示各产品的销售额大小。

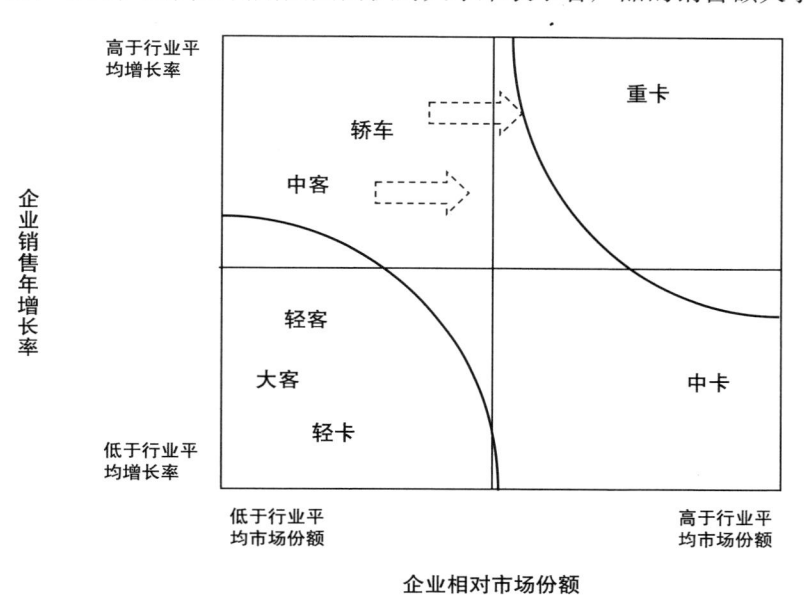

图 3-20 波士顿矩阵分析

基于这个分析结果，我们可以得到该企业的产品组合，轻客、大客和轻卡是边缘产品，中卡是成熟产品，重卡是成长产品，轿车和中客则是种子产品。有了产品组合的分析结果，我们就可以针对产品不同的组合定位，采取不同的业务发展策略。针对边缘产品，要果断退出；针对成熟产品，企业不应再通过扩大投资规模来拓展市场，而是要关注内部运营的效率，降低运营成本；针对成长产品的策略则是加大投资，快速抢占市场；而经营种子产品的主要任务则是验证其解决方案和销售模式的可行性，探寻各种成长的机会及新产品的竞争力。另外，有了产品组合关系，对业务单元有限资源的投入就可以按照"七二一"的原则指导合理分配，避免出现"会哭的孩子有奶吃"，谁跟领导的关系好，谁就可以获得更多资源等不合理现象。

内部运营能力现状分析

内部运营能力分析的逻辑是从业务战略目标和业务运营系统所处的市场环境出发，梳理出业务单元为实现市场成功和财务成功所应具备的关键业务运营能力有哪些。为了使分析能做到不重复、无遗漏，我们以两大一小的业务运营流程作为分析的主线。这两大一小的业务运营流程在华为内部分别被称为 IPD、LTC 和 ITR。IPD 流程负责把产品做出来，它是产品创新和研发管理的流程；LTC 是指销售和供应链管理的流程；ITR 则是要解决客户使用过程中的问题，同时发现新的机会点，它是售后服务和客户支持的流程。

业务运营流程，也就是价值创造的流程，从流程的角度可以分析出所需的各种能力。以 IPD 为例，成功的产品创新与研发管理需要构建如下十种能力。

➢ 需求分析及管理能力：需求收集、分析与实现，需求跟踪与变更控制。

➢ 产品和技术规划能力：产品规划、平台规划、技术规划。

➢ 产品开发及维护能力：新产品开发、定制产品开发、产品维护流程及执行。

➢ 跨部门团队运作能力：决策团队、产品规划团队、产品开发团队等角色分工及运作。

➢ 技术预研与开发能力：关键技术的预研及产品化。

➢ 平台设计与开发能力：模块解耦、接口设计、CBB 开发、DFX 的设计。

➢ 项目管理能力：计划与监控、风险管理、问题管理。

➢ 组合管理能力：产品组合管理、项目组合管理、资源的管道管理。

➢ 质量保障与成本控制能力：技术评审、质量工具和方法、产品综合成本控制。

➢ 人才培养与激励能力：研发核心人才培养，研发绩效管理。

图 3-21 展示的是笔者与某家电企业空调产品线战略规划团队一起总结的内部运营能力分析的部分内容。

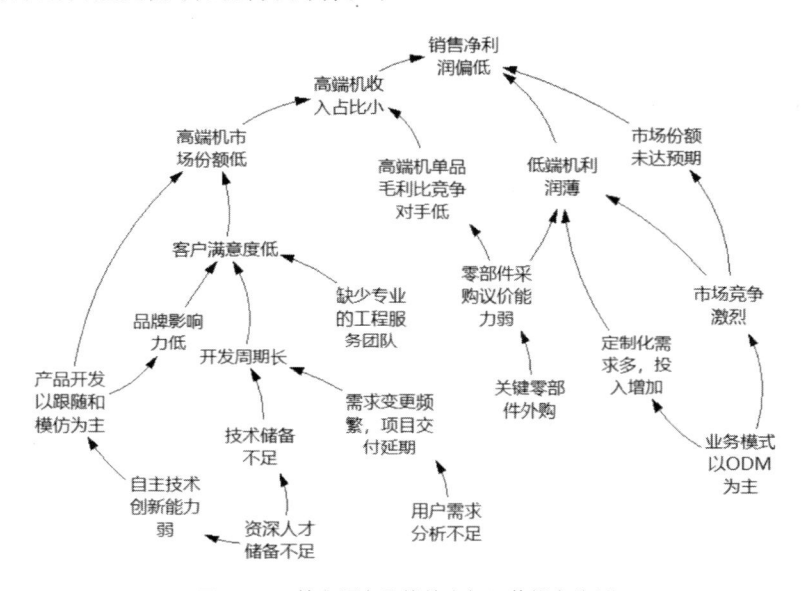

图 3-21　某空调产品线的内部运营能力分析

从上往下看，最顶层的是"销售净利润偏低"，这是财务方面的表现，而决定财务表现的是市场表现，"高端机收入占比小""高端机市场份额低""高端机单品毛利比竞争对手低""低端机利润薄""市场份额未达预期""客户满意度低""品牌影响力低"等都是市场表现。

影响市场表现的是内部运营能力，包括"产品开发以跟随和模仿为主""自主技术创新能力弱""技术储备不足""开发周期长""缺少专业的工程服务团队""零部件采购议价能力弱"等。最底层的问题往往就是最核心的问题，如"资深人才储备不足""用户需求分析不足""关键零部件外购""业务模式以 ODM 为主"。

在这里需要注意的是，我们只需找出内部运营能力的短板即可，接下来则需要从业务领导力、组织与流程、人才与激励、氛围与文化四个维度分析造成上述能力短板的根因是什么。有关根因分析的工具和方法，是本书第 6 章要讲的内容。

市场洞察之综合分析

至此,我们完成了市场洞察的全部"四看"(看趋势、看客户、看对手、看自己)。市场洞察完成之后,我们还有一件很重要的事情要做,那就是回过头去复查和更新之前输出的业绩差距和机会差距。对机会差距的复查,包括宏观分析(市场、行业、技术等)、客户需求与痛点、竞争对手的策略,总结提炼出相应的机会和威胁,机会和威胁发生的可能性(高、中、低)以及对业务的影响程度(高、中、低)。对业绩差距的复查,主要是更新之前在业绩差距分析时做出的主要原因分析,并且聚焦在内部运营能力的短板上。我们可以从业务六要素的维度对分析出来的所有能力短板进行总结提炼,这六个业务要素分别是:产品及解决方案、市场地位/品牌、定价/服务条款、分销渠道、订单履行、技术支持。

在这里大家要注意一个陷阱,许多战略规划书籍或资料在介绍完内外部环境分析的工具和方法之后,接下来就是进行综合的 SWOT 分析了,并提出相应的竞争策略。而笔者则反对在这里进行 SWOT 分析,因为业务战略的设计必须是在市场细分的基础上进行的,在不同的细分市场,目标客户和竞争对手可能都是不一样的,所面对的机会和威胁、所具有的优劣势也会不一样,针对整个市场提出的竞争策略的有效性是要打个大大的问号的。市场洞察完成后就进行 SWOT 分析,那是公司级总体战略规划可行的做法。在 BLM 7 步法的业务战略规划过程中,业务模式及业务策略的设计则完全覆盖了 SWOT 的分析内容,所以在本书中读者不会看到与 SWOT 分析相关的内容。

Growth Strategy

第 4 章
系统的业务模式创新设计

业务战略的核心是业务模式创新,业务模式的不同决定了经营模式的迥异,而经营模式又决定了管理模式。因此,只是简单地学习标杆企业的管理模式,而不去理解标杆企业底层的业务模式和经营模式,其结果就只能是东施效颦。

企业价值增长的新引擎

自 20 世纪 80 年代以来,一种新的市场竞争法则在大部分行业中悄然成型,并在随后的 30 多年里加速改变着市场的竞争格局,正如管理大师德鲁克所言:当今企业之间的竞争,不是产品和服务之间的竞争,而是业务模式之间的竞争。至此,以市场份额和规模为主的成功法则不再奏效,行业中一些新参与者(企业)正在崛起,尽管它们一开始规模较小,但它们正在逐步赢得市场中主要客户的青睐。上述现象表明,市场价值正在迅速转移,其转移的途径是由旧业务模式转移至那些能够更好地匹配市场特别是客户需求的新业务模式。

业务模式的五个关键要素是:客户选择、价值主张、盈利模式、业务范围、战略控制。业务模式体现的是一个业务单元(产品线、事业部)如何选择目标客户、界定业务范围、满足客户什么需求、如何实现盈利及如何参与市场竞争的一系列行为,也是内外部各利益相关方相互协作,不断向客户提供产品和服务并从中获利的一个完整且稳定的系统。

价值在各种业务模式之间的转移

20 世纪 90 年代,同样是身处"毫无吸引力"的钢铁行业,纽科公司(Nucor),一家美国小型钢铁企业的经营利润却达到了全美钢铁公司这家老牌钢铁企业的两倍,尽管它的收入只有后者的一半。纽科公司主要生产供建筑业使用的条钢,其客户对条钢的质量要求并不高(只要能满足最低标准即可),他们只关心一件事:价格。纽科公司以此为核心,构建了自己完整的业务模式。很多人以为纽科公司的成功只源于低成本的技术和原料(熔化废钢铁的电弧炉),其实,这仅是其业务模式的一部分,其他关键要素还包括低成本（来自农村）的、灵活（非工会）的劳动力以及很低的直接管理费用（年收入高达 30 亿美元的公司，总部只有 23 人）。同时，纽科公司采取了与外部企业和科研单位合作而获取技术的策略，使公司在产品研发方面也处于低成本的有利地位。总之，纽科公司针对目标客户对价格最为敏感这一重要需求，构建了一套完善的业务模式，最终赢得了竞争优势。

表 4-1 是全美钢铁公司与纽科公司业务模式的对比。

表 4-1 全美钢铁公司与纽科公司业务模式对比

业务模式各要素	全美钢铁公司	纽科公司
客户选择	汽车、建筑、日用品制造及制罐业等企业客户	区域性建筑市场
价值主张	品种多样，满足不同客户群体之需	以低档建筑业产品（条钢）满足客户对价格的要求
盈利模式	全面的一体化生产与研发，固定成本及管理费用高，但边际成本低	全面的低成本研发及生产策略（设在农村、靠近建筑区域）
业务范围	全部产品，且产品自研	低档建筑条钢，与设备制造商和大学合作
战略控制	以铁矿石为原料，用高炉/碱性氧气炉法生产优质钢材	采用以废钢为原料的电弧炉

价值不仅会在行业内的企业间发生转移，还会跨行业转移，所以我们才会说：干掉小偷的不是警察，而是微信和支付宝。又如造成康师傅和统一方便面销量急剧下滑的，不是它们的直接竞争对手白象和今麦郎，而是美团和饿了么等外卖平台。再如让销售和修理自行车的店铺生意一落千丈、关门大吉的，不是隔壁的同行店铺，而是一夜间就铺满大街小巷的共享单车。

推动企业价值增长的新引擎：业务模式创新

在过去的很长一段时间里，靠技术和产品创新推动企业价值增长是唯一有效的方式，但是，在当今时代，仅靠产品和技术创新打遍天下都不怕的日子已经一去不复返了。例如，世界上第一个 10 亿字节的 3.5 英寸磁盘驱动器于 1992 年问世，当时的生产商能赚取 60% 的毛利。十年后，经过不断的技术创新，磁盘驱动器的性能提高了 60 倍，而生产商却在勉强维持着 15% 左右的毛利。可是我们不得不承认，要设计出一种机械驱动器磁头，使其能在磁盘表面相距仅有 0.00008 英寸的圆形磁道上存储和读取数据，而且几乎不会出错，这种产品是机械和微电子领域技术创新的奇迹。

产品和技术创新不再成为价值增长唯一引擎的主要原因在于竞争对手的快速模仿缩减了技术创新的获益周期，由于全球经济一体化的加速，信息传递网络的完善，企业已经很难长时间独占某项创新技术所带来的红利，因此，尽管技术创新依然为客户创造着巨大的实用价值，但它们为企业带来价值增长的作用却在逐步减弱。

企业有必要寻找新的价值增长引擎，那就是业务模式创新，业务模式创新并不排斥产品和技术创新，而是将其作为一项关键内容纳入其中。业务模式创新是将客户选择、价值主张、盈利模式、战略控制和业务范围五个要素进行系统的创新设计，打出一套组合拳，竞争对手可以模仿其中的一两个创新点，却很难照搬整个业务模式。

不少企业拥有技术上类似的产品和服务，却在不同的业务模式驱动下，表现出截然不同的价值增长情形。廉价航空公司春秋航空与全服务航空公司如国航、南航提供了相似的航空客运服务，而春秋航空却用低价机票创造了国内航空业利润第一、平均客座率达 95% 左右的业绩。早期苹果公司的操作系统 Macintosh 就功能而言，远超微软的 Windows，但当 Windows 在计算机行业独领风骚时，苹果公司还在生存线上苦苦挣扎。在相机行业，技术相对较差的尼康和佳能却将拥有无可匹敌的技术优势的德国相机生产商莱卡公司逼到了市场的墙角。不管是无技术优势的企业却取得非凡业绩的现象还是某些技术领先者令人失望的经营表现，都揭示出这样一个重要的事实：游离于有效业务模式之外的技术和产品创新，已不再是推动企业价值持续增长的主要力量。业务模式创新已然成为推动企业不断发展的引擎，一个以业务模式创新为主的时代已经来临。

在第 3 章"通过业务系统分析宏观趋势的影响"部分，曾分享了一个比较常见的如图 3-1 所示的推动业务增长的飞轮，而业务模式正是这个飞轮的使能器和动力引擎。此飞轮清晰地展示了业务模式的五个要素是如何作用于业务系统的，好的业务模式会推动较粗线条所在的反馈回路进入良性循环，使之成为推动业绩增长的飞轮，而坏的业务模式会将业务拉入恶性循环，使之成为导致业绩衰退的厄运之轮。

客户需求的裂变是推动价值转移和业务模式创新的原动力

业务模式有趋于相对稳定的诉求，而客户需求却具有不断裂变的内在属性，当业务模式与客户需求不匹配时，价值就会转移至能够更好匹配客户需求的业务模式上去，从而带来市场竞争格局的重构。要进一步理解价值转移对市场竞争格局的影响，有一个行业的价值转移过程堪称学习的经典案例，那就是计算机行业。计算机行业是 20 世纪价值增长最为迅速的行业之一，在二战结束后的四十多年时间里，大型企业、研究机构和政府机关组成了这一行业的整个消费市场，20 世纪 80 年代后期，数以百万计的个人用户开始涌入这一市场，从而改变了计算机行业的客户构成基础。由此，客户需求的变化最终导致了市场价值由以 IBM 为代表的一体化业务模式向以微软和英特尔为代表的专业化业务模式的转移。

成功运用一体化业务模式的计算机公司首推 IBM，作为制造图表机器的主要生产商，IBM 在小沃森的带领下，于 1952 年成功转型为一家计算机公司。到了 1959 年，它一跃成为计算机行业的佼佼者，在大型计算机市场上拥有超过 70% 的市场份额。IBM 采用一体化的业务模式是由以下几个因素决定的：

➢ 不同厂家生产的大型计算机都有各自专用的互不兼容的硬件结构和操作系统，以此形成垄断经营。

> 厂家为出售的大型计算机提供广泛的技术支持和服务，以此来强化与客户的长期合作关系。

> 厂家先以一定的性价比销售计算机硬件设备，然后再向客户提供一系列的高利润的专用软件产品和外围设备。

但是，IBM 的业务模式限制了客户自由地使用计算机，在企业和大学中有一类需要频繁运用计算的科研和工程部门，这一类用户拥有丰富的计算机操作经验，甚至能够独立地编写计算机程序。于是，他们渴望自由地使用计算机，而不是受制于垄断的计算机厂家。正是基于对这一类细分客户需求的识别，计算机行业的一部分价值向 DEC（数字设备公司）和王安公司等一批小型计算机生产厂家发生了转移。DEC 等小型计算机生产厂家所采用的业务模式跟 IBM 是类似的，也提供专用的硬件结构，只是部分软件与客户一起合作开发，也主要依靠设备销售后的软件及服务合同盈利。

1977 年苹果公司推出的苹果 II 型计算机标志着计算机行业正式进入个人微机时代，乔布斯认为，只有当计算机和软件成为个人工作、学习和生活的得力工具时，计算机才能真正体现出其神奇的力量。在这一时期，IBM 吸取了在小型机时代的教训，为了阻止苹果等个人计算机生产厂家的崛起，并尽快抢占个人计算机市场，IBM 采用了有些激进和高风险的业务模式，其中就包括将微处理器和操作系统的研发外包。尽管个人计算机业务模式帮助 IBM 重新回到了价值高速增长的轨道，但也给自己埋下了日后衰退的种子。

表 4-2 显示的是大型机、小型机和个人微机三个时代的典型业务模式的比较。

表 4-2 大型机、小型机和个人微机三个时代的典型业务模式比较

业务模式各要素	大型计算机时代（IBM）	小型计算机时代（DEC、王安公司）	个人微机时代（苹果公司、IBM）
客户选择	需要大量计算且对信息技术安全有严格要求的大型组织（大企业、政府部门、科研所）	在计算机操作方面有丰富经验，希望能够自主使用计算机的企业和大学中频繁运用计算的部门	希望应用计算机和软件提升工作、生活和学习的生产率（效率）的个人用户

续表

业务模式各要素	大型计算机时代（IBM）	小型计算机时代（DEC、王安公司）	个人微机时代（苹果公司、IBM）
价值主张	为客户的大批量数据处理提供以计算机的运算能力为基础的全方位的产品和服务	为能够独立开发计算机软件和独立向供应商寻求技术帮助的客户提供自由使用计算机的产品和服务	为个人用户生产率的提升提供廉价的个人台式计算机
盈利模式	单项硬件销售，后续软件及服务合同	单项硬件销售，后续部分软件及服务合同	个人台式计算机的销售
业务范围	全部的硬件、软件销售和技术支持	硬件的开发与销售，与客户合作开发软件	硬件开发与销售，直销+经销商销售
战略控制	拥有专用的产品结构体系及长期的合作关系	拥有专用的产品结构体系及长期的合作关系	产品体系标准化，微处理器外包给英特尔，操作系统外包给微软

在一体化业务模式经营时期，IBM 和 DEC 都是通过专有的硬件结构和操作系统来维持其垄断经营和客户的忠诚度，并通过后续的服务获取高额利润。而在个人微机时代，IBM 与微软和英特尔签订的合约中并没有强调专有权，如此，两家公司可以自由地把 PC 机的核心部件销售给其他硬件装配商如康柏公司（Compaq），这造成 IBM 丧失了对微处理器和操作系统的战略控制权，而这两个部件正是当时计算机用户的消费关注点。

在个人微机时代，用户需求发生了根本性的改变，个人用户希望能自由地买到物美价廉的硬件设备和高性能的应用软件，并且计算机之间可以实现网络通信。而企业用户则希望各种计算机系统之间相互兼容，减少因不兼容而造成大量的时间、精力和财力的浪费，同时，企业用户还希望计算机厂家针对企业的问题能够提供更高效、更专业的系统性解决方案，而不是一般水平的宽泛的建议。客户需求的上述变化，催生了大量在计算机价值链上某个环节能够提供更加专业的产品和服务的企业，如开发操作系统的微软、提供微处理器的英特尔和最具实力的网络系统公司网威（Novell），这三家企业以专业化的业务模式分流了大部分从一体化业务模式转移过来的价值，如表 4-3 所示。

表 4-3 三家企业的专业化业务模式呈现

业务模式各要素	微软	英特尔	网威（Novell）
客户选择	个人用户（物美价廉的硬件、高性能的软件及网络工作能力）；企业用户（计算机系统的兼容性、高效率、专业化的解决方案）	追求更高性能并与微软操作系统兼容的计算机硬件的个人和企业用户	希望实现PC机间相互通信、实现数据共享的大企业
价值主张	不断开发高性能、开放兼容的操作系统和应用软件来满足个人和企业用户的需求	通过提供速度更快的微处理器，让用户的操作系统和应用软件运行效果更好	通过为客户定制的网络系统，提升客户的数据共享和信息处理能力
盈利模式	操作系统及应用软件的销售和升级	微处理器的销售和升级	网络系统及网络软件销售和服务
业务范围	操作系统和应用软件的研发和销售	微处理器的研发和销售	网络系统设计及网络软件销售
战略控制	控制在行业中占主导地位的操作系统	英特尔的硬件结合微软的系统成为行业标准的计算机结构体系	培养独立的网络安装商，与竞争对手（微软、IBM）成立合作联盟

价值转移理论为业务战略规划带来的三点启示

在价值转移过程中，企业必须在某些关键节点重新设计自身的业务模式，否则将承担价值流失的风险，业务经营团队每年都要开展的业务战略规划就是其中最重要的关键节点。BLM 7步法为团队提供了一套如何分析价值转移的趋势，并指导其在什么时机、针对哪些细分客户、采取何种方式进行业务模式的创新设计以应对价值转移的战略规划方法。价值转移理论则为业务战略规划揭示了如下三点重要启示。

➢ 坚持市场导向、以客户为中心的战略思考。

客户需求的变化是驱动价值转移的原动力，因此，业务战略规划要以客户需求作为制定战略的基点和出发点，而不是基于企业自身的资源和能力。同时，尽管"市场洞察"包括四看（看趋势、看客户、看对手、看自己），但其中的重点是对客户需求的挖掘和需求变化趋势的预见。笔者曾看过许多企业的市场评估报告，发现有一个通病，报告中看趋势、看对手和看自己这三个方面洋洋洒洒写了很多，且很多内容来自于外部的研究报告等二手资料，而对客户最直接的需求分析则只停留在"外观要好看""操作要简单"等比较肤浅的层面，对影响客户购买决策行为的关键需求因素也只是泛泛地点出"价格没有竞争优势""品牌影响力低"，这种现象反映出业务经营团队对客户和市场的理解并没有真正做到"洞察"。

> 勇于创新并拓宽竞争视野。

创新在业务模式设计过程中的作用和意义勿容置疑，BLM 中的"创新焦点"则是提醒业务管理团队，要紧随客户需求的变化和价值转移的方向，聚焦业务模式的创新，不要做游离于业务模式之外的产品和技术创新，因为单纯的产品和技术创新是很容易被竞争对手模仿的，业务模式创新所形成的组合拳才能真正构成价值增长的护城河。

正如前面提到过的造成康师傅和统一方便面销量下滑的企业不是白象和今麦郎，而是美团和饿了么，跨行业的价值转移如同在行业内沿着价值链上下游不断转移一样，几十年来也在不断地上演。但是，绝大多数企业在分析自己所处的竞争环境时，瞄准的还是那些行业内的与自己有类似业务模式的竞争对手。事实上，价值也许正在流向那些与你的业务模式迥然不同的竞争对手，尽管你会觉得很难将这些公司列为你的同行。所以，我们有必要拓宽竞争视野，去发现一些新的竞争对手。很多时候，正是这些新冒出来的、离经叛道的新竞争者，而不是那些行业里现在的领先者更能敏锐地捕捉到客户需求的变化，制定出能更好地满足客户的业务模式，推动着一次又一次的价值转移。

在指导某家电企业冰箱产品线的战略规划过程中，笔者就曾提出，客户买冰箱是为了储存食物并保鲜。客户为什么要储存食物，因为要上班，没时间每天逛超市，把食物储存在冰箱里，想吃就吃。那么除了借助冰箱，我们就没有别的方式可以随时吃到自己想吃的新鲜的食物了吗？盒马鲜生是不是可以实现？如果是，那么我们是否应当将其列为竞争对手？

> 以业务模式的创新设计作为业务战略规划的核心。

计算机行业的价值转移案例提醒我们，即使实力如 IBM 般雄厚的大公司，如果不能及时预见价值转移的风险，精心设计其业务模式，同样没有资格角逐下一轮的价值增长周期。既然推动企业价值增长的引擎已经由单纯的产品和技术创新转变为业务模式的创新，价值将转移到那些能够更好匹配市场和客户需求的业务模式上，那么，企业在制定业务战略时，则务必顺应这一趋势，将业务模式的设计置于战略规划的核心位置，幸运的是 BLM 模型为我们适应这一趋势提供了一套很好的思维框架。

业务战略的核心是业务模式创新

应对客户需求裂变和价值转移的不二法门是业务模式创新，现代创新理论的提出者约瑟夫·熊彼特认为创新就是把生产要素和生产条件的"新组合"引入生产体系，同时把新的组合方式分为五种情况：

> 开发一种新产品或产品的新特征，也称为产品创新。
> 采用一种新的生产方式，也称为技术创新。
> 开辟一个新的市场，也称为市场创新。
> 采用一种新的工业组织，也称为组织创新。
> 获得原材料或半制成品的一种新的供应来源，也称为资源配置创新。

本书则从关注成本到关注成长的角度将创新分为三种方式：

> 内部运营的创新：发展的最佳成本结构、优化流程以改进生产力、核心职能再造以提高效率。
> 产品和技术的创新：研发新产品和解决方案、实现新的技术突破、采用新的生产设备和工艺。
> 业务模式的创新：进入新市场、寻找新客户、探索新的盈利方式、

整合构建新的价值网络。

业务战略的核心是业务模式创新

IBM 全球 CEO 研究中心发现，有 65% 的 CEO 预测在接下来的两年中自己所处的行业会发生根本性的变化，作为一种战略响应，很多 CEO 都在进行运营和（或）产品与服务的创新。但是研究结果显示，获得突出财务收益的公司对于业务模式创新的重视程度是财务收益不佳的公司的两倍。正如一名 CEO 说的，"产品和服务可以复制，业务模式才是真正与众不同之处"。

在看似混乱的经济转型时期，一个公司的存亡取决于其能否摒弃陈旧的运营方式，推出新的业务模式。企业的领导者如果不能在调整时期带领企业继续前行，将导致企业的绩效下滑甚至破产。通过对 1957 年和 2007 年的标准普尔 500 强公司进行比较，发现即使是重要的厂商，其排名也会下滑，甚至从名单中完全消失。事实上，在 1957 年的标准普尔 500 强公司名单中，只有 16% 的公司今天依然排在此列。

虽然事后可以证明，导致公司业绩下滑或破产的原因多种多样，但是，有一种因素往往可以区别成功者与失败者，那就是能否实现转型，甚至抛弃陈旧的运营方式，并推出新的业务模式。有时，这意味着调整组织内已有的业务部门，它还意味着在变更产品的同时利用核心技能，从而转向新行业，或者它也意味着必须在一个企业中管理多种业务模式。

因此，为了应对激烈多变的市场竞争，企业的各业务单元在制定业务战略时的首要任务是业务模式创新。本书不是反对内部运营的创新和产品与技术的创新，只是这两种创新短时间内很容易被竞争对手模仿，无法为企业创造可持续的竞争优势。本书所倡导的创新方式是将运营和产品与技术的创新融入业务模式创新中，通过对业务模式五个要素的系统设计，打出一套创新的组合拳，竞争对手只可模仿其中的一两个创新点，却很难照搬整个业务模式。

三种业务模式创新类型

依据克里斯坦森的破坏式（颠覆式）创新理论，结合华为的创新实践，笔者将业务模式的创新类型分为延续式创新和破坏式创新，破坏式创新又可再细分为低端市场破坏式创新和新市场破坏式创新。三种业务模式创新类型如图 4-1 所示。

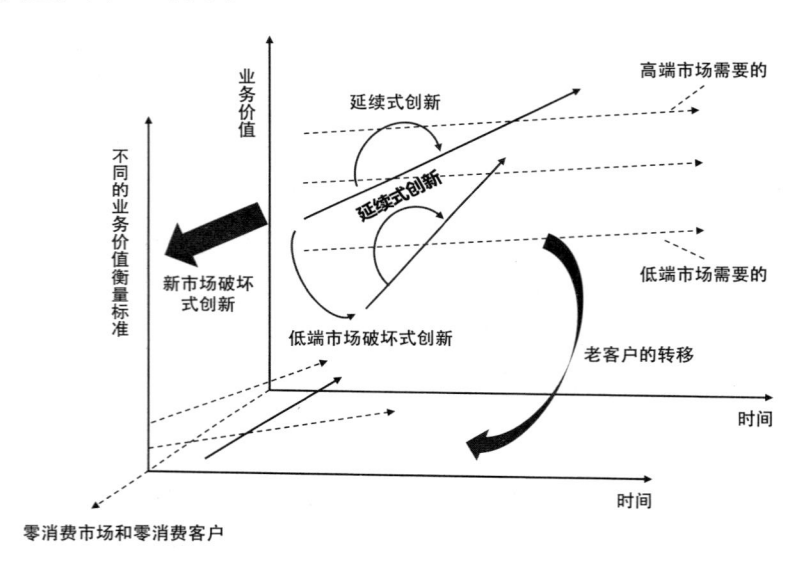

图 4-1 三种业务模式创新类型

延续式创新指企业为了满足现有市场和客户的"不足的市场机会"，渐进式地提升或改良其产品、服务或业务模式。在企业的生命周期中，绝大多数时间都是在为满足客户不断提出的更高要求而开发新产品，提供新服务。采用低端市场破坏式创新的往往是一个行业或品类的新进参与者，瞄准现有市场中的某些低端客户的"超出的市场机会"，运用低价的产品和服务，"刚刚好"满足低端客户的需求。当新进参与者在低端市场站稳脚跟之后，接下来也会采用延续式创新逐步向中高端市场进发。而新市场破坏式创新则是开辟了一个新的细分行业或品类的价值网络，类似于蓝海战略中所提到的"蓝海"市场，将原来那些因为时间、空间、经济或能力上的诸多限制条件而放弃现有市场上的产品和服务的非消费者变成了消费者。当新的价值网络成熟时，旧价值网络中的老客户也会转移至新的价值网络。

也许有些读者会将克里斯坦森的创新理论归为产品和技术创新的范畴，在此笔者借克里斯坦森在《创新者的窘境》一书中的一段话做一个澄清。

"本书所提到的'技术'一词，指的是一个组织将劳动力、资本、原材料和技术，转化为价值更高的产品和服务的过程。所有的企业都拥有技术，像西尔斯公司这样的零售商，采用了一种特定的技术来进行采购、展示、销售，并向客户提供产品，而诸如普来胜公司等仓储式折扣零售商则采用一种不同的技术。因此，这一技术概念已从工程和制造业扩展到了包含市场营销、投资和管理流程在内的广泛领域。而创新指的是其中某项技术发生的变化。"

在书中，克里斯坦森还列举了多个破坏式技术的应用实例，如表4-4所示。

表4-4 破坏式技术的应用实例

成熟技术	破坏式技术
有线电话	移动电话
心脏搭桥手术	血管修复手术
全服务航空	廉价航空
门店房屋零售	网上房屋零售
MBA管理学院	企业大学和内部管理培训
综合性医院	门诊和家庭护理

这些应用实例说明克里斯坦森的创新理论本质上讲的是业务模式（商业模式）的创新，而非单纯的产品/技术的创新。

两种破坏式创新的判断依据

延续式创新是比较容易识别的，如何区分低端市场破坏式创新与新市场破坏式创新呢？笔者结合克里斯坦森的创新理论和 JTBD 的需求理论，为两种破坏式创新分别提供了判断依据：

◆ 对于新市场破坏式创新，下面两个问题要求至少有一个答案是肯定的：

✓ 是否有这样一大群人，他们没有足够的资金而放弃或者没有相应的技能而花钱请专业人士来完成某些"目标任务"？

✓ 客户为完成某些"目标任务"，是否需要克服种种不便，集中时间或地点使用某些产品或服务？

◆ 对于低端市场破坏式创新，下面两个问题的答案必须均为肯定：

✓ 在"超出市场"中是否有客户愿意以更低的价格购买"刚刚好的"产品？

✓ 我们的业务模式能否在以低价吸引这些"超出市场"中的客户时依然保持盈利？

1970 年，日本佳能公司推出第一台桌面复印机 NP1100 时，曾被美国施乐公司嘲笑其复印速度慢，不能自动送纸，且不能调整复印图像的大小。但是，当时施乐的大型复印机价格昂贵，只有大企业才买得起，且操作复杂，需要专门的复印人员；另外，保密性也不好，因为保密资料要交给复印机操作人员。桌面复印机正是解决了大量中小企业和家庭在使用大型复印机上所遇到的时间、空间、经济和能力上的诸多限制条件，它将中小企业和家庭这些原来大型复印机的非消费者变成了消费者，开辟了一个新的"蓝海"。所以，这是一种新市场破坏式创新。

随着人口老龄化加剧且人们生活水平的提高，在医疗仪器行业，便携式家用医疗仪器的需求特别大。例如，以前老人即使有糖尿病，碍于舟车劳顿，也不愿意到医院做血糖检测，现在有了家用血糖仪，在家里就可以随时检测。这些家用医疗仪器的研发生产，也是一种典型的新市场破坏式创新。

低端市场破坏式创新，往往针对的是成熟市场中"超出的市场机会"。例如航空客运服务，许多人因公出差，会选择东航、南航这些全服务航空公司的航班，而因私出行，则会选择春秋航空这些廉价航空公司的航班。任何一个成熟市场，必然存在着超出的市场机会。再如以"纯手艺，只剪发"的简单理念和互联网运营模式切入理发这种完全竞争市场的优剪，消除了顾客无聊的等待，没有了喋喋不休的推销，以专业的态度和手法给你安静地理个发，这正是你"刚刚好"想要满足的需求。但是，低端市场破坏式创新也必须有可持续盈利的商业模式才行，否则单纯的低价策略是难以为继的，竞争企业通过降价就可以轻易应对。那么优剪又是如何盈利的呢？和染烫相比，剪发毛利最低，但优剪店内无洗头区、无收银员、无前台，只配有3～4名理发师，最大限度减少面积，降低人力成本。

需要强调的一点是，一种业务模式的创新应该属于哪种创新类型，是针对不同的细分市场而言的。前面举例的廉价航空，对于那些以前就经常乘飞机出行的客户，若想以较低的价格因私出行，以最快的速度完成从A地点到B地点这一"目标任务"时，廉价航空是一种低端市场破坏式创新。而对于那些以前经常乘高铁甚至绿皮火车出行的客户，有了廉价航空之后，他们也成了航空客运的消费者。此时，廉价航空是一种新市场破坏式创新。因此，我们才会说，廉价航空不是从全服务航空公司虎口夺食，抢了它们的蛋糕，而是把整个航空客运的蛋糕做大了。再如360免费杀毒软件，针对那些不得不高价购买功能齐全的卡巴斯基或诺顿的中小企业，是一种低端市场破坏式创新，而对于那些电脑还在"裸奔"的家庭和个人用户，则是新市场破坏式创新。

另外，还需要注意的是：不是所有的创新都是破坏式创新。有人认为iPhone智能手机相对诺基亚功能机是一种破坏式创新，但克里斯坦森认为不是，这一说法曾在业界引起过巨大的争论。根据上述的判断依据，笔者

认同克里斯坦森的说法，就像有人将滴滴出行相较于传统的出租车行业视为一种破坏式创新，而笔者认为其是延续式创新。延续式创新都有一个明显的特征：客户是现存的，同时竞争对手也是现有的。当年滴滴出行一经推出，就遭到了出租车行业的强烈抵制，低端市场和新市场破坏式创新一般不会出现这种状况。同时，iPhone智能手机的案例也说明了不是只有破坏式创新才会对竞争企业有颠覆性的破坏效应，延续式创新也有。笔者也看了一些批判和质疑克里斯坦森创新理论的材料，有些材料的所述内容预设了一个基本的假设：只有破坏式创新才会对竞争企业有颠覆性的破坏效应，这是对其创新理论的最大误解，而且熊彼特也曾说过"创新就是创造性的破坏"。另一些材料则将克里斯坦森的创新理论局限在技术创新的范畴进行批驳，提出颠覆式创新的领域已经由技术创新延伸至用户体验的创新、盈利模式的创新、竞合关系的创新等。关于这一点，前面引用的《创新者的窘境》一书中的那段原话已经做出了解释。

破坏式创新及其业务战略类型

将业务模式的创新类型进行区分，是因为业务战略的核心为业务模式的创新设计，不同的业务模式创新类型，必然会造成业务战略的迥异。本书将业务战略分为两个基本类型——延续式谋划型战略和破坏式实验型战略，分别对应两种基本的业务模式——延续式增长的业务模式和破坏式增长的业务模式。

破坏式创新给业务战略规划的启示

破坏式创新给业务战略规划带来了如下几个重要启示：
➢ 延续式创新很少能打败领先的对手。

在成熟市场上满足主流客户对成熟产品的改善，是领先者的优势。新进入的或者竞争落后的企业，想采取延续式创新在成熟市场上满足主流客户对成熟产品的改善，基本上不可能打败已经领先的对手，除非识别出新的细分竞争领域（非消费市场和超出市场）。

➢ 成熟市场上总是会存在超出的市场机会。

在你追我赶的竞争环境下，各厂家为取悦当前市场上的客户，会加大产品和技术的延续式创新投入。产品性能改善和技术进步的速度总是会超过客户的实际需要或客户愿意支付的价格。这表明在成熟市场，总是会存在便于实施低端破坏式创新的"超出市场"。

➢ 在"非消费市场"成功的概率更大。

不要从竞争对手那里抢夺蛋糕，而是从那些还未购买我们或竞争对手的产品的客户群中挖掘出"非消费市场"，吸引"非消费者"进入市场，做大蛋糕。这样做的成功概率要大得多，同时还可以识别出那些跨界的竞争对手。

➢ 独立运作破坏式创新业务。

成熟企业总是致力于满足那些能够带来更多利润的客户，而破坏式业务通常利润更低。因此，投资破坏式创新对它们来说不是一项明智的决策。利润更低的破坏式创新业务需要一个独立运作的团队并创建一个可盈利的业务模式才能成功。

破坏式创新的客户接纳周期模型

当一个由破坏式创新所创造的新品类进入市场后，不同时期不同的细分客户群接纳这个新品类的态度是不一样的，因而其业务模式和业务战略的设计也会有所不同。本书借鉴杰弗里·摩尔在《跨越鸿沟：颠覆性产品营销圣经》中提出的技术采纳生命周期模型，提出了破坏式创新的客户接纳周期模型，如图 4-2 所示。

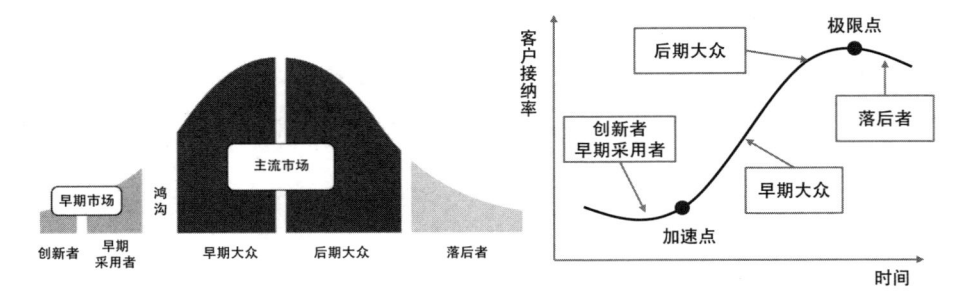

图 4-2　客户接纳周期模型

该模型的基本假设是不同的人和组织对于引入到他们当中的破坏式创新品类有着截然不同的反应，依此将他们分成五个细分客户群：

➢ 创新者：技术专家或狂热者，通过购买并试用新产品和新业务，想了解技术的最新进展。

➢ 早期采用者：有远见者，为了达到效率和性能的根本性突破，甘愿冒险使用未经验证的产品或解决方案，不在乎大众的看法。

➢ 早期大众：实用主义者，风险偏好低，追求渐近的、可衡量的或可预见的改善，在乎大众的评价和看法。

➢ 后期大众：保守主义者，抗拒创新，他们购买产品但不代表他们喜欢这些产品，只是为了看起来不太落伍。

➢ 落后者：怀疑主义者，他们会认为创新只是提高产品价格的借口而已，从而阻碍购买。

我们以询问人们是否会购买电动汽车为例来看看这几类客户群的不同反应：

➢ 早期采用者（有远见者）：我是环境保护的坚定支持者，早就买了一辆进口的特斯拉 Model 3。

➢ 早期大众（实用主义者）：电动汽车的续航里程还是有点短，电池安全性还不够高，充电不方便，还是再等等看。

➢ 后期大众（保守主义者）：五年之后燃油车就要限制上路了，我周边的同事和朋友都换用电动汽车了，我再不换，就有点显得另类了。

➢ 落后者（怀疑主义者）：电动汽车就真的更环保吗？大量废旧电池会不会造成更严重的污染？电动汽车只是汽车厂家的一个噱头而已。

一般情况下，我们将创新者和早期采用者归为早期市场，将早期大众归为成长市场，后期大众则表示品类进入了成熟市场，包括成长市场和成熟市场的大众化市场也被称为主流市场。从早期市场到主流市场，中间横亘着一条巨大的鸿沟，许多创新产品正是因为没有注意到这条鸿沟的存在，掉入深渊而销声匿迹。

如果用一条曲线来表示客户接纳周期，加速点之前是新品类的导入期，属于早期市场；加速点之后，进入主流市场，是成长期和成熟期，极限点之后进入衰退期。

业务增长的第二曲线及业务战略类型

客户对待新品类的不同态度和反应，体现的正是客户最为看重的需求点的不同，因而需要设计完全不同的业务模式和业务战略来应对。特别是针对导入期的早期市场，往往需要采用破坏式创新开辟业务增长的第二曲线，并实施不同于主流市场的破坏式实验型业务战略，如图4-3所示。相对而言，当前BU已经进入到主流市场的业务增长曲线为第一曲线，在该业务上往往实施的是延续式谋划型战略。

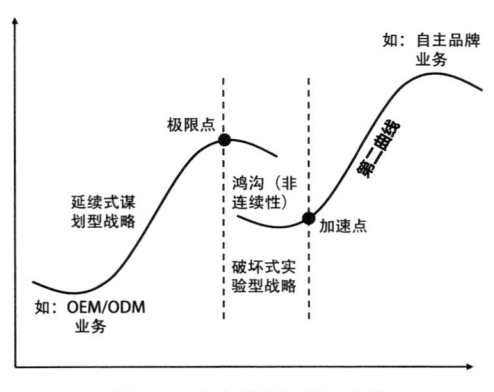

图4-3 业务增长的第二曲线

对于那些正处于业务转型期，想开辟第二增长曲线，或者正在谋划实施多元化经营的企业来说，既要维持第一曲线，还要开辟第二曲线，也就是说，企业可能在某个时间段内，需要设计和实施两种完全不同的业务模式和业务战略。因为业务模式的不同，决定了管理模式的迥异，如果同一个业务经营团队，同时实施和管理两种不同的业务模式，极易患上"精神分裂症"，因而导致业务转型或多元化经营战略的失败。

下面我们用客户接纳周期模型和第二曲线理论来分析诊断一个实施业务战略转型失败的案例。

这是一家主要为苹果代工手机充电线和耳机的OEM/ODM供应商，我们暂称之为M公司。M公司凭借先进的生产技术和工艺设计能力，客户已覆盖全球零售百强及欧美知名消费电子配件品牌商。但随着全球电子市场的消费升级及竞争加剧，M公司在原材料价格及人力成本上涨等因素的影响下，收入及利润的增长均出现了不同程度的放缓。公司于2018年初提出了创立自主品牌的战略意图，并制定了OEM/ODM与自主品牌两条腿走路的战略方针。

一开始，M公司高层领导认为：我们既然可以为苹果代工，说明我们的技术实现、工艺制造水平是足够的，对于自主品牌，我们只要补齐产品研发和销售渠道的短板，再辅以"出口转内销"和"出厂价"的营销宣传策略，不怕没有销量。于是在补齐产品研发的短板时，他们大张旗鼓地推行了IPD体系。

理想是丰满的，但现实却很"骨感"。经过两年IPD体系的运作和自主品牌的经营，其业绩与当初制定的战略目标相去甚远。企业高层普遍认为主要原因是IPD体系的运作不顺畅，没有真正发挥出IPD体系的价值。于是，便找到了我，想借助外部顾问的力量为企业定制、优化IPD体系。我经过深入的调研分析，我认为企业当前自主品牌经营的最大问题不是要优化IPD体系，而是要停止按IPD体系运作。听到我的这个结论，M公司的高层领导一脸茫然。

我认为 M 公司自主品牌经营不善的主要原因有如下四点：

➢ 自主品牌的目标客户定位不清晰。当前对目标客户的定位及需求的理解都是在模仿原来的 OEM 客户，其实我们只要问自己这样一个问题就明白了：原来买苹果耳机的消费者，大概率会成为我们自主品牌的消费者吗？

➢ 产品的价值定位不准确。这个问题是由上一个问题衍生出来的，目标客户定位不清晰，就只能在产品功能上简单模仿苹果的产品，与现有市面上的产品除了"出口转内销"和"出厂价"的低价优势，没有任何其他的差异化竞争优势。而购买苹果产品的消费者，他们往往注重的是生活态度和品位追求等情感上的需求满足度。另外，低价给人留下的是低端的品牌形象，再加上产品猛然上量发售，企业在品质保障、售后服务等方面没跟上，造成了品牌美誉度差。

➢ 销售能力和销售模式与市场不匹配。自主营销缺乏相应的策略和方法，分销渠道及库存管理的风险防控能力弱，缺乏营销方面的专业人才，销售人员提升销量的策略只有降价促销，尽管公司也跟随电商潮流开通了线上销售渠道，但作用极其有限。

➢ 内部运营模式及管理能力与打造自主品牌的业务模式不匹配，尽管公司做过大幅度的组织架构和人员调整，但在管理模式上最大的改变只是增加了形式大于实质的产品经理负责制，并没有真正地建立起以产品经理为核心的产品经营体系。

综合以上四点，我认为，自主品牌的经营与 OEM/ODM 相比，是一种全新的经营模式，而经营模式是由业务模式决定的。因此，自主品牌的经营需要有新的业务模式和业务战略，也就是说，M 公司当时正在经历的是公司主流业务由第一曲线向第二曲线的业务模式转型。

◆ 第一曲线（OEM/ODM 业务）的经营模式有如下几个特点：

✓ 销售导向。

✓ 为单个项目（订单）定制的局部技术开发。

✓ 向人力（制造）即成本要利润。
◆ 第二曲线（自主品牌业务）的经营模式的特点则是：
✓ 市场导向。
✓ 为某个细分市场的产品创新。
✓ 向市场或产品要利润。

开辟第二曲线，在"加速点"之前的主要任务是实施破坏式实验型战略并验证新的业务模式，依据业务战略的第一性原理，对业务模式的验证需要完成以下两个验证任务：

➢ 验证任务一：产品与目标客户及客户的需求是否匹配。
➢ 验证任务二：销售模式、盈利模式与市场竞争环境是否匹配。

这两个验证其实就是在验证新业务模式中的客户选择、价值主张和盈利模式以及战略控制。只有通过了这两个验证，才能说明我们的业务模式也就是经营模式是有可能成功的。在转型初期，验证业务模式是否可行的方法，只能是小而精的"游击队"和快速迭代的产品开发方式，IPD 体系的跨部门"集团军"和结构化开发流程完全不适用。

在《四步创业法》一书中，作者 Steven Gary Blank 将上述两个验证过程称之为"客户开发"，只有在通过"客户开发"验证了业务模式是可行的，并且集聚了足够的"逃逸速度"能够跨越客户接纳周期模型中的那个"鸿沟"（也就是第二曲线上的那个"加速点"）之后，你才可以正式开始真正的"集团军"流程化的"集成产品开发"。

经营模式（业务模式）的转型，必然会带来管理模式的变革，IPD 体系是可以引进的，但一定是在经营模式（业务模式）得到验证（也即是跨越客户接纳周期的鸿沟或到达第二曲线的加速点）之后，而不是之前。M 公司则是在经营模式（业务模式）转型的同时，就提前启动了 IPD 体系的变革。也就是说在经营模式（业务模式）还没有得到验证时，就开始对管理模式动大手术了。事实上，参照第二曲线理论，M 公司在启动自主品牌的创立并制定两条腿走路的战略方针的时机选择上也有点晚了。过早启动

IPD 的变革，过晚开辟第二曲线，不得不说这是 M 公司战略规划的重大失误。

业务模式设计之客户选择

业务模式设计的首要问题是"谁是你想要服务的对象"，这是与业务模式设计的第一个要素"客户选择"相关的问题，下面我们来看一下客户选择的逻辑过程，如图 4-4 所示。

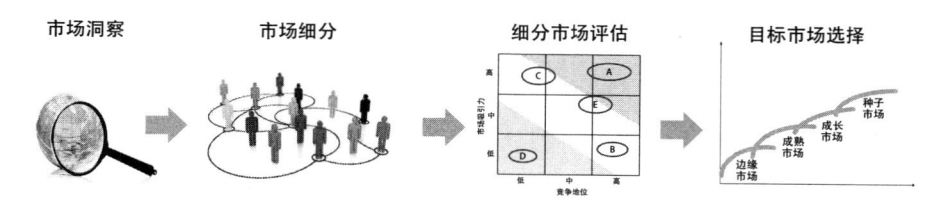

图 4-4 客户选择的逻辑过程

通过前面的市场洞察，业务战略规划团队对整个市场进行了一次全面扫描，一定会发现特别多的市场机会，但菜市场的菜不都是你篮子里的菜。市场洞察要用发散思维，业务设计则需要收敛思维，战略规划就是做选择，要聚焦，多做减法，聚焦和做减法的前提是要对市场进行细分。

市场被细分之后，还要对各个细分市场做评估，依据评估结果，就可以对是否进入某个细分市场进行战略抉择了，被选中的各个目标细分市场就代表了我们今后的战略投资方向。

不同的细分市场，客户需求和市场潜力会有所不同，竞争对手和我司的竞争优劣势也会不同，所以有必要针对每一个被选中的目标细分市场确定其在战略投资组合中的定位，也就是说要将细分市场按成熟市场、成长市场和种子市场进行定位分析。只有确定了各个细分市场的战略定位，接下来我们才能更好地为其设计业务模式，制定业务策略和战术打法。

明晰了各细分市场的投资组合定位，还需要进一步确定各细分市场的业务模式的创新策略，为接下来的其他要素的设计定下总基调。

基于客户需求的市场细分方法

为了选择目标细分市场，必须先对市场进行细分。市场细分是企业根据客户需求的不同，把整个市场划分成不同的客户群的过程。其客观基础是客户需求的异质性。进行市场细分的主要依据是异质市场中需求一致的客户群，其实质就是在异质市场中求同质。市场细分的目的是聚合，即在需求不同的市场中把需求相同的客户聚合到一起。

细分市场不是根据产品品种、产品系列来进行的，而是从客户（指最终消费者和工业生产者）的角度进行划分的，是根据客户的需求、动机、购买行为的多元性和差异性来划分的。市场细分对企业的产品研发、生产采购、市场营销起着极其重要的作用。

➢ 有利于企业确定自己的目标市场。

➢ 有利于企业发现市场机会。

➢ 可使企业集中人、财、物和信息等资源条件投入到目标市场，形成经营上的规模效应，这对于中小企业和非国有企业来说意义更大。

➢ 有利于制定和调整市场营销组合策略。

麦肯锡对消费者市场常用的市场细分方法有如下八个维度：

➢ 地理位置：一级城市 / 二级城市 /…… / 农村。

➢ 人口特征：年龄 / 性别 / 收入 / 受教育程度。

➢ 使用行为：使用量 / 费用支出 / 购买渠道 / 决策过程。

➢ 利润潜力：收入 / 获取成本 / 服务成本。

➢ 价值观 / 生活方式：宏观的价值取向和态度。

➢ 需求 / 动机 / 购买因素：价格 / 品牌 / 服务 / 质量 / 功能 / 设计。

➢ 态度：针对产品类别和沟通渠道的态度。

➢ 产品 / 服务的使用场合：什么地方 / 什么时间 / 如何使用。

正如前面在市场洞察四看中的"看客户"相关章节所介绍过的市场细分方法，BLM 7 步法是直接从客户需求出发来细分的，也有三个维度，分别是"谁在买""买什么"和"为什么买"。

> 谁在买——从市场购买产品的客户群类型及大小。
> 买什么——客户在哪里及怎样购买了什么产品。
> 为什么买——客户追求什么样的利益和好处。

谁在买？谁是技术性购买者？谁是财务性购买者？谁又是最终的用户？这些体现的是客户特征。客户购买了什么产品和服务？是在哪里通过何种渠道购买的？客户是以什么价位购买了产品？这些体现的是产品特征。哪些是影响客户购买决策的关键因素？客户是从哪些维度来衡量产品价值大小的？这些则体现了客户的关键购买标准。

表 4-5 以某数据交换产品的市场细分为例，说明该方法的具体应用。

表 4-5 市场细分方法的具体应用举例

谁在买	买什么	为什么买（客户关键购买标准）				销售机会
		品牌效应	性价比高	质量稳定	服务好	
运营商	骨干路由器	√		√	√	12 亿元
行业客户（金融、广电、电力）	路由器			√	√	3 亿元
	以太网交换机	√		√	√	5 亿元
政府部门（公检法、工商、财税、海关、卫生）	路由器			√	√	0.8 亿元
	以太网交换机	√		√	√	1 亿元
大型企业	路由器		√	√		6 亿元
	以太网交换机		√	√		4 亿元
中小型企业	路由器		√	√		0.3 亿元
	ADSL	√	√			0.05 亿元
家庭	路由器		√			0.1 亿元
	ADSL	√	√			0.3 亿元

对市场进行初次细分后，接下来是对有共性需求的细分市场进行整合，并为每个整合后的细分市场确定一个名称，建议的命名格式是：定语 +

产品类型 + 客户类型。如表 4-6 所示。

表 4-6 细分市场的整合

细分市场序号	初步的细分市场	名称	价值和选择的理由	整个销售机会
1	运营商 – 骨干路由器 – 品质、服务	骨干路由器运营商市场	品牌效应、质量稳定、服务好	12 亿元
2	行业客户、政府 – 路由器 – 品质、服务	高端路由器行业及政府市场	质量稳定、服务好	3.8 亿元
3	行业客户、政府 – 交换机 – 品质、服务	高端交换机行业及政府市场	品牌效应、质量稳定、服务好	6 亿元
4	大型企业 – 路由器 – 价格、品质	中端路由器企业市场	性价比高、质量稳定	6 亿元
5	大型企业 – 交换机 – 价格、品质	中端交换机企业市场	性价比高、质量稳定	4 亿元
6	中小型企业、家庭 – 路由器 – 价格	低端路由器市场	价格实惠、质量稳定	0.4 亿元
7	中小型企业、家庭 – ADSL – 价格	低端 ADSL 市场	品牌效应、价格实惠	0.35 亿元

对于整合出来的细分市场，还需要进行详尽的描述，下面是细分市场的描述模板，内容包括：

一、细分市场的名称及其目标客户群

二、今年的收入及今年的市场份额

三、未来三年的收入目标

四、描述如何在该细分市场赚钱（公司及竞争对手的盈利模式）

五、描述该细分市场客户最关心的五项需求（关注的重点和需求偏好）

六、描述该细分市场客户面临的主要问题

七、描述目前该细分市场中我们及竞争对手现有的产品

八、描述该细分市场中客户的关键购买标准

九、描述目前主要竞争对手及其市场份额

对细分市场的描述，需要说明如下两点：

➢ 此时，我们只是对市场进行了细分，还没有对各个细分市场进行投资可行性的评估，因此第三部分"未来三年的收入目标"还是未知数，甚至某些细分市场根本就不是未来的目标市场。

➢ 如何描述第五和第六部分，是容易出问题的地方。第五部分描述的是客户认为最重要的需求是什么，而第六部分则描述客户当前最不满足的需求。重要性和满足度是描述客户需求的两个不同维度，例如某位手机用户对智能手机最看重的几项需求可能是打电话、发短信、上网和玩游戏，而最不满意的需求可能是手机拍照还不够高清，手机屏幕太小等。针对某个细分市场，如果存在客户很看重而满足度又很低的需求，这就是我们的绝佳市场机会。

细分市场的投资机会组合评估

有了各细分市场的描述，接下来就是利用各细分市场的信息对其进行战略定位分析，即 SPAN（Strategy Positioning Analysis）分析。细分市场的战略定位分析是从两个维度展开的，第一个维度是市场吸引力，包括对市场规划、增长率、利润潜力和战略价值等几个要素的评估。评估的难点在于要为每个评估要素定义一个统一的评估标准，否则每个人得出的评估结果误差会很大。如表 4-7 所示。

表 4-7 细分市场的战略定位分析维度——市场吸引力

评估要素		权重（百分比）	细分市场评估（得分为高、中、低，即5、3、1分）		
			细分市场 1	细分市场 2	细分市场 3
市场规模		20%			
市场增长率		30%			
利润潜力	直接 / 间接竞争	10%			
	进入威胁	10%			
	客户 / 供应商压力	10%			

续表

评估要素	权重（百分比）	细分市场评估（得分为高、中、低，即5、3、1分）		
		细分市场1	细分市场2	细分市场3
战略价值	20%			
细分市场吸引力评估总平均分				

评估要素名称	要素解释	定义示例
市场规模	对该要素的评分（高、中、低）应该反映该细分市场的相对收入机会。针对所分析的每个市场，要对高、中、低进行定义，而且每个BU内部以及BU之间的定义必须保持一致	高：大于5亿元；中：1亿～5亿元；低：小于1亿元

SPAN分析的第二个维度是竞争地位，主要评估在各细分市场上与业界最佳竞争对手在客户关键购买标准上的差异，如果公司在这个细分市场上还没有投入任何产品，可以参照公司的其他相近产品或者公司现有竞争优势在客户关键购买标准上的竞争得分。如表4-8所示。

表4-8 细分市场的战略定位分析维度——竞争地位

评估要素（$APPEALS）	客户关键购买标准	权重	公司产品评分（1～10分）	对手产品评分（1～10分）
价格（原材料、生产成本、人力成本、管理成本、库存）	极其关注价格，甚至有很大一部分客户完全跟着价格走	30%		
保证（可靠性、质量、稳定性）	对产品的质量要求高，要求保证产品性能稳定可靠	20%		
性能（功能、电器参数）	要求产品功能正常，参数合理	10%		
包装（风格、质地、颜色）	不关注	0%		
易用性（舒适、人机交互、兼容性）	很关注产品与底层系统的兼容性	15%		
可获得性（渠道、交货期）	很关注交货期	15%		

续表

评估要素 （$APPEALS）	客户关键购买标准	权重	公司产品评分 （1~10分）	对手产品评分 （1~10分）
生命周期成本（安装、培训、服务）	不关注	0%		
社会接受程度（品牌、环境影响、市场份额）	基本不关注品牌，对产品的环境影响没有要求，市场份额高的产品，该细分市场的客户会迅速接受	10%		
总分			
相对竞争力：公司产品包总分/对手产品包总分			

有了上述评估数据，就可以通过 SPAN 分析矩阵将各细分市场进行分类，如图 4-5 所示。

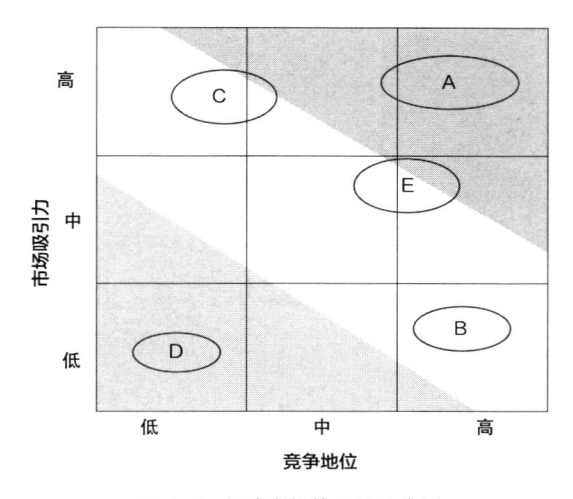

图 4-5 细分市场的 SPAN 分析

通过对各细分市场的 SPAN 分析，可以得到所有细分市场的投资机会组合，如图 4-6 所示。与产品的组合管理类似，我们将细分市场的投资机会也分为边缘市场、成熟市场、成长市场和种子市场四类。

针对不同类型的市场，我们投资的关注点是不一样的。对于边缘市场，要在适当的时间退出；对于成熟市场，它是带来现金流的市场，重点关注效率与成本；对于成长市场，由于它是快速增长的市场，则需要加大投入，关注交付的质量；对于种子市场，由于它是实验型、种子型市场，要将重点放在它未来的业务竞争力上。

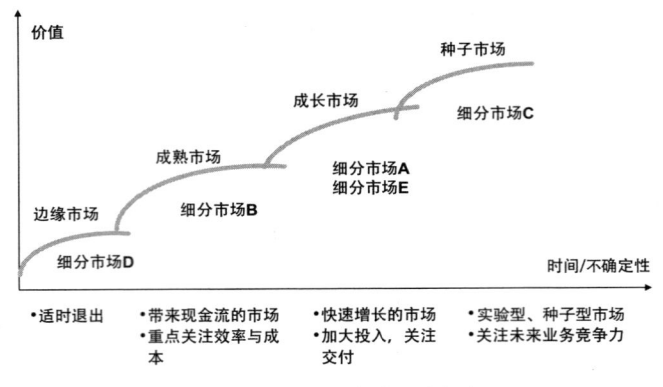

```
价值
                                        种子市场
                              成长市场
                                        细分市场C
                    成熟市场
                              细分市场A
                              细分市场E
                    细分市场B
边缘市场
细分市场D
                                                   时间/不确定性

• 适时退出   • 带来现金流的市场   • 快速增长的市场   • 实验型、种子型市场
            • 重点关注效率与成     • 加大投入，关注     • 关注未来业务竞争力
              本                  交付
```

图 4-6　细分市场投资机会组合

对细分市场的评估，有时还可能需要进行 FAN 分析（财务评估），由于 FAN 分析需要大量关于未来三年销售量、价格、成本、毛利率、研发投入等的预测，在难以进行定量的财务分析的情况下，本书建议采用 SPAN 分析为主的做法，通过定性的要素评估确保投资"方向大致正确"即可。

确定了各细分市场的未来投资机会组合关系，也就明确了未来的目标细分市场和目标客户群。到了这一步，才可以依据各细分市场的市场机会分配未来三年的收入目标。

各细分市场业务模式创新策略的选择

各目标细分市场在投资机会组合中的类型划分是基于企业自身的战略定位分析的结果，各细分市场在整个行业或该品类的客户接纳周期中的位置又如何呢？一般来说，一个企业的成长市场或成熟市场一定是整个行业或品类处于成长期或成熟期的整体市场的一部分，不太可能某个细分市场对企业而言是成熟市场，但是整个行业或品类还处于成长期甚至导入期。但是，一个企业的种子市场，则有可能存在于整个行业或品类的导入期、成长期或者成熟期三个时期中的任意一个。细分市场在客户接纳周期中的位置如图 4-7 所示。

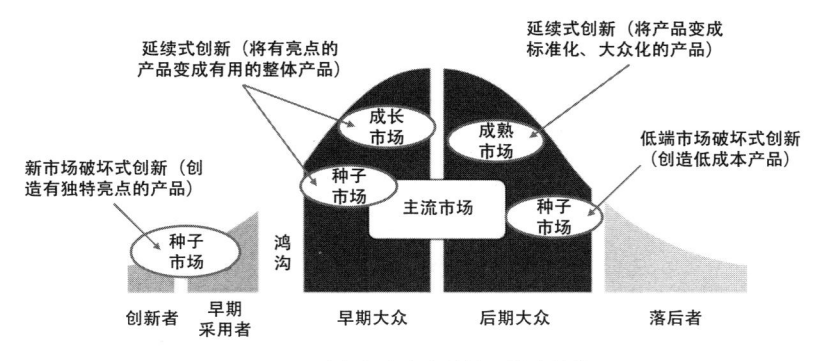

图 4-7 细分市场在客户接纳周期中的位置

例如广东某生产 PCB 的军工企业，十几年来一直深耕军用市场，且有较大的竞争优势，这是它的成熟市场，整个军工领域的 PCB 业务也确实进入了成熟期，于是该企业近期通过战略规划想进入普通民用市场。因此，普通民用市场就成了该企业的种子市场，但对整个普通民用市场的 PCB 业务而言，它早已进入了成熟期。

分析各细分市场在客户接纳周期中的位置，是在为下一步选择各细分市场的业务模式的创新策略做准备。以上述军工企业为例，如果它想继续在军用市场抢占更多的市场份额，提高市场渗透率，则需要针对后期大众这些保守主义者，业务模式上采用延续式创新策略，推出标准化、大众化的产品，提高内部运营效率，以降低单位产品的成本，也就是以量取胜。针对新进入的普通民用市场，可以瞄准整个早已成熟的普通民用市场中的某个低端细分市场，业务模式上采用低端市场破坏式创新策略。但是，如果该军工企业想进入的是当前正处于导入期的智能驾驶车用 PCB 业务，则建议的业务模式创新策略是新市场破坏式创新，为早期市场中的有远见者提供有独特亮点的产品和解决方案。再一次假设该军工企业想进入的是当前正处于快速成长期的智能安防 PCB 业务，则建议的业务模式创新策略也是延续式创新，但与成熟市场的延续式创新会有所不同，成长期的早期主流客户是实用主义者，他们没有后期大众那么保守，但也没有早期采用者那么甘愿冒险使用未经验证的产品或解决方案，他们希望购买的是包括基础产品、附加产品（安装、维护、质保）和心理产品（品牌形象）的完整产品。

现在，我们将细分市场的投资组合定位、各细分市场的市场机会类型及业务模式的创新策略结合在一起，梳理出它们之间的关系。如图 4-8 所示。成熟和成长市场面对的主要是"不足的市场机会"，一般采用延续式业务模式创新策略，种子市场在客户接纳周期模型中有三种可能的位置，面对三种不同的市场机会类型，所以会有三种不同的业务模式创新策略的选择。

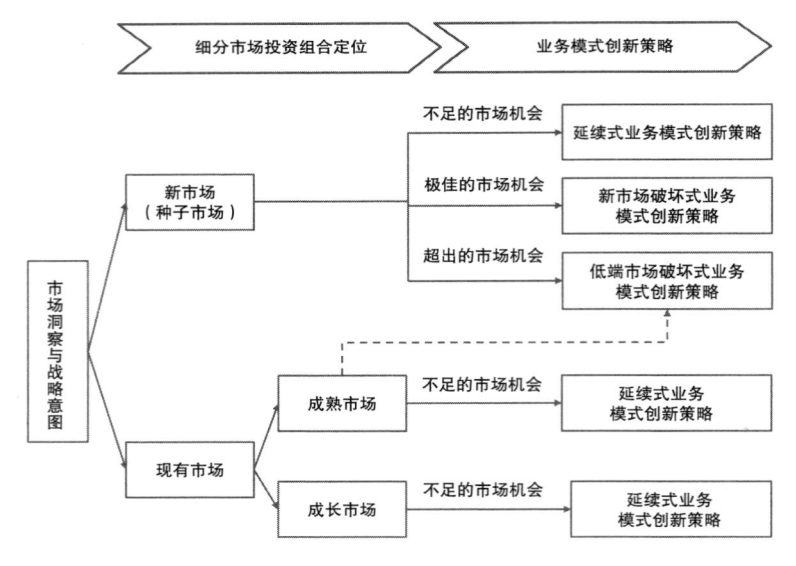

图 4-8　各细分市场的定位、机会与创新策略选择

可见，业务模式创新策略中的"客户选择"不只是回答"谁是我们的客户和谁不是我们的客户"，还要明确准备通过何种业务模式的创新策略服务我们的目标客户，为接下来的价值主张、盈利模式、业务范围和战略控制四个要素的设计定下总基调。

业务模式设计之价值主张

价值主张处于业务模式五要素的中心位置，那么，什么是价值主张？价值主张是客户决定购买某款产品而不是另一款产品的最关键因素，它解决了客户的困扰或者满足了客户的需求。每个价值主张都包含可选系列产品或服务，以迎合特定细分客户群体的需要。在这个意义上，价值主张是公司提供给客户的受益集合或受益系列。有些价值主张可能是创新的，并表现为一个全新的或破坏性的提供物（产品或服务），而另一些可能与现存市场提供物（产品或服务）类似，只是增加了某些功能和特性。

价值主张设计方法

而本书认为价值主张就是如何为客户创造更多、更快、更好、更省的解决方案和消费体验。下面我们从更多、更快、更好、更省四个角度来看大家耳熟能详的各个产品，它们的价值主张是如何设计的：

- 新浪：更多的新闻和资讯。
- 爱奇艺：更多的电影、电视剧。
- 酷狗：更多的音乐。
- 顺丰：更快速、更可靠地送达。
- 高德地图：更快地到达目标地。
- 陌陌：更快地结识陌生人。
- 抖音：更好玩的短视频。
- 航旅纵横：更准的航班信息。
- 礼橙专车：更好的打车体验。
- 微信：更便宜的通信。
- 360：免费杀毒软件。

➢ 拼多多：拼着买，更便宜。

价值主张设计的依据当然是客户的需求，依据 JTBD 理论，客户购买产品，是为了完成一项或多项目标任务，在完成目标任务的过程中，客户会遇到某些无法完成的任务，不足的目标成果或某些时间、空间、经济和能力上的限制条件，而这些就是客户的问题和痛点，也就是客户的真实需求。那么如何识别客户的问题和痛点呢？我们可以使用如图 4-9 所示的矩阵。

	等车	乘车	付款
更多	有专车、快车、顺风车选择		
更快	不用等待，不会被拒载		微信支付
更好		车内干净、舒适	
更省			

图 4-9 客户痛点识别矩阵

矩阵的横轴展示的是从客户想要完成的目标任务中分解出来的阶段任务，我们以打车为例，打车的目标任务是尽快地从 A 地点到达 B 地点，整个目标任务可以分解成三个阶段任务，分别是等车、乘车和付款。

现在我们来看客户在完成各阶段任务时的痛点，等车时的痛点是无论刮风下雨还是烈日炎炎，客户都得先到马路边等着，好不容易等来了一辆的士，的士司机说要交班了，不顺路，被拒载。乘车中的痛点是车况差，车上有异味，司机还绕路。付款时的痛点则是要给现金，还要用零钱，不给发票，甚至找假币等。

针对客户打车的这些痛点，我们来看一下滴滴出行是如何从更多、更快、更好、更省四个角度来解决问题的，滴滴出行提供了专车、快车、顺风车多种出行方式，不用等待，不会被拒载，在手机 App 上可以实时查看被叫车辆离预约上车点的距离和时间，便于客户做好出门计划。客户上车后，司机能提供优质的乘车服务，按导航走，不会故意绕行。下车时，如果你要赶时间，可以不用立即支付，通过微信或其他移动支付方式在随后合适的时间支付就行了。

价值主张的设计，体现了产品或解决方案必备的功能和特性，以某水泵制造商为例来说明（如表4-9所示），其为全球各细分市场提供各具特色的家用泵和工业泵。

表4-9 某水泵制造商的价值主张设计示例

细分市场	家用泵					工业泵
	东南亚市场	中东市场	拉美市场	西欧市场	南亚市场	
需求特征	1）购买力弱 2）多雨季，供水系统不发达，需要抽水	1）购买力强 2）缺水，需要增压	1）购买力弱 2）多雨季，供水系统不发达，需要抽水	1）购买力较强 2）用于园林	1）购买力弱 2）多雨季，供水系统不发达，需要抽水	1）购买力强 2）特种个性化需求
价值主张	多种型号价格优惠的泵产品	性能、质量更优的泵产品	多种型号价格优惠的泵产品	性能、质量更优的泵产品	多种型号价格优惠的泵产品	更快响应、贴身服务
提供的产品	多规格、多种功能、多种材料小型泵	材料多样的小型泵	多规格、多种功能、多种材料小型泵	质量高的花园泵	多规格、多种功能、多种材料小型泵	针对性强、个性化设计的全面解决方案

三种常见的价值主张趋势

在实际的业务应用场景中，有三种常见的价值主张趋势是值得读者重视的：

价值主张趋势一：客户想要更快、更可靠的产品或服务。

价值主张趋势二：客户想要更便利的整体解决方案。

价值主张趋势三：客户想要更多、更个性化的产品或服务。

每种价值主张趋势针对的业务场景和业务特征是不一样的，如果客户的需求或开发产品所需的技术处于快速变化中，产品的生命周期较短，同质化竞争激烈，那么我们的价值主张就应当选择更快、更可靠的产品或服

务。例如服装行业以速度取胜的 ZARA（西班牙语，中文翻译为"飒拉"），它的战略定位是"买得起的快速时尚"，关键策略是"像卖快餐一样卖时装"。为了实现这一价值主张，它采取了如下三大关键举措：

举措一：追随而非引导潮流。ZARA 组织二百多名时尚观察员收集全球各地的时尚潮流信息，它能做到从产品设计到成品上架不超过 3 周，每周更换 2 次款式。

举措二：速度第一而非成本第一。同行流行轻资产战略，ZARA 自供 40% 的物料，50% 的生产，及多个自动化物流中心；打造从设计、制造、物流到销售高度垂直整合的供应链体系。

举措三：款多量少而非款少量多。同行多采取款少量多的规模经济策略，ZARA 采取款多量少策略；款多，让产品保持新鲜感；量少，人为制造稀缺，满足客户购买"限量版"的需求。

而如果客户的需求需要集成多种产品才能实现，并且单个产品的销售毛利比较低，产品需要多层经销商代理销售，则提示我们客户其实是想要整体解决方案和一站式服务。由单一的产品转向一站式的服务和完整的解决方案，已经成为 2B 领域的价值主张设计的潮流。

另一个趋势则是客户的需求正在追求极度个性化，随着需求不断被满足，某些客户开始强调要与众不同，展现出个人不同的品位和生活品质，于是出现了像戴尔的个性化计算机定制，衣绑人的上门量体定制服装，红官窑的高品质陶瓷定制以及以 Roseonly 为代表的高端花店推出的"一生只送一人"。

"与其更好，不如不同"的价值主张设计

在应用"更多、更快、更好、更省"指导价值主张的设计时，需要强调的一点是，不要妄想着既要更多更快，还要更好更省，总想着要开发一款"超级产品"。为什么会出现这种想法？因为经常听到企业的销售人员

就是如此要求研发团队的，只不过有时换了一种说法：人无我有，人有我优。"超级产品"的想法害人不浅，想用一款产品满足所有客户的所有需求，一招鲜，吃遍天，最后做出来的产品就只能是四不像。笔者在自己的产品创新和产品管理的职业生涯中，一贯坚持的是"与其更好，不如不同"的理念。

下面用一个航空客运的案例来说明这个理念，本案例的主角是美国的西南航空，国内春秋航空等廉价航空就是学的西南航空的业务模式，西南航空进入航空客运业务采取的正是本书前面所说的低端市场以及新市场破坏式创新。在任何成熟市场，一定存在着"超出的市场机会"，所谓超出的市场机会，是指产品的性能或质量已经超出了某些细分客户的需求，客户的真实需求是能不能将产品的性能和服务降下来一些，只要"刚刚好"就行，同时把价格也降下来。就像我自己，因公出差要乘坐南航、东航的头等舱，因私出行只需要乘坐春秋航空的航班就行了。

那么西南航空又是如何设计价值主张的呢？它的价值主张是：无论何时，以汽车的票价提供飞机的快捷。如图4-10所示，我们用价值曲线图来展示西南航空的价值主张设计。

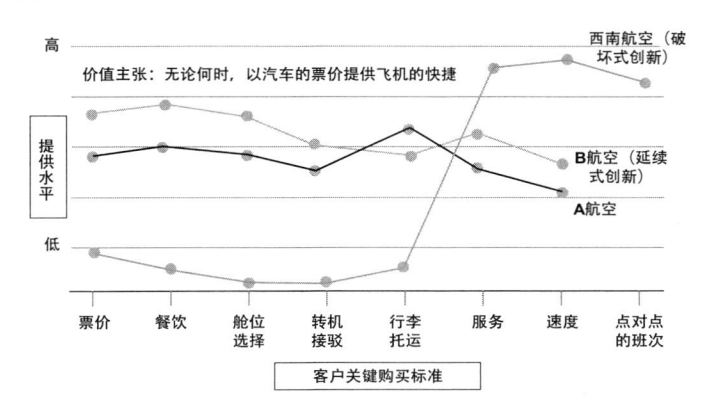

图4-10　西南航空的价值主张设计

价值曲线图的横轴是本书前面章节中提到过的"客户关键购买标准"，这里列出了航空客运的八个客户关键购买标准，纵轴是各个购买标准的提供水平。图 4-10 中，A、B 两家航空公司就是典型的"人无我有，人有我优"的价值主张竞争策略。而西南航空则直接将与"低价"的价值主张不匹配的餐饮、舱位选择、转机接驳和行李托运等服务取消了，在能够体现自己"快捷"的客户购买标准上做到极致，于是设计出了完全不同于 A、B 航空的价值主张。

西南航空通过这一价值主张的设计，不仅从其他航空公司抢夺了部分低端市场的蛋糕（低端市场破坏式创新），更是做大了整个航空客运的蛋糕（新市场破坏式创新），将原来乘坐长途汽车或火车出行的人变成了航空客运的客户。

基于 JTBD 的价值主张创新设计方法

在华为价值主张创新设计的实践中，笔者依据 JTBD 需求理论，提出了一种新的价值主张设计方法，该方法用矩阵的形式，从现有客户/新客户、现有任务/新任务两个维度将价值主张的创新分成五种类型，如图 4-11 所示。

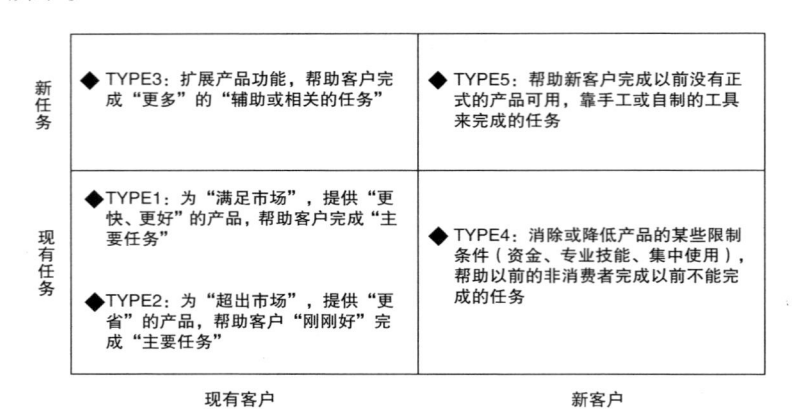

	现有客户	新客户
新任务	◆TYPE3：扩展产品功能，帮助客户完成"更多"的"辅助或相关的任务"	◆TYPE5：帮助新客户完成以前没有正式的产品可用，靠手工或自制的工具来完成的任务
现有任务	◆TYPE1：为"满足市场"，提供"更快、更好"的产品，帮助客户完成"主要任务" ◆TYPE2：为"超出市场"，提供"更省"的产品，帮助客户"刚刚好"完成"主要任务"	◆TYPE4：消除或降低产品的某些限制条件（资金、专业技能、集中使用），帮助以前的非消费者完成以前不能完成的任务

图 4-11　基于 JTBD 的价值主张创新设计

➤TYPE1：帮助现有客户更快更好地完成未达目标成果的现有任务，所谓未达目标成果的现有任务就是未被满足的市场机会。例如，人们希望智能手机具有更高清、更智能的拍照功能。

➤TYPE2：帮助现有客户用更少的成本，刚刚好满足他们想要完成的现有任务。但是，现有市场上的产品和解决方案已经超出了他们的需求，这一部分市场需求就是"超出的市场机会"。例如廉价航空和优剪。

➤TYPE3：帮助现有客户去完成更多的辅助类任务，而不仅仅是主要任务，这类需求也是未被满足的市场机会。例如手机除了要有强大的拍照功能，还要有美颜、照片剪辑和分享等功能。

➤TYPE4：通过消除现有产品或解决方案的诸多限制条件，开拓新的客户群。例如家用血糖仪等许多家用医疗仪器的出现。

➤TYPE5：针对的需求是当前市面上根本就没有任何可用的产品来帮助客户去完成某项目标任务，完全靠手工或自制的工具。例如智能扫地机和许多手机 App 的应用。

本质上，上述基于 JTBD 的五种创新类型与克氏的三种类型是可以对应起来的，TYPE1 和 TYPE3 是延续式创新，TYPE2 是低端市场破坏式创新，TYPE4 与 TYPE5 则是新市场破坏式创新。基于 JTBD 的创新方法是从客户需求本身出发的，在指导价值主张的设计时思考起来更自然，而克氏理论在把握整个业务模式设计的总基调时则更具全局观。

业务模式设计之盈利模式

业务战略的第一性原理是：构建创造客户价值（市场成功）、企业价值（财务成功）且可持续创造价值的能力（持续成功）。通过市场细分和评估，找到了有吸引力的目标细分市场，并通过价值主张的创新设计，提出了满足目标细分市场客户需求的产品和解决方案的设计方向。如此，我们就为创造客户价值打下了坚实的基础，接下来要考虑的则是如何创造企业价值，也就是关于盈利模式的设计。

盈利模式不是商业模式

在讨论盈利模式的设计方法之前，先澄清一个概念：盈利模式不是商业模式。商业模式是本书讲的业务模式，而盈利模式只是商业模式的一个要素而已，盈利模式关注的是如何赚钱的逻辑，如"羊毛出在狗身上，猪买单"。

盈利模式反映的是与该业务模式相关的价值链或价值网中各利益相关方的交易结构和各自的盈利点，我们以最简单的桶装水生产和销售为例来看看有哪些赚钱的门道。如图 4-12 所示。

```
┌────────┐ 水（按销量打折卖）    ┌──────────┐ 水（卖）     ┌──────────┐
│桶装水厂家├──────────────────→│桶装水经销商├─────────→│桶装水消费者│
│        │ 饮水机（达到一定    │          │ 饮水机（卖） │          │
│        │ 的销量就送）        │          │            │          │
└────────┘                    └──────────┘            └──────────┘
```

图 4-12　桶装水厂家盈利模式一

桶装水生产和销售这条价值链最初只涉及三个利益相关方，分别是桶装水厂家、桶装水经销商和桶装水消费者，厂家将水和饮水机卖给经销商，经销商再将它们转手卖给消费者，这是最简单的赚钱逻辑。现在，我们重点关注桶装水厂家是如何赚钱的，稍微有点经营头脑的桶装水生产厂家，为了抢占市场或者刺激水的销量，一般都会采用"剃须刀＋刀片"的盈利模式，因为"水"才是厂家最大并且可持续的盈利点，于是将饮水机直接免费送给经销商或者当水的销量达到一定量时免费送。同时，水也按不同的销量给予经销商不同的折扣价，以激励经销商多卖本厂家的水。

"剃须刀＋刀片"模式就是在《发现利润区》一书中作者所提到的"基础产品模式"，类似的还有"打印机＋墨盒"模式，打印机是基础产品，墨盒是衍生产品，打印机的销售是一锤子买卖，而墨盒才是源源不断地为生产厂家创造经常性收入和利润的盈利点。

家里如果有小朋友喜欢养仓鼠的就知道，仓鼠只是卖家的基础产品，可以低价卖给你，而你还必须为仓鼠准备吃的食料、睡觉用的木屑、洗澡用的浴沙、跑步用的转轮，还有供它们玩耍的木桩、秋千等，这些衍生产品才是卖家的盈利大头。

笔者曾服务过一家医疗设备企业，生产一种叫"血气分析仪"的产品，血气分析是测量血液中所含气体或者与之相关的一些指标，常用于判断人体是否存在酸碱平衡失调以及缺氧和缺氧程度等，在临床上的应用非常广泛，特别是在危重病人抢救中起重要作用。这个产品的使用上有一个非常特别的地方，那就是必须要 24 小时不停地运转，我们不能用人的血液来养着它吧，于是厂家会生产一种标准液体。当笔者第一眼看到这个产品时，首先想到的盈利模式就是基础产品模式，于是建议厂家尽快拓展三四线城市或小县城的医院，以较低的价格甚至是免费送的方式进行设备的销售，以标准液体及售后服务为盈利点来设计这款产品的盈利模式。

如上，我们通过最简单的桶装水的生产和销售，就掌握了一种叫"剃须刀＋刀片"的盈利模式，生活中我们还可以找出许多这种盈利模式的应用，如家里用的水净化器。当然，你也可以发现反"剃须刀＋刀片"模式的例子，如苹果公司的盈利模式中，手机和 iPad 是利润大头，应用商店的 App 应用和音乐却是可以低价或免费下载的。

其实，在桶装水的生产和销售价值链上，我们还可以设计出另一个盈利点，那就是广告。对饮水机做一个小小的改造，装上一个液晶显示屏，在液晶显示屏上显示各个商家的广告，生产厂家向广告主收取广告费。这种盈利模式如图 4-13 所示。

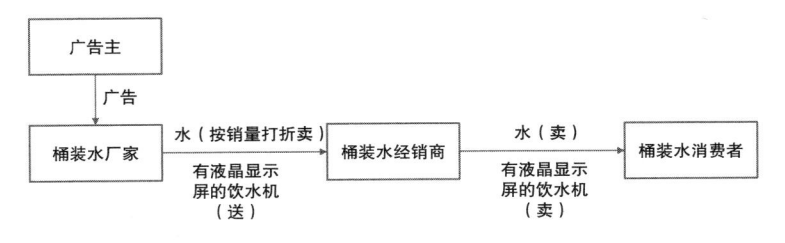

图 4-13　桶装水厂家盈利模式二

盈利模式中交易结构的设计

理解了什么是盈利模式，下面来看盈利模式设计的两个关键点：一是要有稳定的交易结构，二是要有更多更有利的盈利点。先来看稳定的交易结构。要打造一个可持续盈利的模式，需要价值链上的各个利益相关方的参与，各利益相关方通过交易，都能获得自己想要的利益。否则，这种交易结构就是不稳定的，市场形势一旦有变化，大家就会作鸟兽散，也就是说，盈利模式需要与价值链上的各个利益相关方共创共赢、互利共生。

下面通过一个实际的盈利模式设计案例来看它是如何保证各利益相关方的利益的，这是一个比"羊毛出在狗身上，猪买单"更为复杂的案例。

许多人都有过乘坐飞机的经历，我们知道，通常下了飞机以后还要再搭乘另一种交通工具才能到达我们的目的地。2009年如果你乘坐了四川航空的航班到达成都双流机场，飞机降落前，广播会通知所有购买了五折以上机票的乘客，有免费的专车接送服务。这些风行菱智MPV七座专车不是四川航空的，是成都某旅行社的，司机也是独立的经营者。如图4-14所示，整个盈利模式有两个循环，一个是人的循环，一个是车的循环。

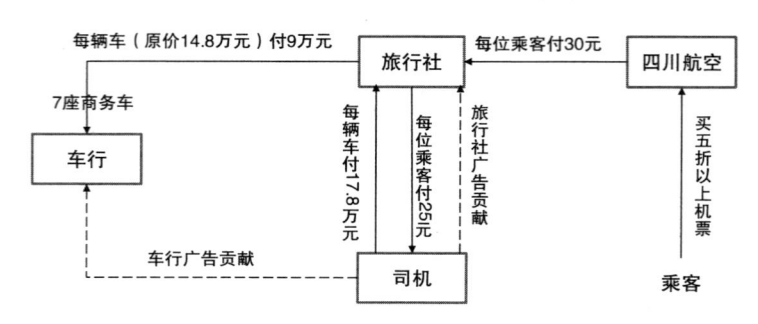

图 4-14 某旅行社的盈利模式

在人的循环中，乘客免费乘坐专车，四川航空付给旅行社的价格是每人30元，旅行社付给司机的价格是每人25元，司机每趟载满7人，收入175元；在车的循环中，原价14.8万元的风行菱智，车行以9万元的价格卖给旅行社，旅行社再转手以17.8万元的价格卖给司机，而司机则获得这条线路的 5 年经营权。

现在来看价值链中各利益相关方的获利情况，对于乘客，免费乘坐专车，节省了 150 元左右的的士费，并获得了免费接送的便利服务；对于航空公司，尽管它付给了旅行社每人 30 元的价格，但它从五折以上的机票中赚取了更多的利润，并且打出了优质服务的品牌效应；旅行社则源源不断地从每个乘客身上赚取 5 元钱，同时，倒卖一辆专车就赚 8.8 万元，一共卖了 120 辆，这项就赚了一千多万元；司机跑一趟收入 175 元，比跑一趟的士的 150 元赚得多，并且客流稳定，司机花了 17.8 万元买了一辆七座车，外加 5 年的线路经营权和稳定的客源，算下来还是比买出租车牌照划算；对于车行来说，貌似吃亏，其实不然，司机在车上会向乘客介绍这款车的性能和操控性，成了车行的销售人员，用 5.8 万元的差价获得 5 年面向中高端客户的车身广告，相当于每年才一万多元。

在接送乘客这种再也不能普通的事情上居然都能设计出如此令人拍手叫绝的盈利模式，这个案例提示我们只要能为各利益相关方编织出互利共赢的价值生态网，就能创造出一个结构稳定的盈利模式。

盈利模式中盈利点的设计

一个好的盈利模式，除了要有一个稳定的交易结构，还得有足够多的有利可图的盈利点。春秋航空能做到国内航空业的利润第一，那就让我们通过廉价航空来一窥它们都有哪些盈利点。

➢ 盈利点一：全部是经济舱，座椅小一点，间距窄一点，座椅多出 20%，可以搭载更多客人。

➢ 盈利点二：不提供免费食物，如需要，可以售卖，同时可以卖有航空标识的玩具、帽子等。

➢ 盈利点三：不免费携带行李，或只能免费携带规定重量的行李，行李超重则需要托运，付托运费。

➢ 盈利点四：单一机型，飞行员、维修工程师、备件可以共用，降低运维成本。

➢ 盈利点五：飞短途和支线机场，短途客户对乘机体验要求低，支线机扬起降费用低。

➢ 盈利点六：高飞机使用/周转率，压缩过站时间，机组和空乘人员尽量执飞往返程，不在外地过夜。

➢ 盈利点七：机票销售基本采取直销（官网购票为主），减少给代理的分成。

对上述的这些盈利点进行一个大致的分类，可以分成"开源点"和"节流点"两种基本类型。其实这也很好理解，盈利就是追求利润，利润等于收入减去成本，开源是增加收入，节流则是降低运营成本。开源是可以向上捅破天花板的，而节流却不能向下省到零成本。因此，在实际的业务运作中，我们更强调要增加收入，做增量，想办法增长。就像华为，整个绩效管理和激励机制的设计，都是增量导向的，也就是说存量要打折，增量却可以加杠杆。

要设计出好的"开源点"，先要想清楚下面这四个问题：

➢ 问题一：收入来自谁？成本谁分担？

收入当然来自客户，这是许多人的第一反应，但是我们有没有发现，电视台的收入并不来自于它的直接客户电视观众，百度搜索的收入也不来自它的直接客户网民，它们的收入主要来自广告主。

成本当然由企业承担，这也是大家的自然反应，实际上成本还可以由第三方来承担。假如笔者想在深圳搞一个BLM战略规划的沙龙，完全可以让一家企业来承担场地和茶歇的费用，同时给予这家企业5个参加此次沙龙活动的名额，而其他企业来参加沙龙的学员则需要交一点费用。这样，笔者就不用承担此次沙龙活动的任何成本了。

➢ 问题二：交易的产品/服务是什么？

盈利模式中各利益相关方交易的内容既可以是有形的产品或者解决方

案，也可以是无形的服务或者情感方面的满足。在产品同质化竞争越来越激烈的情况下，要多从产品+服务或者综合解决方案的角度去思考双方还存在哪些可以交易的内容。

> 问题三：如何为交易物定价？

确定了交易的内容，接下来就要给交易物一个合适的定价，是免费还是收费？按使用时间收还是按使用次数收？是预付费还是后付费？这些都是需要设计的。

> 问题四：如何形成稳定的收入？

好的盈利点不是一锤子买卖，要抓住客户有持续购买欲望的盈利点，提高客户的黏性和忠诚度，形成稳定的经常性收入，像泉眼一样源源不断地有泉水涌出。

常见的盈利模式及其分类

学会了如何创造和发现更多的盈利点，并利用这些盈利点来设计稳定的交易结构，就算是完成了一种盈利模式的设计。其实业界已经存在相当多现存的盈利模式可供我们学习和借鉴，最有名的是《发现利润区》和《利润模式》这两本书给我们介绍了多达三十种的盈利模式。笔者根据自己的业务管理实践，将它们大致分成了如下几个大类：产品盈利模式、客户盈利模式、渠道盈利模式、价格杠杆模式和资源盈利模式。如表4-10所示。

表4-10　五大类盈利模式

盈利模式分类	盈利模式
产品盈利模式	产品金字塔模式、基础产品模式、卖座大片模式
客户盈利模式	运营分成模式、微型分割模式、重新定位模式
渠道盈利模式	渠道倍增模式、渠道压缩或无中间商模式
价格杠杆模式	逆向定价模式、动态定价模式、价格返利模式
资源盈利模式	优势资源模式、资源整合模式、傍大款模式

通过这两本书学习各种盈利模式的设计方法时，希望读者要特别注意它们的适用条件与局限性，毕竟这两本书成型于 20 世纪 90 年代，书中的盈利模式更多的还是聚焦于生产者—客户这种交易模式。当今时代，企业的边界越来越模糊，以前的客户是被动接受产品，现在的客户已经可以参与企业的产品创新；以前的客户是产品推销的对象，现在的客户既是消费者，也可以成为企业的推销员。随着互联网和移动互联网掀起的大量免费模式、新兴模式，书中也没有涉及。另外，这两本书都没有将商业模式和盈利模式做出明确的区分。因此，有些案例看起来是在介绍盈利模式的重构，实则是更大范围和更深程度的商业模式的转型，这些是在学习时要注意的。

下面通过一个案例来学习产品盈利模式中的两种盈利模式。这个案例源自现在很多人都离不开的微信，遥想当年没有微信的时候，每到除夕或大年初一，我们都要给亲朋好友、同事同学发送拜年短信。每条短信一角钱，每人发二十条，按十亿人算，电信运营商这两天的收入就超过了二十亿元，还没算拜年的电话费和漫游费。随着信息时代特别是网络时代的发展，现在我们很少发短信、打电话了，常用的是微信的语音和视频聊天，原来属于电信运营商的蛋糕现在被腾讯这一类的 OTT（Over The Top）服务商抢走了。微信与电信运营商之间的竞争，也可以通过它们双方的盈利模式一窥究竟。如图 4-15 所示。

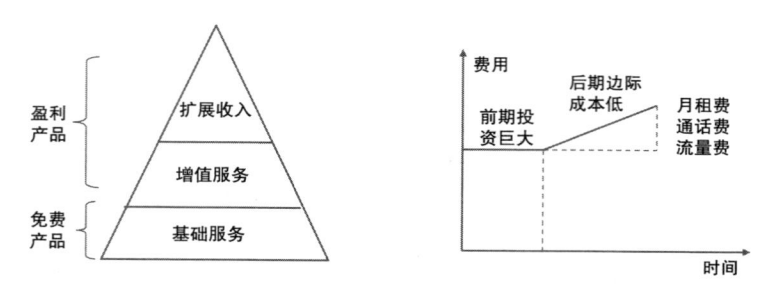

图 4-15　卖座大片与产品金字塔模式

电信运营商的盈利模式是典型的卖座大片模式，这个模式的特点是前期投资巨大，后期单位变动成本很低。许多软件公司采取的也是这种模式，软件产品的前期开发费用很高，产品发布后，复制一套软件的成本几乎为零。电信运营商需要投入巨额资金进行网络建设，把网络平台、"高速公路"建好后，再直接向用户收取月租费、通话费、流量费。

微信的盈利模式是典型的产品金字塔模式，微信向用户提供基础服务和增值服务，用户使用微信聊天，晒朋友圈，搜一搜，看一看，都是免费的。如果你要使用它的一些增值服务，如公众号的认证，则是要收费的，微信聚集人气后，有了流量，就可以顺势推出一些广告服务，形成扩展收入。微信这种先免费提供基础服务，要使用增值服务再收费的模式更容易让用户接受，用户的体验更好。

在产品金字塔模式下，底层的是低端、基础产品，上层才是高端、盈利的产品。低端、基础产品是为了引流、种草（网络用语）和阻击竞争对手的，高端产品才是利润大头。例如华为手机的双品牌运作模式，他们就是用定位中低端的荣耀手机拖住小米、OPPO 和 VIVO，用定位高端的 Mate 手机与苹果和三星竞争。凡是产品品类比较多的企业，如化妆品、洗涤用品生产商，一般都会采用产品金字塔模式。

业务模式设计之业务范围

"业务范围"是业务模式设计要关注的第四个要素，关于业务范围，有些读者可能认为不就是企业在业务经营活动中的角色和范围吗？不就是确定核心部件自生产，非核心部件外购或外包吗？有关这个要素的设计应当是很简单的，下面让我们通过一个案例来理解 BLM 7 步法中业务范围设计的作用和意义。

IBM PC 机业务范围选择的成功与失败

这个案例与早期 PC 机的发展历史相关，1977 年苹果公司发布了 Apple Ⅱ 桌面电脑，标志着家庭和个人 PC 机时代的到来。这个时候计算机行业的霸主 IBM 在干什么呢？他们正在应对美国政府对 IBM 发起的长达 13 年的反垄断调查，因为 IBM 在 20 世纪 60 年代初耗资 50 亿美元开发出了 S360 系列大型机，尽管这个费用超过了美国第一颗原子弹的研发费用，但是，S360 大型计算机给 IBM 带来了丰厚的回报，市场占有率超 70%，形成了 IBM+7 个小矮人的市场格局。事实上，S360 最终统治大型机市场长达 30 年之久，于是召来了美国政府的反垄断调查。正是在这一时期，美国数字设备公司 DEC 和苹果公司分别推出了小型机和个人 PC 机，DEC 占据了小型机 NO.1 的位置，IBM 屈居第二，而在 PC 机领域，IBM 还没有相应的产品。

看到苹果公司推出的个人电脑，IBM 也意识到家庭和个人 PC 机领域的巨大市场潜力，于是 1980 年成立了 PC 机研发部门，为了后发制人，IBM 吸取了小型机被 DEC 抢占市场的教训，同时为了避免 IBM 内部层级分明的官僚体系所带来的研发效率和成本的问题，IBM 采取了模块化开放式技术架构，将微处理器和操作系统的研发委托给了英特尔和微软，业务范围聚焦在自己擅长的设计和组装，同时委托经销商进行销售。而此时苹果公司的 PC 机业务范围包括了整个价值链，从微处理器和操作系统的研发，到 PC 机的设计、组装和销售，属于典型的垂直一体化运作。IBM 与苹果公司的 PC 业务范围对比如图 4-16 所示。

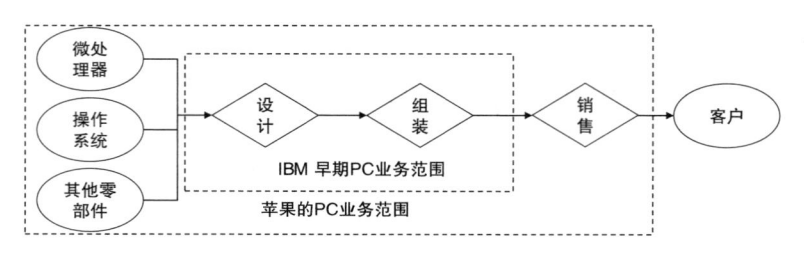

图 4-16 IBM 与苹果的 PC 业务范围

IBM 将微处理器和操作系统外包，大大缩减了研发成本和时间，于是通过低价迅速抢占了大量的市场。到 1985 年，IBM 的 PC 机业务收入超过了 45 亿美元，占据 75% 的 PC 机市场份额。从当时媒体和华尔街投行的大量赞誉来看，IBM 的成功反超无疑是一次重大的战略成功。也就是在这一年，乔布斯黯然离开了苹果公司。

但是，在 1985 年之后，IBM 很快注意到 PC 机产业链的利润区已经转移至上游的微处理器和操作系统，于是，IBM 想将自己的业务范围扩展至这两个利润制高点，并采取了三个主要措施：抛售所持有的英特尔股份，自研微处理器；与微软合作开发 OS/2 操作系统；抛弃 ISA 总线架构，自研 MCA 总线以防止其他兼容机的仿造，同时向其他兼容厂商收取专利费。IBM 的这些措施无疑是在将自己孤立于客户需求量巨大的兼容机市场之外，给了后起之秀康柏公司一个崛起的机会，康柏推出的 PC 机宣称兼容英特尔的微处理器和微软的操作系统，其实就是 IBM 在 1985 年之前的做法。自此，IBM 的 PC 机业务一蹶不振，最后卖给了联想。

事后，许多专家说当初 IBM 将微处理器和操作系统外包，给自己埋下了巨大的隐患，甚至是在自掘坟墓。但是，笔者却不这么认为。我们要将早期 PC 机的发展历史分成三个阶段来看，第一个阶段是 PC 机这个不同于大型机和小型机的新品类的导入期，瞄准的客户群是早期选用者，这些客户甘愿冒险使用价格即使很贵的一体化苹果电脑。第二个阶段是 IBM 入场后的快速成长期，瞄准的客户群是早期大众（实用主义者），主要解决他们对 PC 机有无的需求，价格是一个重要的考虑因素，因此，IBM 对价格很贵的苹果电脑实现了反超。在解决了有无问题后，客户的需求变成了速度更快、操作体验更好的电脑，这是早期 PC 机业务第三个阶段的需求。在这个阶段，英特尔和微软站在了价值链的核心环节，此时，IBM 对 PC 机业务的价值链进行了重构，重构的出发点是想将这两个核心环节"为我所有"，而不是"为我所控"或者"为我所用"，因而导致了 IBM 的败走麦城。

客户接纳周期不同阶段的业务范围选择

在业务范围的选择上，企业一般会面临一体化与模块化的两难选择。从一个新行业或品类的客户接纳周期中的不同阶段的市场成熟度来看，早期市场主要满足客户对基础产品从无到有的需求，对支持性产品的要求不高。此时，整体产品技术架构中的各模块之间的接口以及相关的标准都还不够成熟，模块化外包后再集成的效率和质量都无法得到保障，企业针对基础产品与支持性产品进行一体化供应就成了必然的选择。就像当初苹果公司将PC机的所有业务领域自己做一样，再如当下还不够成熟的无人驾驶，汽车的"灵魂"和"躯壳"，华为公司都需要冲上去亲自做才行。

而成长市场的实用主义者关注的不只是基础产品，而是包括基础产品和支持性产品的整体产品，是对整体产品从无到有的需求，希望整体产品买来就能用，并解决实际问题，他们不具备像早期采用者那样从各厂家买来各种产品后自己动手做集成的能力。同时，实用主义者对价格比较敏感，因为市场正处于快速成长期，大量竞争对手蜂拥而至，客户有较多的选择机会。此时，产品的技术架构和相关标准逐渐成熟，将支持性产品模块化、标准化后外包的效率会更高，成本也更低。

当产品开始被后期大众所接受时，标志着该行业或品类进入了成熟期，后期大众也就是保守主义者的需求关注点是性能更高、体验更好，从有无转向了好用。在成熟市场，过度模块化会造成过度竞争及企业利润空间的过度压缩。此时，有些企业会选择在某个子模块或子系统上做专精特新的小巨人，另一些企业则选择对行业价值链进行重构，争取成为价值链上的"链主"或者生态圈的"圈主"。在客户接纳周期不同阶段的业务范围选择如图4-17所示。

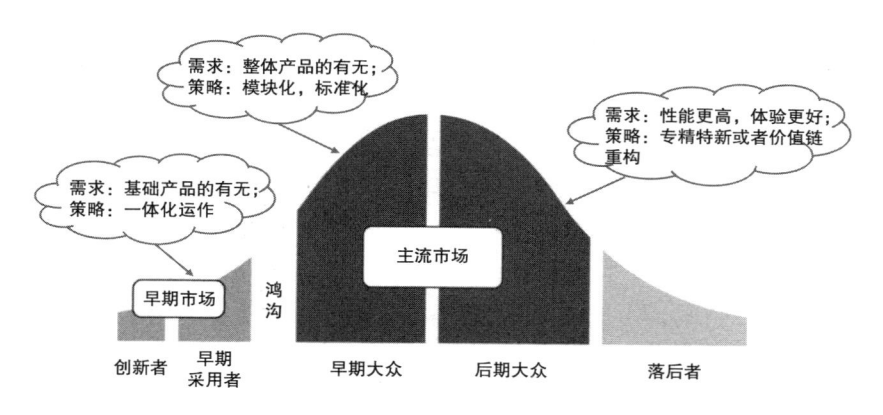

图 4-17　在客户接纳周期不同阶段的业务范围选择

在一个行业或品类的整个生命周期中，有关业务范围的最佳选择，可能要经历从低层级的一体化到模块化再到高层级一体化或价值链重构的螺旋式上升的循环。何时一体化，何时模块化，是由市场和客户需求的裂变驱动的，企业的任务就是要顺应客户需求变化也就是价值转移的趋势，即企业对业务范围的选择是为了及时滑向价值链（网）的利润区。

为我所用或为我所控的价值链优化与重构

无论是对业务范围的选择，还是对价值链的优化与重构，我们都有必要清晰地回答下面四个问题：

➢ 问题一：我应当选择从事价值链（网）中的哪些业务活动？

➢ 问题二：合作伙伴可以为我提供哪些业务活动？形成资源和能力的互补？

➢ 问题三：我为这个价值链（网）创造了哪些核心价值？并获得了哪些价值？

➢ 问题四：合作伙伴是否获得了他们想要的价值？

从上面四个问题可以看出，在选择和重构价值链时，不能只考虑自己的利益，还需要考虑合作伙伴的利益。当你只考虑自己的利益时，一定是总想着如何从上游供应商那里以最低的价格采购原材料，然后又如何以最高的价格将产品卖给下游的经销商，而价值链的供应商和经销商也是这么想的，这种传统的价值链思考方式就是一种零和游戏。

在依靠开放、共享与协作才能获胜的今天，企业有必要摒弃这种传统的价值链思维方式，思考如何构建协同共生的新型价值网，例如，我们可以学小米和海尔，通过开放式创新，让客户和用户参与产品的设计，提高产品创新成功的概率，也可以邀请供应商参与方案设计和材料选型，降本增效，提高产品竞争力，还可以与经销商共享产品和市场信息，降低经销商的存货成本。

总之，构建协同共生的价值网，就是从所有利益相关方的角度出发，为整个价值链或价值网增值或降本，让所有利益相关方参与价值创造并获取相应的价值，在把整个蛋糕做大之后，企业也能从中获得比之前更多的价值。

如何构建"为我所控""为我所用"的价值链，让我们来看一个经典的案例。

卡地纳健康公司是美国的一家医药保健公司，主要从事医疗产品的分销。如图4-18所示，在医疗产品的价值链上，分销商的上下游环节都是知识和技术密集型企业，夹在中间的分销商处于价值链的弱势地位，只能赚取一点差价。

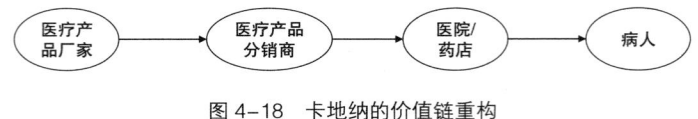

医疗产品厂家 → 医疗产品分销商 → 医院/药店 → 病人

图4-18　卡地纳的价值链重构

但是卡地纳可不这么认为，首先，卡地纳重新定义了自己的客户，医院和药店是直接的客户，但病人才是最终为整个价值链买单的客户，作为价值链上的一员，我需要站在整个价值链的角度去考虑在医疗产品从研发到治疗的所有环节上如何帮助病人解决他们最关心的三个问题，也即是如何提升医疗产品的质量、安全性和效率。在解决病人的三个痛点问题时，医院的痛点是在医疗产品的存放、管理、使用和处置时所遇到的问题，于是卡地纳为解决医院的痛点推出了自动配药系统、液态废药处置系统、手术用品的定制分销系统等解决方案。

接下来就是搞清楚上游的医疗产品生产厂家会有哪些痛点，它们的痛点就是医疗产品研发及审批周期长、成本高，针对这些痛点，卡地纳为厂家提供医疗产品销售信息、医院配方、医疗产品检测等服务。

卡地纳以病人的需求为出发点，以医疗产品分销为业务的核心，以价值创造为主线串连起上下游的各利益相关方，并使自己处于价值链的"链主"地位。此后，卡地纳每年营业额的增长率超过了40%，2005年跻身世界500强企业的第48名。

业务模式设计之战略控制

业务模式的"客户选择"和"价值主张"是从满足客户需求的角度所做的设计，"盈利模式"考虑的是企业如何盈利，"业务范围"的选择，则是从上下游及内外部的协作出发考虑如何让整个价值链为我所控、为我所用。现在，是时候考虑市场上的另一股不可忽视的力量了，那就是市场竞争。面对市场竞争，设计战略控制时需要考虑的就是如何构建企业的竞争优势，也就是巴菲特所说的护城河，其目的在于保护企业自身的利润流，保持客户的忠诚度并有效阻隔竞争对手。

竞争优势的四种类型及其战略控制点

正如前文市场洞察中看自己竞争优势所描述的那样，企业可以运用的竞争优势从对利润流的保护作用由低到高可以分为供给优势、客户优势、生态优势和品类优势四种类型。如表4-11所示。

表 4-11　竞争优势的四种类型及其常用的战略控制点

竞争优势层级	常用的战略控制点	实例
品类优势 （创造一个新的行业或价值网络）	破坏式创新	王老吉：凉茶新品类；特斯拉：电动汽车新品类 所用即所购的酒店＋零售（网易严选、无印良品）
生态优势 （提高企业的转换成本）	对价值链（网）的控制	微软＋因特尔的 Wintel 联盟、苹果或小米的生态圈
	行业标准或专利组合	高通或华为（通信标准）、ARM（微处理器架构）、甲骨文（Oracle 数据库）
客户优势 （提高客户的忠诚度）	品牌影响力	可口可乐、宝洁、梅赛德斯奔驰
	规模效应或市场份额	微信、淘宝、亚马逊的 AWS
	较高的转换成本	微软的 Windows 操作系统和 Office 套件
供给优势 （营销 4P 的优势）	产品/服务的差异化	以质量取胜的格力，以服务取胜的海底捞
	低成本结构	制造业的富士康，服务业的廉价航空
	政策、法规的准入门槛	受牌照、资质等准入许可保护的企业

供给优势是站在产品和服务的供给侧思考如何从营销 4P（产品、定价、渠道、传播）的角度提高产品和服务的低成本或差异化竞争优势，客户优势则是站在产品和服务的需求侧思考如何提高客户的忠诚度或客户的转换成本，生态优势是站在整个价值链或价值网的角度思考如何与价值链或价值网中的所有利益相关方形成利益共同体，对利益共同体之外的竞争对手形成强大的规模和成本优势，同时，本利益共同体内部的企业如果想离开，则需要考虑高昂的转换成本。

所以也可以这样说，客户优势提高了客户的转换成本，生态优势提高了企业的转换成本。品类优势则是跳出了当前竞争激烈的价值链或价值网，开创出一个新的行业或价值网络，我们称之为一个新的品类。新品类一般会采取新的技术或新的商业模式，是一个进化了的新物种，它们对旧的物种可以降维打击，做到"我消灭你，与你无关"。

在客户接纳周期的不同阶段，企业应当构建不同类型的竞争优势参与市场竞争。如图 4-19 所示。

> 早期市场利用破坏式创新创造新的产品品类，构建品类优势。
> 成长市场通过锁定客户扩大规模，市场领先者可以开始逐步构建起自己的生态优势。
> 成熟市场则需要利用差异化供给优势俘获保守主义者，并通过规模化低成本的高效运营保持盈利。

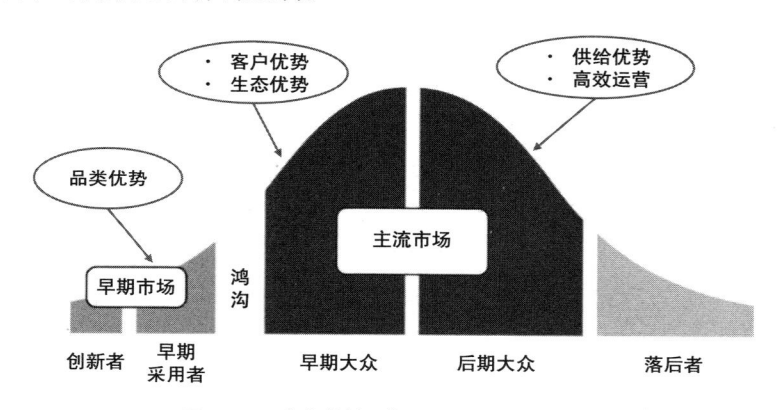

图 4-19 客户接纳周期不同阶段的竞争优势

上述四类竞争优势都有各自的常用战略控制点，供给优势最常用的战略控制点是政策、法规的准入门槛，低成本结构和产品或服务的差异化。有许多事关国计民生或者有特殊要求的行业是受到牌照、运营资质等准入许可保护的，但是一旦政策有变动，靠政策、法规所建立起来的竞争壁垒，可以在一夜之间消失殆尽。受迈克尔·波特三种竞争战略的影响，大家一谈到竞争优势，一般都会说自己有或者准备构建低成本或差异化竞争优势，靠低成本优势取胜的例子有制造业的富士康和服务业的春秋航空，而在差异化优势上，有以质量取胜的格力和以服务取胜的海底捞。

客户优势的战略控制点分别有较高的转换成本，规模效应或市场份额，以及品牌影响力。对于客户转换成本的控制，不得不要提到微软的 Windows 操作系统和它的 Office 套件，Windows 长期在 PC 机市场占据 95% 以上的份额，与苹果的 Mac 操作系统相比，无论是运行的流畅度，还是运行的质量和效率，Windows 都还存在不小的差距。Windows 获胜，不是靠的技术或功能上的优势，而是非常高的客户转换成本和规模经济效应。谈到规模经济效应，只要想想我们每天都在使用的微信和淘宝就可以理解它所带来的巨大竞争优势，特别是对于那些前期投资固定成本占比高，单位变动成本基本恒定的产品如软件开发，规模优势和市场份额领先，可以降低产品的边际成本，提高边际贡献。而对于客户优势中的品牌影响力，我们只要通过观察可口可乐、宝洁、梅赛德斯奔驰等这些品牌是如何影响客户的购买行为的，你也就理解了为什么那么多人要买 iPhone 手机。

大部分企业的竞争优势集中在供给优势和客户优势，少量头部企业会想办法构建生态优势，生态优势常用的两个战略控制点分别是行业标准或专利组合，以及对价值链或价值网的控制。我们平时所说的三流企业卖产品，二流企业创品牌，一流企业树标准，说的就是标准和专利对企业创造和保护利润流的巨大作用。华为通过 5G 标准和专利，在美国的极限打压之下，许多西方国家不得不选择继续与华为合作。甲骨文通过 Oracle 数据库标准，在关系型数据库领域的市场份额长期遥遥领先于竞争对手，就连 IBM 和微软这样的重量级竞争对手也难以企及。拥有了标准和专利，企业还可以利用它们实施平台战略，构建自己的生态圈或战略联盟，典型的案例如微软和因特尔的 Wintel 联盟，还有苹果通过其操作系统 iOS 构建起来的硬件＋软件＋服务＋零售＋授权的强大生态圈。

具有最高竞争壁垒的是品类优势，新品类的诞生，往往采用的是破坏式创新，它形成了一个新的市场，或构建了一条新的价值链。如王老吉最初是在药店出售的具有下火功效的"药品"，既然是药品，则无需也不能经常饮用，因此销量大大受限。后来，王老吉创立了"预防上火的饮料"这样一个新品类，很快就超越可口可乐，成为中国饮料第一罐。品类是跟人的心智相关的一个概念，人的心智空间就像家里的储物柜，当我们往储物柜里存放东西的时候，会进行归类，把相似的东西存放在一起。品类则是在人的心智中形成的"品牌储物柜"。在燃油汽车这个大类上，我们有了奔驰、宝马、奥迪这些品牌，特斯拉则开创了一个纯电动汽车的新品类，它跟燃油车是完全不同的品类，当这个品类逐渐发展壮大之后，特斯拉就成了这个品类的奔驰和宝马。通过创造新品类而成功的例子比比皆是，最近，我们又看到网易严选和无印良品这些零售企业也在进军酒店业，但他们涉足的是"所用即所购的酒店＋零售"新品类。

不以高毛利为基础的性价比不是有效的护城河

对于绝大多数企业而言，能够具备的竞争优势基本集中在供给优势和客户优势这两种类型，可以采用的战略控制点分别有低成本、差异化、客户锁定和规模效应。但是，这里所说的低成本不是大家所理解的简单低价格或高性价比，本书所主张的低成本竞争优势是希望企业构建全面系统的竞争对手无法复制的低成本结构。所谓结构，反映的是企业业务运营系统中各要素之间的连接关系。图4-20以廉价航空的低成本业务系统为例对此进行了说明。

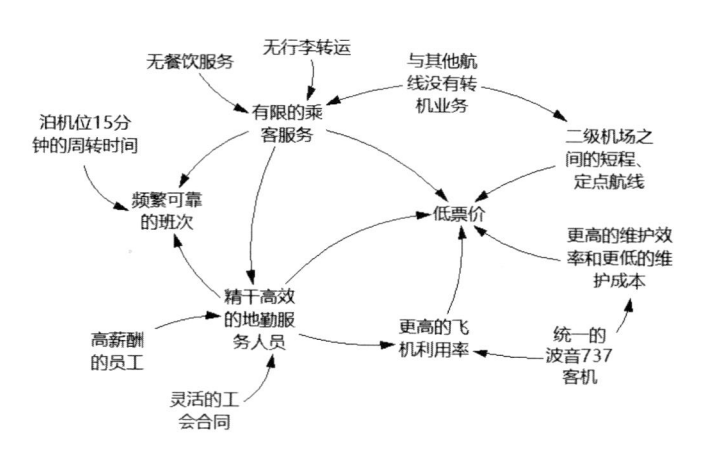

图4-20 某廉价航空的低成本业务系统

廉价航空不是简单地在全服务航空业务模式的基础上推出的一种低价

竞争方式，不管企业采取何种模式，最终还是为了赚取适当的利润活下去。因此，我们才说不以高毛利（高毛利率或者低毛利率高周转率）为基础的性价比不是有效的护城河。廉价航空为了在低票价的前提下还能保证有利润，它只提供有限的乘客服务，无餐饮服务，无行李转运，无转机业务，它只提供二级机场之间的短程、点对点的航线，它采购统一的波音737客机，以提高飞机的利用率和维护效率，降低了飞机的维护成本。

我们再来看国内海螺水泥的T型低成本竞争策略，T的横代表东部沿海，竖代表长江。海螺水泥在长江沿岸石灰石资源丰富的地方兴建大、中型熟料基地，在资源稀缺但水泥市场较大的沿海地区低成本收购小水泥厂并改造成粉磨站，就地生产水泥，这样就形成了"熟料基地—长江—粉磨站"模式。这种模式成功地解决了水泥产业做大所遇到的"运输成本高，销售区域受限"的瓶颈问题，并使其生产成本低于同行10～15元/吨，处于行业最低水平，每吨水泥的毛利远高于同行。

以创造客户价值为前提的差异化才具有竞争优势

"我们的产品有差异化竞争优势"，这是笔者听得最多的与竞争优势有关的一句话。而事实上，许多企业所宣称的差异化竞争优势并没有使自己脱离同质化竞争，避开价格战的泥坑。差异化不是为了不同而不同，更不是纯粹的浅层次的标新立异，差异化要以为客户创造更多的独特价值为前提，同时要能提高企业的溢价能力。唯有如此，差异化才是有意义的。

差异化可以存在于企业价值链上的任何业务活动中，可以有多种表现形式，功能差异化如OPPO的"充电五分钟，通话两小时"闪充功能，质量差异化如沃尔沃号称"移动堡垒"的安全质量，造型差异化的经典如小巧可爱的甲壳虫，包装差异化如小罐茶，简约铝罐显得高档而有内涵，服务差异化的典范当属在顾客要求之前服务的海底捞。企业的差异化，既可以源自单点，也可以是多点差异化的整合，而后者以及依托企业自身核心竞争力所产生的差异化才能真正规避竞争和模仿，具有竞争优势，因为单点的差异化是很容易被竞争对手模仿的。

为了保持差异化，企业往往需要以高成本为代价，而客户愿意或者能够为差异化支付的价格是有极限的，超过了这个极限，低成本、低价格的企业与高价格、差异化的企业相比就显得更有竞争力。

先锁定客户再提高客户的忠诚度

锁定客户或者提高客户的忠诚度也是我们经常采用的一种竞争壁垒，提高客户忠诚度是希望客户主动留存下来，锁定客户则是让客户即使对产品和服务还有不满意的地方，也选择留下来。企业采取的措施一般是先锁定客户，然后再提高客户的忠诚度。

锁定客户的措施，就是想办法提高客户的转换成本，转换成本是客户从购买一个供应商的产品转向购买另一个供应商的产品时所增加的成本（包括时间、精力、金钱和关系）。有专家将转换成本分成了程序性成本、财务性成本和关系性成本三类，程序性成本包括客户转换到新产品或服务所要承担的质量风险，搜寻和评估新产品的付出，以及学习使用新产品的付出。财务性成本包括客户需要增加新设备、重新设计工艺、调整检测工具的成本，老客户才可以享受的优惠政策等。关系性成本主要指客户在购买、使用和维护产品时与供应商建立的人际关系所带来的优质服务。

规模经济效应是低成本与客户锁定的结合

规模经济效应的竞争优势是前面所说的低成本优势与客户锁定相结合的结果，也正因为如此，规模经济效应有两个适用条件，一是对低成本而言的，它适用于那些固定成本占比高，单位变动成本基本恒定的产品，如软件开发，对于这种产品，规模的增长会带来单位成本的下降，于是便有了成本上的竞争优势。二是需要对客户进行锁定，以便维持甚至扩大市场份额，使产品持续保持成本上的优势。对于已经具备规模经济效应竞争优势的企业，面对来自对手的竞争，其策略很简单，就是以降价对抗降价，以新产品对抗新产品，以细分市场对抗细分市场。

对于一个新进入的参与者，如何与具有规模经济优势的在位企业竞争呢，其竞争策略有如下四种：

> 策略一是寻找一个最小可生存下来的细分市场，实施低端市场破坏式创新，获得低成本竞争优势（如廉价航空）。

> 策略二是在某个产品或区域市场上做到单位成本比总体规模大的竞争对手低，许多有规模竞争优势的企业，只是在总体规模上有优势，在某些局部市场不一定有规模经济效应，在这些局部市场上，强龙也压不过地头蛇。

> 策略三是进入政府管制放松、市场全球化或互联网在线销售这些正在快速增长的市场，市场增长而固定成本不变，则固定成本占总成本的比例下降，规模经济优势就会减弱。假如你想进入一个固定资产投资需要1000万元的市场，如果这个市场规模是1亿元，则你需要占领10%的市场份额才能生存下来；而如果市场增长至10亿元，则只需占领1%的市场份额就行了。小米的策略更绝，直接就是轻资产运作，没有生产环节的固定投资成本。

> 策略四是用破坏式创新创造一个新品类，降维打击规模经济。所以我们常说：打败微信的永远不可能是另一个微信，一定是一个还未出现的新物种。

没有竞争优势的唯一出路是高效运营

前面我们学习了如何构建四种常用的竞争优势，但是，罗马不是一天建成的，有大量的企业在市场上其实是没有什么竞争优势的，所谓的性价比高不过是低价的幌子，所谓的差异化第二天就会被竞争对手破解或模仿，典型的如国内空调市场，尽管格力、美的和海尔都在强调自己产品的差异化，但好景不长，它们最后拼的还是各自内部的运营效率。因此，企业在没有竞争优势的时候，唯一的出路就是千方百计地提高运营效率，降低运营成本，提高资本周转率。运营效率的提升，要从为客户创造价值的三大价值流上下功夫，在华为，这三大价值流分别就是把产品做出来的 IPD，把产品卖出去的 LTC 和为客户解决问题的 ITR。企业如何评价自己的运营效率呢？我们经常用人均毛利或者工资性薪酬包占销售毛利的比例作为衡量指标。

构建基于核心竞争力的竞争优势

企业在构建自身的市场竞争优势时，最佳实践是基于自己的核心竞争力。下面我们通过一个案例来学习这家企业是如何打造基于自身核心竞争力的竞争优势的。

在建筑行业里，不仅仅只有钢筋、水泥，也少不了信息化、SaaS、云服务，广联达就是为建筑信息化、数字化提供造价软件和数字施工业务的企业。我们知道，建筑行业有房地产、土建、市政、水利、地铁等各式各样的工程项目。以房地产项目为例，项目前期，设计单位和建设方会从户型、网管、天花、窗户等这些系统构件和大的建筑模块入手，计算工程造价。接下来就是项目的总包方和施工方也要对钢筋、水泥、线材等这些小颗粒物料和标准小件进行算量和计价，计价还包括材料价和施工价。从大的建筑模块到小颗粒物料，这中间存在巨大的信息缺口，工程造价软件就可以填补这个信息缺口。如图 4-21 所示。

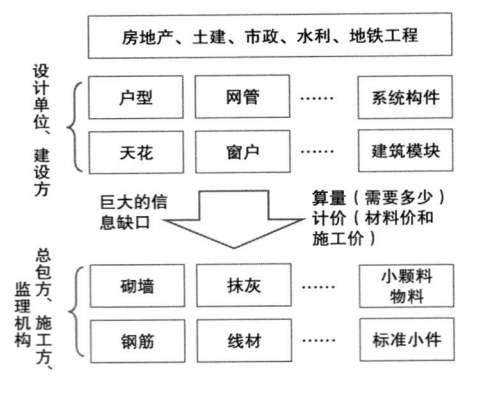

图 4-21 工程造价软件的应用场景

工程造价软件有如下几个特点：住建部和各地住建部门的政策规则多；利益相关方涉及面广；需要计算的数据量大。广联达深耕工程造价软件领域达 20 年之久，对建筑行业知识的长时间积累和对工程项目管理全过程的深刻理解逐步沉淀为公司的核心竞争力。基于这一核心竞争力，广联达构建起了强大的竞争优势，只要上游的设计单位和建设方使用了广联达的造价软件，为了项目中标和方便对接，下游的总包方和施工方也会跟着使用这套软件，这样就形成了规模效应。同时，由于造价计算的业务规则复杂，使用者的学习成本比较高，因此，只要广联达的售后服务能够及时跟上，客户基本上不会切换使用竞争对手的产品。如此一来，相当于对客户进行了锁定。依托这些竞争优势，广联达的营业收入复合增长率长期超过 40%，上市 11 年，市值增长 20 倍，成为 A 股建筑信息化行业中的绝对龙头。

业务模式的系统思考与评估

前面的章节中介绍了业务战略规划团队对市场进行了细分，并针对每个目标细分市场设计了业务模式。业务模式决定经营模式，经营模式决定管理模式。企业的资源和管理注意力是有限的，因此，必须对细分市场的业务模式进行整合。

各细分市场业务模式的整合

业务模式的整合，既要考虑各细分市场客户需求与竞争态势的差异性，也要兼顾企业资源的有限性。一般来说，所有成熟市场的业务模式尽量聚焦并整合成一套共同的业务设计和业务战略，所有成长市场的业务模式整合成另一套共同的业务设计和业务战略，但是，种子市场要按创新策略的不同分成延续式业务设计（谋划型业务战略）和破坏式业务设计（实验型业务战略）。有时，也会将成熟与成长市场再聚焦并整合成一套总的业务设计和业务战略。由此可见，是市场类型和采取的创新策略决定了业务战略的一切。

有的读者可能会问，既然后面要整合，为什么不一开始就先将各细分市场整合之后再设计业务模式，这样可以减少许多工作量。其实，如果没有前面针对各个细分市场的详细的业务设计，后面如何开展求同存异的聚焦与整合？整合的依据又从何而来？

业务模式设计的系统思考

整合后的业务模式本身成为一个系统，系统内部各要素之间存在着很强的关联关系，因此，有必要从系统的角度对整个业务模式进行一次整体审视，以确保业务模式五个要素之间的"一致性"。

业务模式的设计，价值主张是核心。基于这个核心，我们来思考应当选择哪些客户，放弃哪些客户，同时评估所选择的客户能否让企业盈利，盈利空间大不大。

审视盈利模式时，思考我们所提供的价值主张能否带来足够多的盈利点，每个盈利点是否像泉眼一样源源不断地为企业创造价值，整个价值链或价值网的利润区在哪里，我们需要从事哪些业务活动才得获得更多的利润，并与合作伙伴一起完成客户价值创造，合作伙伴能否获得他们想要的利益，能否形成稳定的交易结构。

业务范围的选择和优化，应当基于客户的选择和价值主张的设计，同时，业务范围的选择会影响盈利模式设计中的成本结构，也会给竞争优势和战略控制点的设计明确了范围。

而竞争优势的形成，要依靠业务模式所有要素从点、线、面多维度的整合，因为单点的竞争优势是很脆弱的，不可持续；系统性、结构化的竞争优势才能避免被模仿，具备护城河的作用。

仅仅从业务模式本身的五个要素出发来审视业务模式设计的一致性是不够的，还需要将前面通过双差分析、市场洞察和战略意图设计所获取的关键信息及达成的战略共识，结合现在输出的新的业务模式来审视它是如何为客户创造价值、为企业创造价值，并可持续创造价值的。

如图 4-22 所示，战略意图的设计会决定其业务的战略定位，从而影响价值主张的设计和业务范围的选择，市场洞察则为客户选择和价值主张的设计提供了依据。通过双差分析和市场洞察中的"看自己"，了解自己的关键资源和能力，为战略控制点和竞争优势的设计提供了基础。

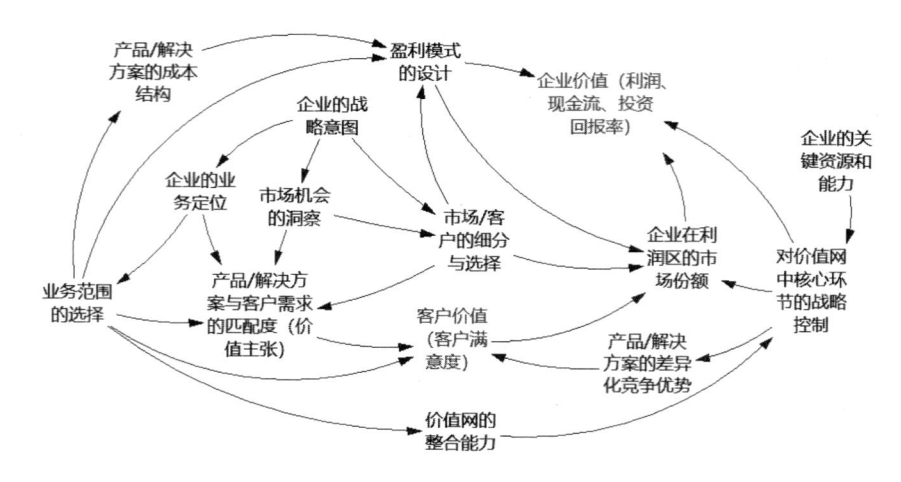

图 4-22 业务战略规划各要素之间的逻辑关系

新业务模式的价值创造能力评估

完成了新业务模式的一致性检查，接下来就要评估新业务模式的价值创造能力，看其能否达成我们在该细分市场的战略目标，弥补我们的机会差距。评估的依据就是前面所说的业务战略规划的第一性原理，即构建创造客户价值、企业价值且可持续的能力。

业务模式价值创造能力评估工具在市场洞察内容部分已经介绍过，现整理如表 4-12 所示。

表 4-12 业务模式价值创造能力评估工具

评估维度		关键问题
客户价值	客户需求	只是满足了目标客户群的表层功能性需求，还是满足了客户最终的或更深层次的如情感类需求
	价值主张	独特性：客户是否真正认可我们的产品和服务？价值和收益：是否能帮助客户实现更多、更快、更好、更省的增值和收益
	性价比	是否提供了超出客户期望的性价比
企业价值	收入模式	收入的增长是否真正源于为客户创造了价值，而不只是产品差价或进出口汇率的变化
	成本结构	对上游关键物料的依赖程度及议价能力如何？业务范围的选择是否优化了企业的成本结构
	定价能力	产品同质化竞争程度如何？品牌溢价能力如何
战略控制	客户忠诚度	客户满意度如何？重复购买的概率如何？将产品推荐给他人的可能性如何
	战略卡位	在价值网络中的某些节点是否具有不可替代的战略地位
	模仿壁垒	其被模仿的可能性和难度如何？是否基于核心竞争力

只有通过了业务模式的一致性检查和价值创造能力的评估，业务模式的创新设计也就是 BLM 7 步法的第四步才算是真正地完成了。这一步包括 BLM 原始模型中的"创新焦点"和"业务设计"两个子模块，"创新焦点"讲的是先要对市场进行成熟市场、成长市场和种子市场的投资组合分析，然后针对不同投资组合定位的细分市场聚焦其市场机会和创新策略的

选择。如成熟市场强调内部运营的创新，提高运营效率，降低运作成本；成长市场强调产品和盈利模式的创新，迅速扩大市场份额，抢占战略制高点；种子市场则更重视破坏式创新，以及早期市场的开发。然而，无论是哪种类型的创新，最终都还是需要经过业务模式的创新设计来进行系统化的整合与优化。唯有如此，你所做的创新才安全的，可持续的，因为当今企业之间的竞争，不再是产品和服务的竞争，而是业务模式的竞争。

业务设计过程的复杂性与结果的简单性

回过头来看整个业务设计的过程，是比较复杂的，但是，最终的设计结果却要求是简单的、聚焦的。按照笔者的实操经验，一个无法在五分钟之内就讲清楚的业务模式，是无法在BU内部达成战略共识的。

下面通过一个案例来说明业务设计结果的简单与聚焦，20世纪90年代末，宝洁想在护肤品领域赢得一席之地，然而宝洁旗下名声最响、最广为人知的品牌玉兰油（OLAY）却被消费者视为老旧品牌，取名"老妪油"。此时的玉兰油在药店销售，价格为3.99美元，相较于雅诗兰黛和妮维雅，属于廉价产品、边缘产品。

此时，宝洁面临如下三种战略选择：

> 推出一款不同品牌名的替代品。
> 快速收购其他护肤品品牌。
> 复兴衰落但仍有价值的玉兰油品牌。

战略规划团队通过分析，决定复兴虽衰落但仍有价值的玉兰油品牌，他们重新设计了该品牌的业务模式。

> 客户选择：脸上开始长第一道皱纹的35岁左右的女性，而不是年过五旬，关注抗皱的女性。

> 价值主张：对抗皱纹、色斑、粗糙、松弛、毛孔粗大等7大肌肤岁月问题。

➢ 盈利模式：价格定位"平价奢华"，新生换肤系列、焦点皙白系列和纯焕方程式系列形成从 18.99 美元到 50 美元的产品金字塔。

➢ 业务范围：渠道由面向大众消费者的药店、零售商拓展至面向高端消费者的百货商场专柜。

➢ 战略控制：肌肤修复技术的研究，平价奢华的销售渠道，全球化规模效应。

业务模式是否聚焦的判断方法是看每个要素能否用一两句话就描述清楚。整个业务设计的过程，恰如笔者的微信签名：对于无知的简单，我不屑一顾；对于超越复杂后的简单，我全力以赴。

Growth Strategy

第 5 章
一致的业务策略和路标规划

业务策略：跨越战略与执行的鸿沟，化战略为具体的行动策略。

业务策略，从战略到执行的桥梁

BLM 7 步法是从战略到策略再到战术的层层递进的战略规划方法，战略意图及业务模式的创新设计是战略层面的思考，下面我们把目光转向研发、营销与供应链等业务运营领域的策略设计，这是 BLM 7 步法中第 5 步 "业务策略及业务计划" 的内容。有了业务策略和计划，业务战略才能从业务模式过渡到具体的战术层面，也就是说，业务策略是从战略到执行的桥梁。

业务策略与业务模式的最主要区别就在于业务模式是明确了业务运作的逻辑，业务策略则是在运作逻辑的基础上加上了阶段目标、实现手段、时间节点、责任对象等。

以为城镇居民提供新鲜且安全的有机蔬菜为例，可以采用的业务模式至少有如下三种：

➢ 业务模式一：菜贩子模式，从乡下老农手上买来有机蔬菜，运到城里卖给市民，赚取差价。

➢ 业务模式二：连锁店模式，像钱大妈一样，在城里开连锁店或加盟店，专供有机蔬菜，与城镇周边的乡村签订有机蔬菜供应合同。

➢ 业务模式三：一体化模式，从有机蔬菜的种植，到蔬菜的加工、运输、销售以及售后溯源，为城镇居民提供从田园到餐桌的一条龙服务。

而业务策略则是不管你采用哪种业务模式，都需要制定蔬菜产品的开发策略、采购策略、销售策略和定价策略等。

制订业务策略和计划的基本逻辑如图 5-1 所示。

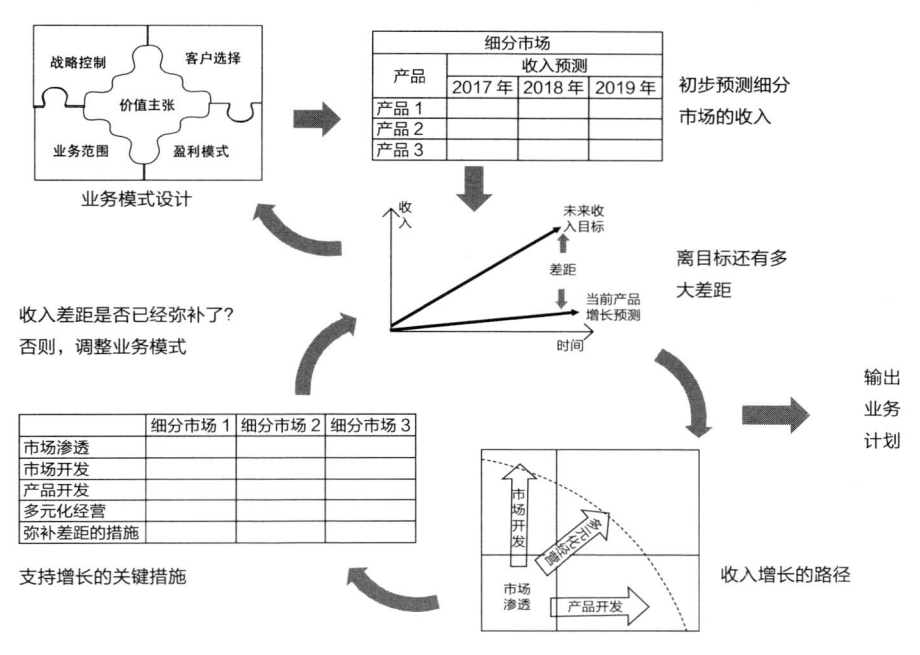

图 5-1 业务策略及计划的思考逻辑

以细分市场的业务模式为基础，初步预测该细分市场的收入水平，与该细分市场的目标收入相比，计算出收入差距。然后通过安索夫矩阵，探讨弥补差距的四条路径：市场渗透、市场开发、产品开发和多元化经营。针对每一条业务增长路径，讨论出产品开发策略、产品定价策略、营销定位策略和渠道组合策略。最后，评估收入差距的缺口是否被弥补，一般来说，预测的结果应当是目标结果的 1.5～2 倍，实际结果才有可能达成目标。如果还有缺口，则需要回去调整业务模式。整个过程最终的输出就是有关业务计划六要素（产品包、分销渠道、订单履行、定价/服务条款、技术支持、营销宣传）的战略行动与举措。细分市场业务计划六要素举例如表 5-1 所示。

表 5-1　细分市场业务计划六要素举例

细分市场名称：					
要素	制订策略和计划的活动	战略举措	行动理由	实施成本评估	重要里程碑	风险评估
产品包						
分销渠道						

这里需要强调的是业务策略也是要先按各个目标细分市场进行制定，然后再从整个产品线或 BU 的角度进行整合调整。以某细分市场的产品开发策略为例，我们需要从制定产品开发策略的六个活动中提出具体的战略行动，采取该行动的理由，实施成本的高低，重要里程碑及实施风险的评估，这六个活动分别是：

➢ 制定初步的产品包 / 解决方案策略。

➢ 分析当前和潜在的产品包 / 解决方案。

➢ 分析产品包 / 解决方案差距。

➢ 制定技术策略。

➢ 确定产品包 / 解决方案策略。

➢ 制定开发基础架构策略。

提出各项战略举措的行动理由则源自前面以及接下来所做的 SPAN 分析、$APPEALS 差距分析、安索夫（Ansoff）战略路径探索等。

业务增长路径及增长策略设计

探索业务增长的路径，需要用到一个叫安索夫矩阵的工具，安索夫矩阵通过对不同增长路径的选择，为支持业务增长目标的实现提供了一个评估框架，评估的两个维度分别是：

> 细分市场的新旧：细分市场是已建立起来的或者是新的。
> 产品的新旧：产品是在售的还是新的。

如何确定一个细分市场的新旧？我们可以试着回答这样一个问题：该细分市场上的客户是否已经了解我们的独特竞争优势？如果没有，那么它就是新的细分市场。换句话说，要问的问题是：我们是否全面了解该细分市场的客户需求？是否建立起了与客户的沟通渠道，是否已经在该细分市场上有产品，同时我们是否已经形成了在该细分市场竞争的必要能力（包括销售网络、订单履行等）。如果没有，应该把该细分市场作为新的市场来看待。

在确定产品的新旧时，对原有产品的简单更新，不算新产品，新产品需要重新开发市场营销计划、售后服务程序和其他关键交付件，而不仅仅是完善现有功能和特性。即使竞争对手早已在该细分市场上推出了同类产品，而我们是首次在该细分市场上发布产品，也算是新产品。

安索夫矩阵为业务经营团队提供了四条可选的业务增长路径：

> 市场渗透：在现有的市场上提高市场渗透率。
> 市场开发：将现有的产品卖到新的市场。
> 产品开发：在现有市场上推出新的产品。
> 多元化经营：向新的市场销售新产品。

大多数企业内部产品的更新迭代都属于市场渗透，这是对企业当前产品所做的最低风险的优化和改善，以提高产品的竞争优势。这些改善有的是满足客户不断变化的需求，有的则是针对竞争对手的行为而激发的积极反应。

市场开发指的是通过将当前的产品引入一个完全不同于以往的全新市场来获得增长。由于对市场不熟悉而存在潜在的风险，因而这一增长路径经常遭到反对，是仅次于多元化经营的最不受人青睐的路径。尽管存在相当大的风险，在一个新的市场上获得增长仍然有抵挡不住的诱惑。表面

上看，用现有的产品和资源似乎很容易就能满足新增的市场需求。这些相似性经常使企业受到蒙蔽，忽略了新市场的重大不同之处：独特的客户需求、不同的销售渠道、迥异的购买决策过程等。

然而，市场开发的增长路径上有一条分支路径却是值得关注的，那就是市场扩张，市场扩张意味着把从未使用过某一产品的客户转变为实际使用者。市场扩张的方式有两种：一是为产品找到新的用途，如把苏打粉放在盒子里作为冰箱除臭剂；二是消除产品对潜在客户的使用时间和空间、经济上和能力上的诸多限制条件。市场扩张往往是一条很有吸引力的增长路径，因为它很少会引起竞争对手的报复。

产品开发这条增长路径主要是通过现有产品线的逻辑扩展（如提供新的产品功能、质量水平或增加新的服务内容），或者通过多个产品的集成提供解决方案，并利用公司现有的分销渠道、营销策略和品牌信誉来实现。但是如果一款新产品不能为客户提供独特的价值而是随大流的产品，这样的产品只是在客户的可选产品列表末尾又增加了一项可选项而已，把业务增长的希望寄托在这样的产品上大概率会落空。

多元化经营则是把新产品投放到新市场，这一增长路径的真正问题是市场机会最终要把我们的业务带离我们的核心能力多远？那些与本业务单元核心能力不相关的多元化经营最好留给母公司。即使是与核心能力相关的多元化经营，也要充分评估未来预期的竞争优势能否抵消因进入新的领域而产生的风险。因此，新市场离原有的业务越远，风险会越大，就越应当采取并购或联盟的形式。

应用安索夫矩阵的目的是探索在新的业务模式下各种弥补差距的路径，因为差距（包括业绩差距和机会差距）是业务战略规划的起点，也是终点。路径探索首先要考虑的是提升内部运营效率，提高产品及服务质量和人均产出，接下来考虑通过调整定价、降低成本或者新的营销策略提高现有产品的市场渗透率。然后再考虑市场开发（包括市场扩张）、产品开发和多元化经营这三条路径。

第 5 章　一致的业务策略和路标规划

探索业务增长路径的一条基本原则是增长策略要与不同的市场类型、市场机会和创新策略相匹配。如图 5-2 所示。

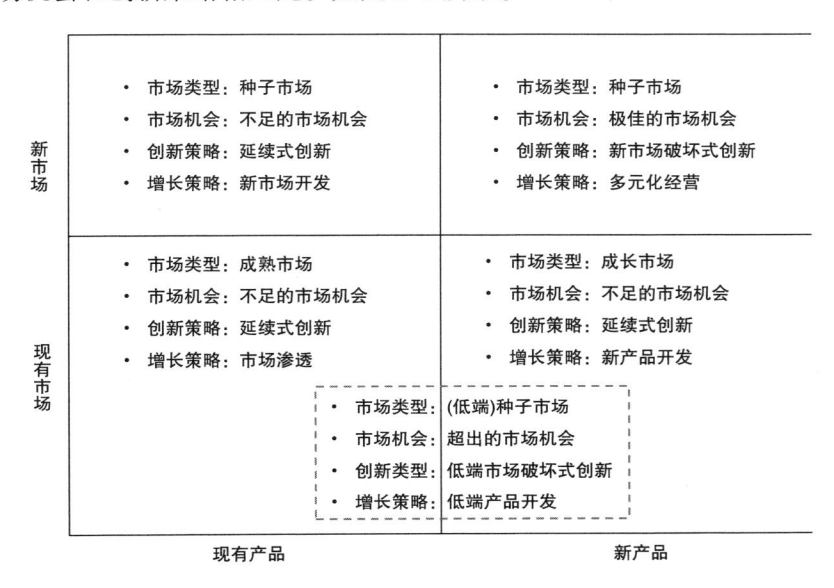

	现有产品	新产品
新市场	• 市场类型：种子市场 • 市场机会：不足的市场机会 • 创新策略：延续式创新 • 增长策略：新市场开发	• 市场类型：种子市场 • 市场机会：极佳的市场机会 • 创新策略：新市场破坏式创新 • 增长策略：多元化经营
现有市场	• 市场类型：成熟市场 • 市场机会：不足的市场机会 • 创新策略：延续式创新 • 增长策略：市场渗透	• 市场类型：成长市场 • 市场机会：不足的市场机会 • 创新策略：延续式创新 • 增长策略：新产品开发

- 市场类型：(低端)种子市场
- 市场机会：超出的市场机会
- 创新类型：低端市场破坏式创新
- 增长策略：低端产品开发

图 5-2　增长策略

研发策略及产品路标规划

业务战略规划团队要将细分市场与产品的收入组合关系通过图表记录下来，先做第 1 年的，然后是第 2 年的，最后是第 3 年的。针对现有的细分市场，明确哪些产品与现有细分市场是有映射关系的，然后确定潜在的新产品，并将新产品与现有的细分市场进行映射。审视细分市场将要实施的业务模式，预测通过效率提升、市场渗透和新产品开发所能带来的收入。对于新的细分市场，审视其业务模式，确定其与现有产品或潜在新产品的映射关系，预测其未来 3 年的收入趋势。值得注意的是一个新的细分市场，直到第 3 年才有可能甚至还不能形成新的收入。

在为每个年份、每个细分市场、每条业务增长路径预测收入增长的同时，也应当思考有哪些潜在的战略举措可以帮助提高收入，这些战略举措就成了我们接下来要讨论的业务策略和计划的基础。在探索业务增长路径的过程中，我们得到了现有和新的细分市场与现有和新产品的映射关系。如图 5-3 所示。

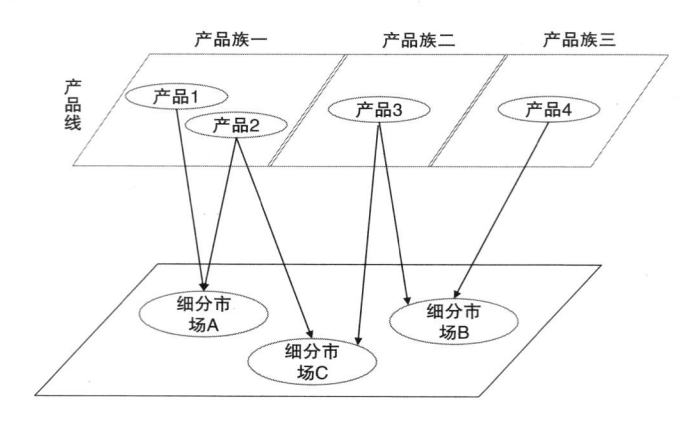

图 5-3 产品与细分市场的映射关系

这里需要强调的一点是产品与细分市场不一定是一对一的关系，而是多对多的关系，同时多个产品会形成一个产品簇，一条产品线或一个业务单元可能有多个产品簇。

在产品与市场的映射关系基础上，战略规划团队还需要为每一款潜在的新产品给出一个初始的产品定义，新产品的初始定义包括如下几项内容：

➢ 目标客户及其主要需求。

➢ 主要特性或功能。

➢ 独特的卖点。

➢ 定价目标。

➢ 开发标准和约束条件。

➢ 在产品族中的路标及依赖关系。

这份初始的产品定义可以进一步细化成 IO/S BP（初始产品包/解决方案商业计划书）。IO/S BP 就是这款产品要正式启动开发时进行立项分析的最重要的输入，即 IPD 流程中新产品策划及立项分析的输入。

有关新产品的初始商业计划书与立项分析如图 5-4 所示。

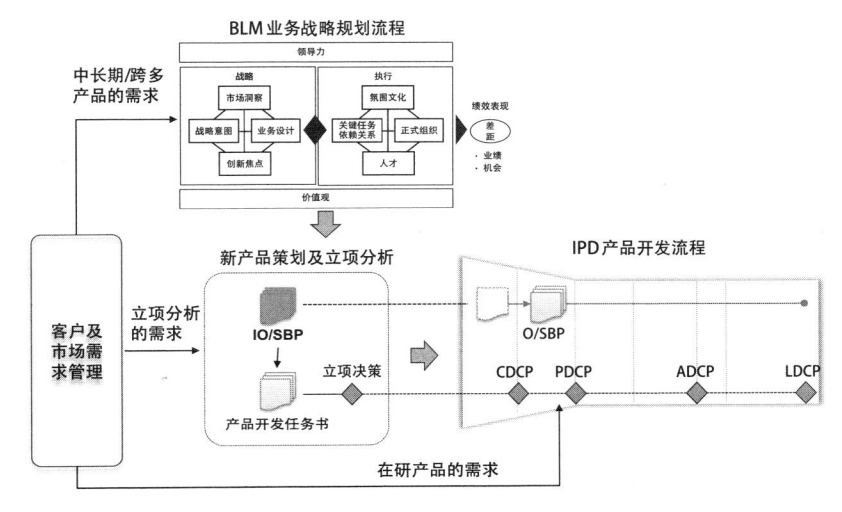

图 5-4　新产品的初始商业计划书与立项分析

有了未来三年现有和新的细分市场与现有和新产品的映射关系，我们就可以梳理出每个细分市场未来三年的产品开发计划和路标了，包括现有产品的迭代升级和新产品的路标规划。

有了产品的开发计划和路标规划，我们就可以提出具体的关键人力和关键技术的开发需求，关键人力的需求会成为各职能部门接下来制定人力资源年度预算的输入，需要开发的关键技术会成为技术规划的输入。在华为，业务规划和技术规划是分开的，目的是让市场驱动业务规划，业务规划再驱动技术规划。当然，华为现在已经进入了许多"无人区"，有时技术规划会反过来影响业务规划。也就是说，华为采用的是市场需求和技术创新双轮驱动的产品创新。

产品定价策略设计

在影响利润的所有要素中，价格的杠杆作用最大，我们用"利润 = 销量×(价格-单位变动成本)-固定成本"这个业务公式来验证这一说法，如图 5-5 所示。假如某企业当前正在销售的产品信息如下：

价格：100 元/件；

单位变动成本：60 元/件；

年销量：100 万件；

年固定成本：3000 万元；

则当前每年的利润是：100 万件×(100 元/件-60 元/件)-3000 万元=1000 万元

利润要素	变动10%		利润变动（百万元）		
	变动前	变动后	变动前	变动后	
价格	100	110	1000	2000	100%
单位变动成本	60	54	1000	1600	60%
销量	100万	110万	1000	1400	40%
固定成本（万元）	3000	2700	1000	1300	30%

图 5-5　价格对利润的杠杆作用

如果价格涨价 10 元达到 110 元/件，其他要素保持不变，则利润由 1000 万元变成 2000 万元，涨幅为 100%；单位变动成本由 60 元降低 10% 至 54 元，则利润涨幅为 60%；同理，销量增长 10% 和固定成本降 10%，它们带来的利润涨幅分别为 40% 和 30%。

然而上面的计算方法只是一种理想状态，产品涨价会造成销量下降和竞争对手的一系列反应。同时，单个产品的价格变动还会影响本业务单元其他关联产品的定价，如剃须刀的关联产品刀片，硬件的关联产品应用软件。因此，定价前要先明确产品在整个产品组合中的定位，再基于整个产品线而不是单个产品来确定价格。另外，产品的价格也不是由每个细分市场单独决定的。随着全球货物买卖和运输的便利性提升，以及价格信息的透明化，客户面向全球采购已成为可能，如此，要给产品定出一个让客户觉得"物超所值"，而我们自己认为"有利可图"的价格，便成了一件复杂性很高的工作。

由于定价的复杂性，许多企业放弃了定价的主动权，他们要么抱着"差不多就行"的心态来定价，要么认为"我们的价格应该与竞争对手保持一致"。要想重新掌握产品定价的主动权，业务主管们必须在市场洞察的基础上，掌握基本的定价策略和定价方法，设计出合理的价格结构，然后再按市场类型、客户特征、经销方式、产品类别实施差别定价。

常用的定价策略有基于成本的定价、基于竞争的定价和基于价值的定价三种。基于成本的三种定价方法分别是成本加成定价法、目标利润定价法和边际成本定价法，基于竞争的定价方法有随行就市定价法和竞争参照定价法，基于价值的定价方法有产品属性的客户认知价值联合测度法与产品全生命周期经济价值评估法。

基于成本和竞争的产品定价步骤如图 5-6 所示。

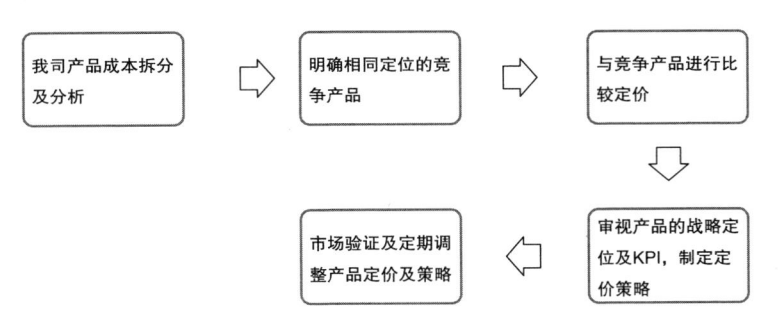

图 5-6 基于成本和竞争的产品定价策略

在产品+服务的销售模式下，可以考虑降低产品价格，提高服务及个性化定制开发的价格，把利润隐藏在服务及定制开发部分。按不同配置实施差别定价的销售模式下，若产品成本比竞争对手高，则可以考虑降低基本配置的价格，提高其他配置的价格。就像奔驰 GLC 车型分为 260 动感型、260 豪华型和 300 豪华型多种配置。同时，公司内部的系列产品，要按照产品组合的策略及产品战略定位制定价格。

基于价值的定价是以客户对产品的认知价值为定价依据，客户的认知价值是客户对产品所能带来的价值的一种主观的判断（如图5-7所示）。例如，对于一个50岁不幸患上癌症的人来说，如果有一种药物只要吃一个疗程就能治好他的病，他会去计算这种药物的价值，如果药物能让他活到60岁，按照平均每年20万元的收入，那么他对这种药物的认知价值就可以达到多活10年所创造的200万元。当然，这里面还没有包括他活着时给亲人和家庭所带来的情感价值。

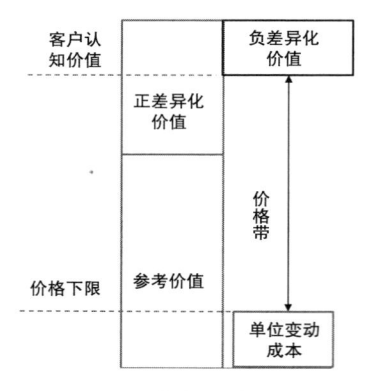

图5-7 客户的认知价值

虽然客户的认知价值可以达到200万元，并不意味着这种药的定价就可以定到200万元，他还会拿这种药与其他的治疗方案如靶向治疗和免疫治疗所需的费用进行比较。最终，客户的认知价值是客户认为最优替代品的价格（参考价值）加上该产品与最优替代品比较后的正差异化价值并减去负差异化价值。当然，差异化价值又可分经济价值和心理价值。

基于客户认知价值进行产品定价时，先要依据前面进行业务模式设计时对产品价值主张的设计，明确产品对客户的价值定位和对竞争对手的差异化优势，也就是说先定位、后定价。在产品价值定位的基础上，结合其他营销策略确定客户的认知价值，也就是价格的上限，然后再依据产品的单位成本和销售毛利率的考量，确定价格的下限。基于客户认知价值的定价框架如图5-8所示。

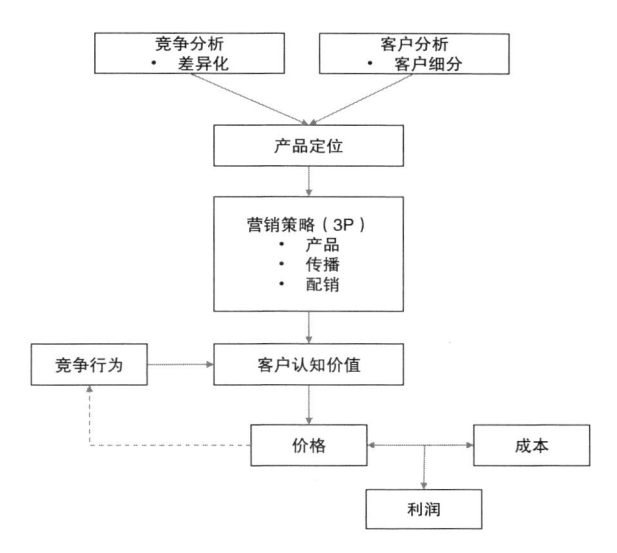

图 5-8 基于客户认知价值的定价框架

当企业以某种价格将产品推向市场时，必然会引起竞争对手的一系列反应，竞争对手的反应如降价，又会影响客户的认知价值，反过来影响企业的定价策略。

渠道组合策略设计

渠道组合策略也是经典 4P 营销中的关键一环，要了解各种渠道在业务发展和市场竞争中的地位和作用，可以借助市场地图这个工具。如图 5-9 所示。

市场地图描绘了未来市场上的产品流动情况以及客户的购买决策情况。如图所示，我们以某企业的路由器产品为例，从"买什么""通过什么渠道买"和"谁买，谁决定买"，展示了市场的驱动力，从供应商到客户的价值链，市场上的各种购买机制，以及与分销渠道有关的内容。运用市场地图，重点是要突出直接销售或者通过渠道分销的产品销量与价值，并指出各种销售方式的潜在机会（或者威胁）。

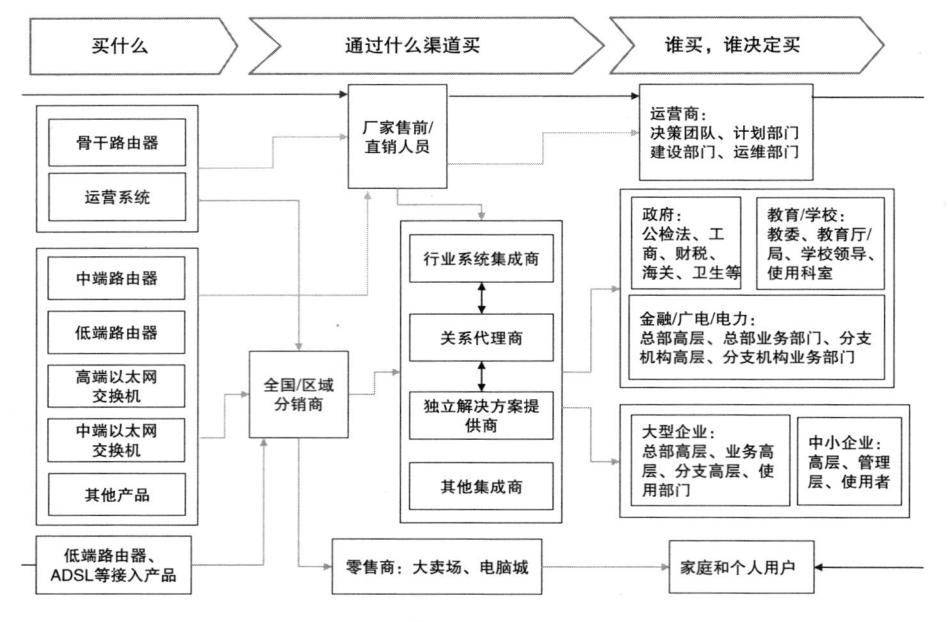

图 5-9 某 BU 的市场地图分析

战略规划团队要从描绘自己业务的市场地图开始，包括现有和未来的目标客户群、渠道机制和主要的财务性购买者及技术性购买者，用线条描绘出产品上市的真正路径，以及每条路径每年所带来的价值（或者销量）。如果条件允许，规划团队还可以用另一种颜色添加竞争对手的市场地图，包括他们不同的渠道合作伙伴和主要客户，他们产品的上市路径及携带的价值。

借助市场地图选择和调整产品上市路径，设计和优化我们的营销渠道策略，可以为客户交付价格合理、易于获取的产品与服务，并提高客户的忠诚度。我们可以通过以下四步来设计和优化渠道策略：

◆ 第一步：分析现有渠道的状况（竞争地位、变化趋势及获利能力）。
✓ 各渠道的相对获利能力如何？
✓ 各渠道的市场覆盖率及竞争地位如何？
✓ 各渠道的未来增长速度如何？

◆ 第二步：分析客户的购买行为及对不同渠道的使用偏好。

✓ 客户希望渠道为其带来哪些增值服务（安装、培训、融资担保等）？

✓ 现有的渠道在多大程度上满足了客户的上述需求？

✓ 还有什么新的营销渠道能更好、更快、更省地满足客户的上述需求？

◆ 第三步：比较各种渠道选择策略的相对成本及获利能力。

✓ 通过渠道所增加的市场覆盖率及客户接触面的增加能带来多大的收入增长？

✓ 各种渠道所增加的交易成本与销售额的占比是多少？

◆ 第四步：测试各种渠道策略的战略配称性与可行性。

✓ 公司的优势与渠道的优势是否相一致或有互补性？

✓ 哪些渠道需要直接控制？要授与多少权限给渠道伙伴？要与哪些渠道形成战略伙伴关系？

价值主张的营销定位设计

　　价值主张的营销定位设计是营销宣传策略的基础，关于定位，业界有各种定义和说法，笔者更倾向于将定位细分为市场定位、产品定位和营销定位三种类型来理解定位的作用和设计方法。市场定位要回答的问题是：要进入哪几个目标细分市场，以及在这些细分市场的价值链（网）中分别扮演怎样的角色；产品定位要回答：要满足细分市场中的哪些客户需求，提供怎样的有差异化客户价值的产品和服务；营销定位则要明确企业将如何影响客户的心智，传播怎样的品牌价值和内涵。营销定位的作用是让客户一提到给老年人送礼就想到脑白金，要预防上火就立马联想到王老吉。

　　前面的业务模式设计，实际上已经完成了市场定位和产品定位的设计，关于营销定位的设计，本书提供了一个五步法：

◆ 第一步：描述自己和主要竞争对手的价值主张分别是什么。

◆ 第二步：分别列出自己和竞争对手的价值主张的差异化特征，包括正面和负面的差异化特征。

◆ 第三步：明确营销定位设计所针对的目标细分市场。不同的细分市场，客户群体和竞争对手都会有所不同，因此，要采取不同的营销宣传策略。

◆ 第四步：通过下面四个问题，描绘出该目标细分市场的特征。

- ✓ 问题一：谁在买？为谁买？这是有关客户的人种学特征；
- ✓ 问题二：买什么？为什么买？这是在理解客户要解决的问题；
- ✓ 问题三：如何买？在哪里买？这是在理解客户的购买习惯和渠道；
- ✓ 问题四：如何用？在哪里用？这是在理解产品的主要应用场景。

◆ 第五步：将产品特征与市场特征相匹配，构思营销定位。

例如，针对客户要解决的问题，设计出"胃痛、胃酸、胃胀，就用斯达舒"的营销定位；针对产品的应用场景，设计出"经常用脑，多喝六个核桃"和"拼多多，拼着买，更便宜"的营销定位。

判断一个营销定位设计的优劣，有一个简单的方法：一句话能说清楚，一听就感兴趣。一句话能说清楚，说明你的营销定位是很聚焦的，不聚焦的定位是很难说清楚的。聚焦什么？当然是相对竞争对手而言最主要的差异化特征。一听就感兴趣，说明你所宣传的差异化特征正好击中了客户最关心的价值点。

下面给大家介绍两种最常见的营销定位思维方式，一种是基于自身产品特征的营销定位，另一种是针对竞争对手弱点的营销定位。

第一种定位方式经常会用到"就用""就是"这样的关键词，如"胃痛、胃酸、胃胀，就用斯达舒""怕上火，喝王老吉""困了累了，喝红牛""充电五分钟，通话两小时""经常用脑，多喝六个核桃"。再如我的三堂精品培训课程的营销定位就是"制定可执行的业务战略，就用 BLM 7

步法"，"追求实效的研发体系变革，就用 IPD 四维六步法"，"培养产品总经理，就来 PMTP 训战营"。

第二种定位方式经常用的关键词是"更""没有"和"不是"，如神州专车"更安全的专车"针对的就是滴滴前两年接连发生的出行安全事件；"百度更懂中文"暗含的意思是 google 在中国水土不服；飞鹤奶粉"更适合中国宝宝体质"说的是那些外国奶粉是针对外国宝宝开发的；瓜子二手车直卖网的"没有中间商赚差价"对其他二手车经销商的杀伤力极大；"不是所有牛奶都叫特仑苏"，则将自己定位于高端液态奶，与其他牛奶划清界限。运用第二种方式给自己定位之前，需要先给竞争对手一个定位，如美国饮料市场长期被可口可乐和百事可乐把持，后进者七喜公司通过分析，将可口可乐和百事可乐定位为"含咖啡因"的饮料，把自己定位为"非咖啡因"饮料。

设计一个好的营销定位还只是第一步，在实际的产品销售过程中，还需要以客户听得懂的营销话术传递给客户。例如王老吉的营销话术：只要你备上几罐王老吉，就可以大胆地与家人或朋友们一起享用辣味火锅，从此不再担心你和家人们吃火锅时会上火。

◆ 设计营销话术可以用 FFAB 这样的结构化方法：
  ✓ Feature（技术特性）：产品采取的技术特性。
  ✓ Function（独特功能）：技术特性所实现的独特功能。
  ✓ Advantage（差异化优势）：与竞争对手的差异化优势。
  ✓ Benefits（客户利益）：差异化优势给客户带来的利益。

◆ 以我们常用的塑料茶杯为例：
  ✓ F（技术特性）：本茶杯采用了高强度的塑料材质。
  ✓ F（独特功能）：也就是说它具有耐高温的特点。
  ✓ A（差异化优势）：所以你即使将刚烧开的水倒进去，它也不会像玻璃杯那样炸裂。
  ✓ B（客户利益）：只要你和家人使用该茶杯，就可以避免冬天玻璃杯炸裂的事故，从此不再担心你和家人使用茶杯时的安全。

业务策略及业务计划的整合

到目前为止，我们已经学会了业务策略中的产品开发策略、定价策略、渠道管理策略及营销宣传策略的设计，订单履行和技术支持的策略设计重点在于低成本和高效率的内部运营，这两项内容包含在接下来的战略解码过程中的内部运营能力及组织体系诊断的分析与改善策略中，在这里不作详细的阐述。

业务策略的设计同样需要考虑在客户接纳周期中不同阶段的市场类型和客户特征。如表 5-2 所示。

表 5-2 在客户接纳周期中不同阶段的业务策略设计

	早期采用者	实用主义者	保守主义者
市场策略	以最小的核心功能集找到早期客户，活下去	对市场进行细分，并逐步占领多个细分市场，争取成为市场领先者	通过开箱即用或交钥匙工程，降低客户从旧模式切换到新模式的转换成本
产品策略	关注具体应用上的差异化特征	基础产品标准化，与支持性产品形成完整产品（解决方案）	关注产品体验上的差异化特征
竞争策略	品类之间的竞争	品牌之间的竞争	产品之间的竞争
营销定位策略	新品类、新概念的引领者	市场份额领先者	更好的产品体验
定价策略	基于价值的定价	基于竞争的定价	基于成本的定价
渠道策略	小规模高水平的直销为主	与渠道结成伙伴关系或生态圈	寻找低成本的营销渠道
订单履行策略	以基础产品的小批量轻度定制为主的交付	与其他支持性产品的厂家一起为客户批量交付完整产品	以新产品+兼容现有产品的服务为重心的交付

与业务模式的设计一样，完成了每个目标细分市场的业务策略的设计

第 5 章 一致的业务策略和路标规划

之后，必须针对所有这些业务策略进行跨市场、跨功能领域的整合和优化，输出整个产品线或 BU 的业务计划。因为产品线或 BU 的资源是有限的，各细分市场的业务策略都需要资源的投入，而且这些策略之间有时还存在冲突，需要在整个产品线或 BU 层面进行协调并达成一致。业务策略的整合需要一条主线，这条主线就是产品开发策略和产品路标规划的整合。

当整个产品线或 BU 的业务策略及业务计划整合完成，也就同时输出了产品线或 BU 的所有产品的产品投资组合关系了。如图 5-10 所示。

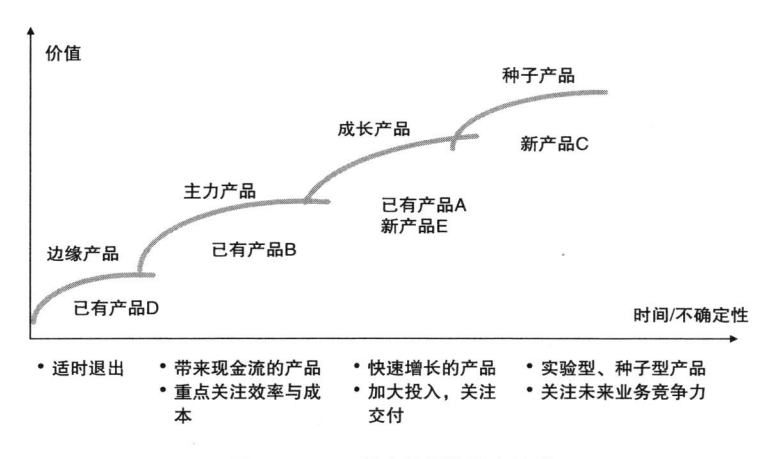

图 5-10 BU 的产品投资组合关系

在产品的投资组合关系中，需要区分边缘产品、成熟产品、成长产品和种子产品，各产品在产品投资组合关系中的战略定位，决定了企业对其的投资策略、考核重点及资源投入，因此，产品线的产品组合关系是业务战略规划的重要输出内容之一，也是接下来绩效 KPI 分解和资源部署的主要依据之一。

最后，业务规划团队还要整理输出整个产品线或 BU 未来三年的产品路标规划，这份路标规划是后续技术路标规划、新产品立项和提前销售的重要依据。因此，这份路标规划一定要做好基线管理，并向全公司发布，后续要想变更，必须得走变更控制程序。

破坏式创新业务的运营策略

破坏式创新业务的市场类型是种子市场,战略类型是实验型战略,与成熟和成长市场的谋划型战略有本质上的区别。因此,其业务战略之下的业务运营策略也截然不同,总结成一句话就是:破坏式业务运营的重心是重构一个新的业务模式,延续式业务运营的重心则是优化当前的业务模式。前者是在换操作系统,后者是在给操作系统打补丁。如图5-11所示。

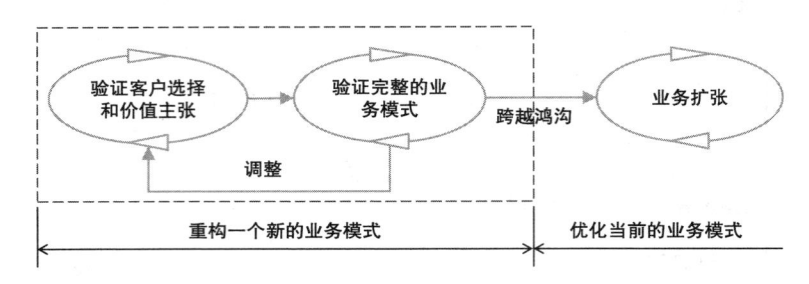

图5-11 破坏式创新业务运营的重心

针对破坏式创新业务,重构后的再完美的业务模式,也经不起与客户的第一次亲密接触。因此,在新业务发展的早期,必须要完成下面的这两个验证。

➢ 验证一:产品与目标客户及客户的需求是否匹配。
➢ 验证二:销售模式、盈利模式与市场竞争环境是否匹配。

只有当新业务的业务模式通过了早期市场的验证,才能实施大规模的业务扩张策略,以进入主流市场。为了完成上述两个验证,新业务运营的基本策略必须是以学习和试验为主的策略,是设计—试验—学习的不断循环。

◆ 设计:

设计或构建一个原型、实验或者MVP(最小可行产品),以测试业务模式中的假设。

◆ 试验：

定性或定量评估客户对原型、实验或 MVP（最小可行产品）的反应。

◆ 学习：

从评估的结果中推导出具体的认知，从而证实或证伪某个假设。

具体到各功能领域的策略，本书笔者结合自己两次创业的经历，给出如下的建议：

◆ 产品开发策略：

✓ 以简单、可靠、便捷和便宜为主要的产品特征。

✓ 不要急于增加功能，以验证客户最看重的需求为目标。

◆ 技术开发策略：

✓ 不要开发新技术，而是使用经过验证的技术组合出客户从未体验过的新属性。

◆ 分销渠道策略：

✓ 主流分销渠道更愿意销售高价、高利润的产品。

✓ 种子业务一般需要重建分销渠道。

◆ 组织能力策略：

✓ 可能需要设立独立的自主经营的分支机构。

✓ 重构从研发到销售的各种能力。

Growth Strategy

第 6 章
战略解码及年度经营计划

战略解码：识别战略关键，落实行动计划，达成战略共识。

BEM 战略解码工具及过程

从这一节开始，我们将从 BLM 模型左边的"战略"进入右边的"执行"，将口号转化为行动，然而，从战略设计到战略执行，中间横亘着一条巨大的鸿沟。IBM 当初开发 BLM 模型时，将其定位于一个用于战略制定与执行连接的方法与平台，那么，它又是如何填平从战略到执行的这条鸿沟或者架起从口号到行动的桥梁的呢？所使用的方法就是战略解码。

BLM 模型中的"执行"部分，包括与战略执行强相关的四个要素，分别是："关键任务""人才""正式组织"和"氛围与文化"。关键任务是执行的目标，人才是执行的能力，正式组织还包括运营流程、规章制度，反映的是执行的方法，氛围与文化反映的则是执行的环境。这四个要素中的任何一个出现了短板，或者它们之间的一致性出了问题，都会造成战略执行结果的偏差，也就是业绩差距。所以，我们才会说，要弥补业绩差距，首先要加强战略执行。

而战略解码，就是要将前面设计出来的战略推导出执行部分这四个要素的具体行动。关键任务也称之为战略落地的必赢之战，其他三个要素统称为组织支撑能力。7 步法的第 6 步就是要从众多的业务策略中推导出对战略目标的达成具有决定性意义的必赢之战，第 7 步则是分析支撑必赢之战的组织能力短板并给出能力提升方案。然后，从必赢之战和组织能力提升方案中分解出下一年度的关键任务及本业务单元的组织级 KPI（一级 KPI）的考核方案。

BLM 7 步法的第 6、第 7 步依然属于 SP 的内容，SP 要细化成 BP（年度经营计划）并编制出年度预算才能真正落地执行。在本章的最后，将针对 BP 的制定过程和增量绩效导向的总薪酬包预算方案进行简要的说明。

一说到战略解码，大家很自然地就会想到战略地图和平衡计分卡，正是这两个如雷贯耳的工具，让我们的战略解码在画战略地图和分解 KPI 树的过程中忙得不亦乐乎，却忘记了解码的核心是：明确决定未来战略成败的 3～5 场必赢之战是什么？为了打赢必赢之战，我们还需要补齐哪些关键能力上的短板？而众多的 KPI，不过是对战略执行过程和最终结果的一套衡量指标而已。

华为的业务战略解码，是与另一个叫 BEM（Business Strategy Execution Model，业务战略执行模型）的工具结合起来使用的，特别要说明的是本书所使用的 BEM 是将最初从三星引入的模型在实践中优化调整之后的模型。如图 6-1 所示。三星原始的 BEM 基本上采用了战略地图这种战略描述工具，加上 6sigma 的质量保证理念和方法，要与 BLM 结合起来应用，必须要经过模型和方法的优化调整才行。

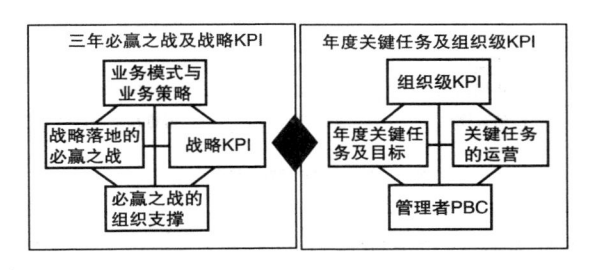

图 6-1 BEM 战略解码工具

运用 BEM 进行业务战略解码的过程可以分为两个子过程，它们分别是空间和时间维度的解码。空间维度的解码，也就是完成了从 BLM 左边的战略设计到右边的战略执行的解码，对应到 BEM 中，左边的四个要素就是空间维度的解码结果。业务模式和业务策略是 BLM 战略设计的结果，必赢之战源自对业务模式及业务策略的聚焦，组织支撑是氛围文化、正式组织、人才三个组织要素对战略必赢之战的支撑能力，战略 KPI 是评估必赢之战的完成结果的。由此可见，必赢之战是空间维度战略解码的核心。

BEM 的右边是对左边的解码结果在时间维度上的进一步解码，这个时间就是下一年度。从三年的必赢之战及组织能力提升方案中分解出下一年度的关键任务，并用组织级 KPI 进行绩效牵引，最后落实成该 BU 管理者的 PBC，在随后的日常运营中，通过经营分析和战略复盘来跟踪和监控这些关键任务的进度和阶段性成果。

整个战略解码的逻辑过程如图 6-2 所示。

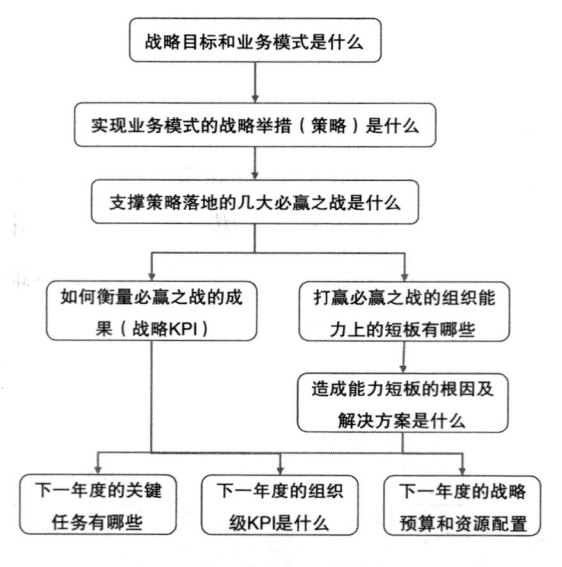

```
战略目标和业务模式是什么
          ↓
实现业务模式的战略举措（策略）是什么
          ↓
支撑策略落地的几大必赢之战是什么
          ↓                    ↓
如何衡量必赢之战的成      打赢必赢之战的组织能
果（战略KPI）            力上的短板有哪些
                              ↓
                        造成能力短板的根因及
                        解决方案是什么
          ↓              ↓              ↓
  下一年度的关键      下一年度的组织     下一年度的战略
  任务有哪些         级KPI是什么       预算和资源配置
```

图 6-2　战略解码逻辑过程

战略目标和业务模式是战略设计的结果，是今后业务系统运营的方向和基本逻辑，业务策略则是将业务模式转化成了具体的产品开发策略、定价策略、渠道策略等重大战略举措。战略解码首先是从众多的战略举措中提炼出关键的 3~5 场必赢之战开始的，接下来是从业务运营的三大业务流 IPD、LTC、ITR 的角度端到端（按价值创造流）而非段到段（按职能部门）地思考支撑必赢之战的能力短板有哪些，这些能力短板是站在未来看现在所需要补齐的，再结合前面在市场洞察时识别出来的已经存在的能力短板，分析造成能力短板的根因及解决方案是什么。根因的分析，要从业务领导力、组织流程、资源及人才、氛围及文化四个方面进行。解决了必赢之战的组织支撑能力，还需要用战略 KPI 来牵引和衡量必赢之战的成果，战略 KPI 由必赢之战的关键成功因素导出。最后，是从必赢之战、组织能力提升方案和战略 KPI 中分解出下一年度的关键任务（TOP 工作）、组织级 KPI（BU 的一级 KPI），并依此生成下一年度单列的战略性投入预算和战略性资源部署。

战略解码的核心是必赢之战

什么是必赢之战？必赢之战是对战略目标的达成具有决定性意义的重大战略举措，这些战略举措源自前面业务模式和业务策略的设计。BU 的资源是有限的，并且战略要聚焦，所以必赢之战只能是 3～5 场，不宜过多。而在梳理和识别必赢之战的过程中，许多主管往往都希望将自己所负责领域的业务策略纳入必赢之战，由此，可以争取到更多资源的投入和 BU 高层的支持。实际操作时，我们会从各种策略的战略影响力、任务挑战性和能力可行性三个维度进行评估，有时还会将多个策略整合形成一个必赢之战。如图 6-3 所示。

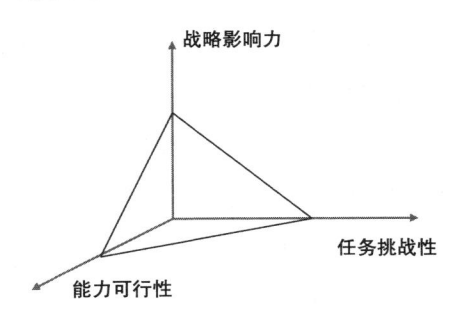

图 6-3　必赢之战的识别

下面是我们作为示例的三场必赢之战：

必赢之战一：成功开拓东南亚片区的专业服务市场，提升专业服务的收入占比。

必赢之战二：建立真正的以市场和客户需求为导向的市场管理体系。

必赢之战三：推行模块化、标准化策略，构建高质量、高效率的产品开发平台。

对必赢之战只给出一个口号式的描述是远远不够的，必须对其进行清晰的界定。我们以必赢之战一为例来看看如何更清晰地界定一个必赢之战，一共有七项描述内容：

➢ 必赢之战的主题：开拓东南亚专业服务市场。

➢ 必赢之战的概述：成功开拓东南亚片区的专业服务市场，提升专业服务的收入占比。

➢ 背景、目的及战略意义：服务产品化并向专业服务要效益，是本BU实现向产品＋服务的综合解决方案提供商转型的基础保障。

➢ 必赢之战的范围界定：专业服务收入的来源包括×××，不包括×××。销售范围限于东南亚TOP10的客户群。

➢ 必赢之战成功时的市场表现：成为东南亚TOP客户可信赖的合作伙伴，客户满意度提升30%。

➢ 必赢之战成功时的财务表现：未来三年的服务收入占比分别达到5%、15%和30%，销售毛利分别达到35%、45%、60%。

➢ 打赢必赢之战的主要挑战：综合性专业服务人才缺失；专业服务产品化还未得到客户的全面认同。

在对必赢之战的详细描述中，尽管已经包含了最终的市场表现和财务表现的可量化的结果性指标，但我们还是希望给出一些过程性KPI指标来牵引和衡量必赢之战的阶段性结果，并称之为战略KPI。在BEM模型中，导出这些战略KPI的工具是IPOOC，分别取自Input、Process、Output、Outcome这四个单词，Input描述必赢之战的关键输入，包括资源、信息和产品等，Process描述打赢必赢之战的必要过程和关键活动，Output则代表必赢之战的直接输出的成果，Outcome代表必赢之战的最终收益。如表6-1所示。

对应到平衡计分卡的四个维度，财务性KPI一般由Outcome导出，市场和客户KPI由Output导出，内部运营和学习成长的KPI可能会来自四个部分。每个部分的关键成功因素的数量不能太多，要保证颗粒度，一般在 5 个以内为宜。

表 6-1　战略 KPI 的 IPOOC 导出方法

未来三年的必赢之战（3～5 场）	IPOOC	关键成功因素	备选战略 KPI
必赢之战一：成功开拓东南亚片区的专业服务市场，提升专业服务的收入占比	Input	匹配客户需求的解决方案	客户需求满足度
		技术指标排名	
		专业服务的拓展人员	专家及时到位率
	Process	服务项目的规范运作	流程符合度
		客户关系的改善	客户满意度
	Output	客户价值合同的获得	签单率
		竞争项目的胜利	山头目标完成率
	Outcome	收入增加	服务收入占比
		利润改善	销售毛利率

解码出了必赢之战，也就是未来三年的战略关键任务及 KPI，整个 BU 就有了具体的执行目标。接下来要考虑的则是提升执行能力，构建执行方法和营造良好的执行环境，与之对应的就是人才、正式组织和氛围文化，统称为战略落地执行的组织支撑能力。

识别组织支撑能力的短板

业务战略和业务策略通过解码，聚焦成了必赢之战和战略 KPI，那么接下来要考虑就是如何提升组织对必赢之战的支撑能力。在前面，我们通过双差分析和市场洞察中的"看自己"，识别出了造成业绩差距的能力短板，但是当时没有做进一步的根因分析。现在，我们又有了新的战略意图和业务设计，对组织能力提出了更多更高的要求，因此，有必要再一次从组织支撑的角度更全面地审视我们的能力短板。图 6-4 展示了企业的三大价值创造流。

```
                    DSTE – Develop Strategy To Execution
                    ┌─────────────────────────┐
                    │      战略与运营流         │
                    │ （SP、BP、战略执行与评估）│
                    └─────────────┬───────────┘
    ┌─────────────────────────────────────────────────┐
    │   IPD – Integrated Product Development          │
    │   客户需求、产品规划、产品立项、产品开发、产品上市……│
    │   生命周期管理                                    │
    │                                                 │
    │   LTC – Lead To Cash                            │
    │   市场线索、机会、投标、合同订单、制造发货、安装验收、回款│
    │                                                 │
    │   ITR – Issue To Resolution                     │
    │   客户投诉、问题分析、问题解决、发现新机会         │
    └─────────────────────────────────────────────────┘
  客户要求                                              客户满意
```

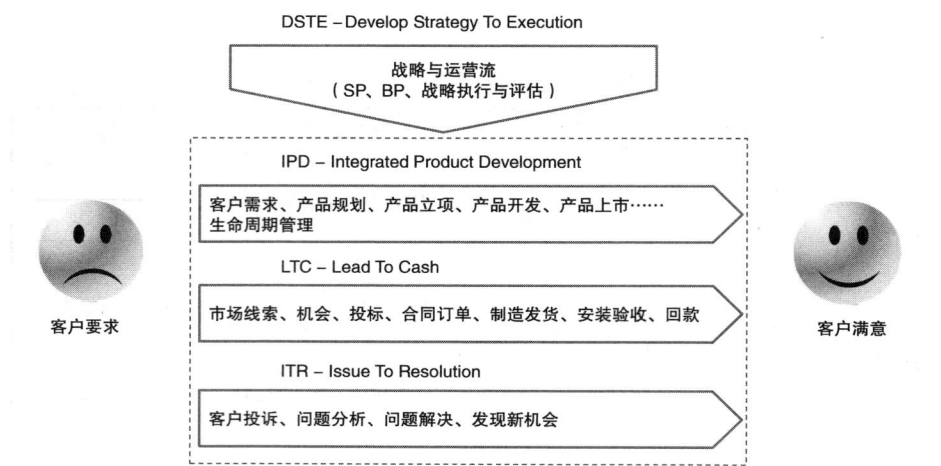

图 6-4　三大价值创造流

跟前面分析内部运营能力时所使用的方法一样，从企业价值创造流的角度识别组织能力的短板。在战略管理体系 DSTE 的指导下，为了实现从客户要求到客户满意的价值创造，一般都要经过三个价值创造流，在华为内部，分别为 IPD、LTC 和 ITR，IPD（Integrated Product Development）是将产品做出来的价值创造流，包括客户需求、产品规划、产品立项、产品开发、产品上市及生命周期管理等活动；LTC（Lead To Cash）是将产品卖出去的价值创造流，包括市场线索、机会、投标、合同订单、制造发货、安装验收、回款等活动；ITR（Issue To Resolution）是帮助客户解决问题的价值创造流，包括客户投诉、问题分析、问题解决、发现新机会等活动。

以 IPD 价值创造流为例，如图 6-5 所示，它体现了企业的产品创新及研发管理能力，具体又可以分为与产品开发与研发管理相关的十项主要能力。

> 需求分析及管理能力。
> 产品和技术规划能力。
> 产品开发及维护能力。
> 跨部门团队运作能力。

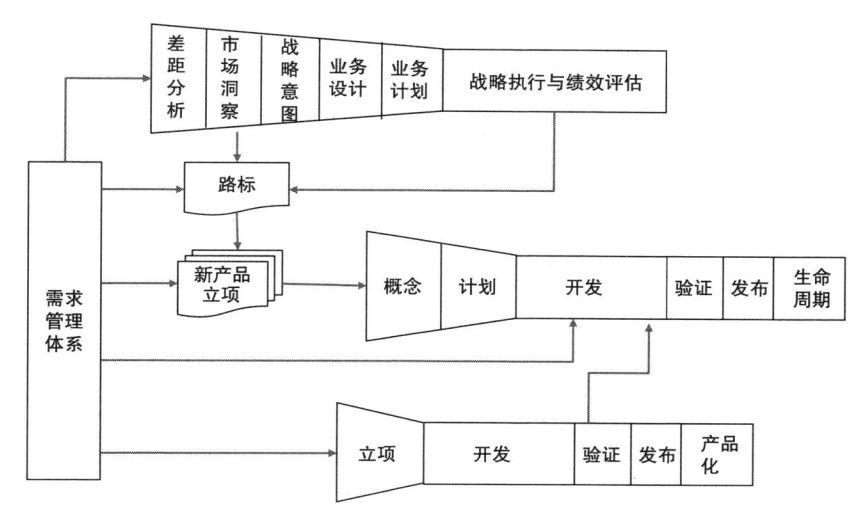

图 6-5　IPD 价值创造流

- 技术预研与开发能力。
- 平台设计与开发能力。
- 项目管理能力。
- 组合管理能力。
- 质量保障与成本控制能力。
- 人才培养与激励能力。

到这一步，我们就不能只满足于找出短板了，还应当进一步找出深层次的根因，并针对根因提出解决方案。这些解决方案经常会包含组织流程、企业文化和人力资源管理的变革方案，所以我们才会说组织变革是由业务战略触发的。

基于 GAPMB 的问题根因分析方法

企业内部组织能力的短板，是差距，也是问题。然而，它们还只是问题的症状和表象，必须对其进行根因分析。

5WHY 法对解决系统性问题的不足

在华为导入 BLM 之初，根因分析的方法是大家所熟知的 5WHY 法，通俗一点讲就是不断地追问"为什么"。如图 6-6 所示。

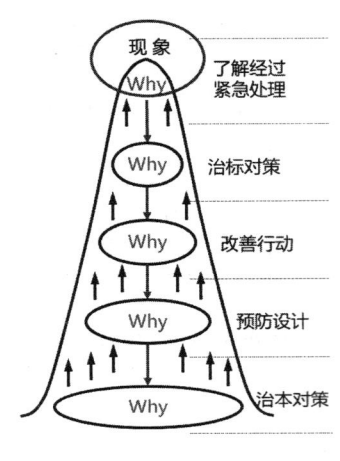

图 6-6　5WHY 法

例如，发现问题——"地板上有一滩油"，为什么会有油？因为机器漏油了；机器为什么漏油？因为衬垫磨烂了；衬垫为什么这么快就被磨烂了，以前可不这样？因为新采购回来的衬垫质量太差；为什么要采购低质量的衬垫？因为采购部以价格作为优先考虑的要素；为什么采购时要优先考虑价格？因为采购部今年成本考核压力太大。到这里，我们就可以提出根本性的解决措施了：调整采购部的成本考核权重，提高采购质量的考核权重。

在问题根因分析的实践中，我们发现 5WHY 法针对单个问题的分析与解决，确实是一把利器，但是，企业管理者每天面对的是大量复杂且相互牵扯的业务与人员管理上的问题，就像下面列出的这 15 个问题中的部分或全部：

NO.1：客户满意度严重下降。

NO.2：产品没有竞争优势。

NO.3：延期交货成了家常便饭。

NO.4：市场占有率在下降。

NO.5：内部运营能力不足，效率不高。

NO.6：产品成本居高不下。

NO.7：公司利润增长缓慢。

NO.8：无法有效应对日趋激烈的市场竞争。

NO.9：新产品的研发进展缓慢。

NO.10：研发项目过多，资源分散。

NO.11：销售不畅，库存过多。

NO.12：产品价格持续走低。

NO.13：员工之间、部门之间配合不顺畅。

NO.14：要参加的会议和要提交的报告多得一塌糊涂。

NO.15：员工工作积极性不足。

毫无疑问，这15个问题均源自同一个业务运营系统，基于同一套管理体系，它们之间必然存在着因果关系。同时，每个问题还可以分析出更多的原因。那么，这些问题与问题之间，问题与原因之间，甚至原因与原因之间的复杂因果关系又是怎样的呢？

如果针对每一个问题都用5WHY法分析一遍，就落入了只见树木不见森林的局部思考的陷阱，然后再针对每一个问题分别提出对策，则是一种典型的线性分割思维，是一种还原论，治标不治本，就像彼得·圣吉在《第五项修炼》一书中所说的那样：把一头大象劈成两半，并不能得到两头小象。

基于 GAPMB 的系统问题根因分析法

企业是一个系统，确切地讲，是一个社会系统（还有机械系统和有机系统）。如果要解决企业中的某一个问题，进行局部绩效的改善，5WHY

法够用了，但是，如果要解决的是系统性的管理问题，并且想提升系统的整体绩效，则 5WHY 法就显得有些力不从心了。在 BLM 的应用实践中，笔者基于系统思考和瓶颈理论，提出了更具实操的企业管理问题根因分析方法，其实在前面的业绩差距分析及市场洞察中的"看自己"，我们已经用这套方法在做分析了。

系统思考的第一性原理是：系统结构决定系统行为。对于企业而言，系统结构就是企业的流程制度、政策规则和绩效衡量方式等，系统行为反映的是企业作为一个整体，对外表现出来的运营能力、员工行为、市场表现等。正是基于此，创造了瓶颈理论的高德拉特博士才会说：你告诉我你怎么考核，我就告诉你我怎么做，如果你的考核方式不合理，也不要怪我的行为太疯狂。

那么，决定系统结构的又是什么呢？是企业高层的战略意图和他们对市场、客户、企业和员工所采取的最基本的观念与假设，这些观念与假设也称之为心智模式。企业高层基于他们的战略意图和心智模式，设计出企业的管理体系，包括各种规章制度与考核方式，于是便得到最终的员工行为表现、运营能力表现及产品在市场和财务上的表现，正所谓种豆得豆，种瓜得瓜。这一整套因果逻辑分析方法，笔者为之取名"GAPMB"，具体意思解释为：

G（Goal）：代表企业高层的战略意图和目标。

A（Assume）：代表企业高层在其战略意图下所持有的对市场、客户、企业和员工的基本观念和假设，也就是他们的心智模式。

P（Policy）：代表企业高层在他们心智模式的影响下设计出来的管理体系和政策规则。

M（Measure）：代表在此政策规则下所采取的绩效衡量方式。

B（Behavior）：代表员工及组织在绩效衡量方式下所表现出来能力和行为，最终体现为产品的市场与财务表现。

GAPMB 思维模型如图 6-7 所示。

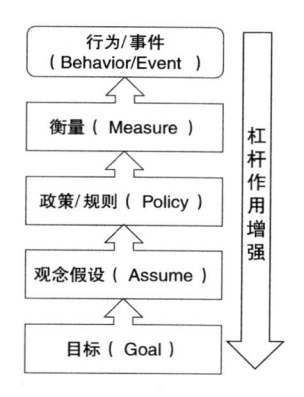

图 6-7　GAPMB 思维模型

用 GAPMB 的思维框架来理解 BLM 模型中的"价值观"与"氛围文化"两个要素之间的关系就很容易了（注：这是许多人咨询过笔者的一个问题）。华为"以客户为中心，以奋斗者为本，长期坚持艰苦奋斗"的价值观体现了企业高层所倡导的基本观点和价值主张，处于 A 层面；而华为"胜则举杯相庆，败则拼死相救"的团队文化则体现了华为员工的工作行为习惯，处于 B 层面。

我们下面再来看两个应用 GAPMB 分析问题根因的示例：

第一个是与生产管理相关的。在生产车间，我们总是认为生产设备的闲置是巨大的浪费（A），在这种观念之下，我们的生产计划与执行就是要确保所有设备的利用率最大化（P），于是把设备利用率作为 KPI 来考核生产车间（M），在这一 KPI 的驱动下，生产车间就会千方百计让所有设备 7×24 小时运转，最后生产车间堆积了大量的在制品库存（B）。

第二个示例是与研发相关的。我们从人性的角度来看，基层员工和部门的行为都是被眼前利益所驱动的（A），在这一观念下，企业采取了将研发部的奖金与项目收益挂钩的项目奖金制度，希望以此来解决研发与市场脱节的问题（P），实施项目奖后，就要求对每个项目进行短期财务方面的绩效考核（M）。最后导致大量定制化程度高、利润率也高的短期小项目耗尽了研发资源，保障企业长期发展的产品创新能力和核心技术没人关心了（B）。

GAPMB 的思维框架提示我们想要从根本上解决企业管理的问题，就必须沿着 BMPAG 的路径往下逐层分析原因，越往下层去分析和解决问题，绩效改善的效果就越大、越彻底。同时经验还告诉我们，越往下层，解决问题的成本越低。综合这两点，也就是说越往下层，解决方案的杠杆作用越大。

BLM 7 步法的差距识别及其根因分析过程，遵循的正是 GAPMB 的这一基本逻辑。GAPMB 在 BLM 中的应用如图 6-8 所示。

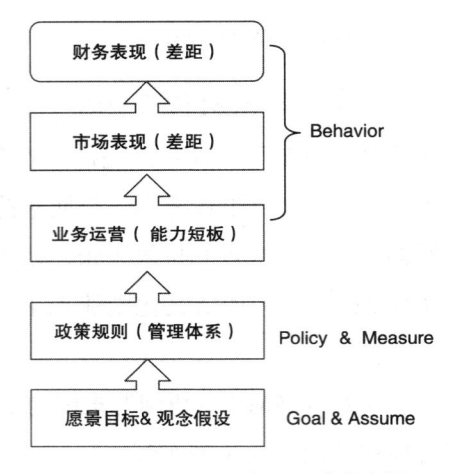

```
财务表现（差距）       ┐
      ↑               │
市场表现（差距）       ├ Behavior
      ↑               │
业务运营（能力短板）   ┘
      ↑
政策规则（管理体系）      Policy & Measure
      ↑
愿景目标&观念假设        Goal & Assume
```

图 6-8　GAPMB 在 BLM 中的应用

分析时，首先从 BU 的财务表现入手，财务表现是由 BU 的外部市场表现也就是市场份额、品牌影响力、客户满意度等决定的，内因才是决定性因素，外部的市场表现又是由企业内部的运营能力决定的，进而可以识别出内部运营能力的短板，所有这些都还是 B 层面的分析，不是根因的分析。

系统结构决定系统行为，内部的管理体系、考核机制（P 和 M）决定了业务运营的能力和员工的行为表现，然而，根本性的原因往往还是在 A 层面，特别是企业高层对对市场、客户、企业和员工所持有的基本观念和假设。但是，实践证明，企业高层的心智模式是很难在短时间内被改变的。因此，我们经常是不得不退而求其次，在 P 和 M 层面也就是从管理体系、政策规则和考核机制上思考问题的根因并提出解决方案，通过管理体系的改善反过来影响企业高层心智模式的改变。而这才是真正行之有效的问题分析与解决或在企业中推行组织变革的方法。

有了基于 GAPMB 的问题根因分析方法，再来梳理上面提到过的 15 个问题，逻辑上就显得理所当然了。15 个问题间的因果关系如图 6-9 所示。

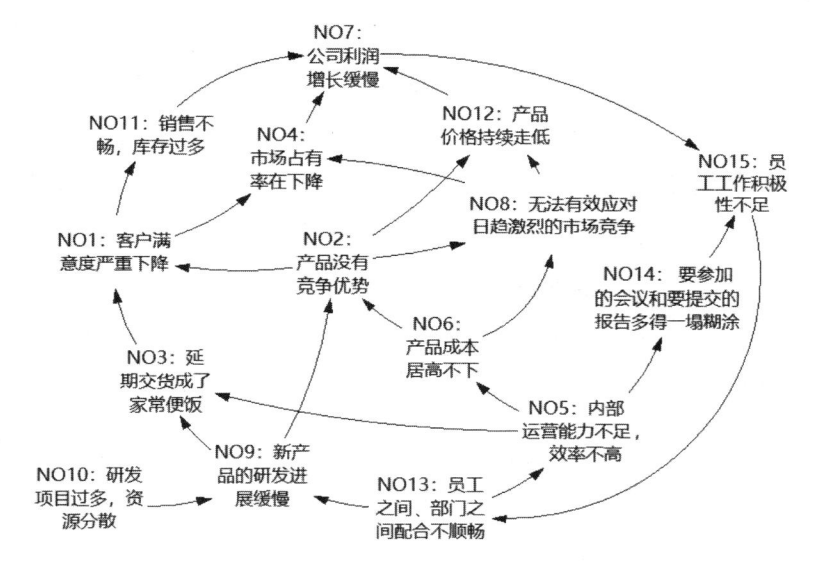

图 6-9　15 个问题间的因果关系

问题 NO.7 是财务表现，NO.11、NO.4、NO.12、NO.1、NO.2、NO.8 是市场表现，其他问题则是内部运营能力的表现。为了挖掘更深层次的问题根因，按照 GAPMB 的思考方法，接下来就要诊断组织管理体系的不足，在 BLM 7 步法中，我们是从业务领导力、组织与流程、人才与激励、氛围与文化四个维度进行诊断的。

组织体系的诊断与一致性检查

前面我们从企业的三个价值创造流识别出了造成业绩差距和机会差距

的内部组织能力上的短板,并且学会了基于 GAPMB 的问题根因分析方法。现在,让我们将视角往下移至 P 和 M 层,从组织体系的角度来分析组织能力短板的根因,也就是对组织进行诊断。

组织诊断的一致性模型

组织诊断的工具有大家熟知的麦肯锡 7S 模型,该模型由战略、结构、制度、风格、员工、技能和共同的价值观七个要素所组成,战略、结构和制度是组织的硬件,风格、员工、技能和共同的价值观是组织的软件。另一个诊断工具是在阿里巴巴被广泛应用的韦斯伯德的"六个盒子",它从目的、结构、奖励、帮助机制、关系和领导六个维度对组织进行扫描。BLM 7 步法所使用的诊断工具则源自纳德勒和图什曼的组织一致性模型。如图 6-10 所示。

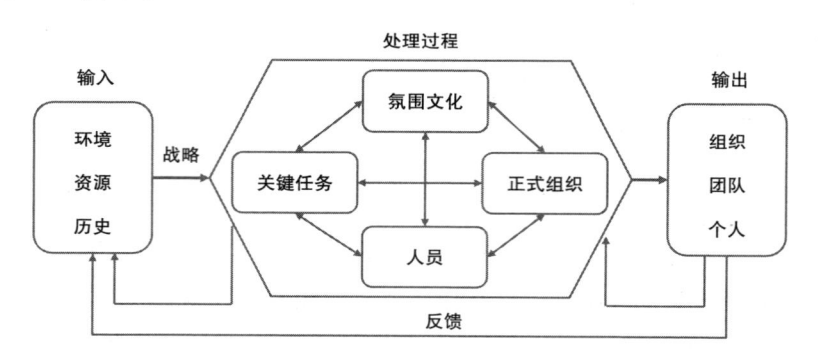

图 6-10 组织一致性模型

一致性模型将组织体系视为一个动态、开放的处理系统,输入是外部市场环境、组织所拥有的资源和组织的发展历史,在这些"给定条件"的基础上,组织会制定出对未来的战略规划,中间的处理过程是对战略解码后关键任务的执行,最后输出关于组织的、团队的和个人的绩效。作为处理过程的组织体系包含四个构件:关键任务、正式组织、人员和氛围文化。本质上,组织体系的设计者或管理者,其职责就是要为这四个构件找到最合适的配置,以创造出实现战略目标的输出。

一致性模型提示我们,组织中的各个组成部分是以一种平衡且一致(相互匹配)的状态共存的,它们之间的"一致性"程度越高,组织就越有效(包括效率和效益)。当一致性出现问题,特别是其他三个构件与关键任务不匹配时,绩效缺口(也就是差距)就出现了。

用一致性模型解决问题一共有五步:第一步是识别组织的业绩和机会缺口,也就是双差分析;第二步是描述从战略推导出来的关键任务,即战略举措或业务策略;第三步是检查组织的一致性,也就是正式组织、人员及文化与关键任务是否匹配,它们之间又是否匹配;第四步是开发解决方案并采取矫正行动;第五步是观察反响,并从结果中学习。

在这里,笔者需要提醒一点是:"一致性"是把双刃剑。短期内,一致性可以提高组织的效力和业绩,但是长期来看,一个高度一致性的系统对外界环境的变化会表现出反应迟缓甚至抗拒。这正是诸如柯达和诺基亚这些曾经的商业巨头走向没落的主要原因之一。如何解决这个问题?图什曼在《创新跃迁:打造决胜未来的高潜能组织》一书中给出了答案。

基于 GAPMB 的组织体系诊断方法

在 BLM 7 步法中,我们以组织一致性模型为基础,综合其他组织诊断模型的特征,并结合 GAPMB 的应用实践,提出了一个新的组织诊断工具。如图 6-11 所示。

使用该工具进行组织诊断的主要过程,正是按照 GAPMB 的逻辑进行的,在 P 和 M 层面也就是对组织体系进行根因分析时,所使用的方法与一致性模型最主要的区别就在于强调了业务领导力对组织效力的影响,而将关键任务作为组织存在的目标归属于战略。事实证明,业务主管的领导力和领导风格对组织氛围有 70% 的影响,组织氛围对组织绩效又有 30% 的影响。因此,我们认为业务领导力是组织体系非常重要的一个构件,这一点则是与 7S 和"六个盒子"两个模型保持了一致。

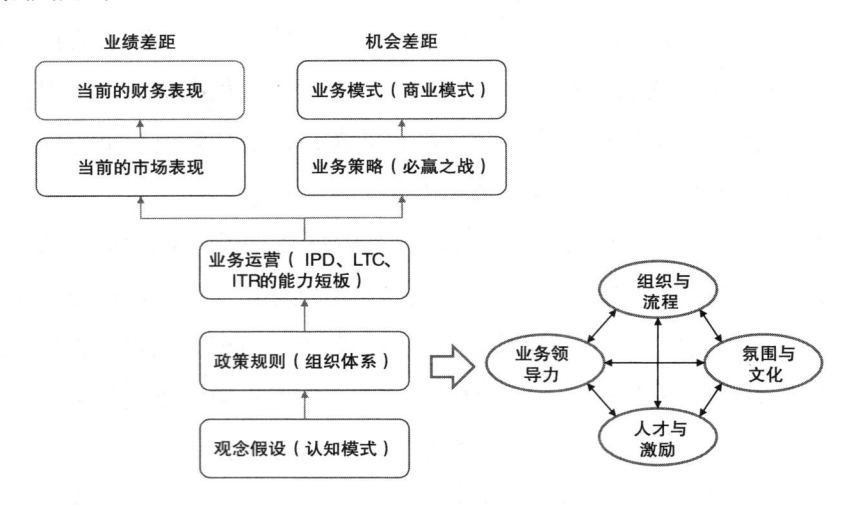

图 6-11 组织诊断工具

工具中的组织与流程、人才与激励是组织的硬件，业务领导力、氛围与文化是组织的软件。任何组织想要保持良好且稳定的绩效，就必须保证这四大构件与战略之间及它们相互之间的一致性。组织如果要弥补业绩差距，可以通过一致性检查分析出其产生的根因；如果想支撑新战略的落地，也必须通过一致性检查识别出组织体系的不足，并给出应对措施。

四个组织构件的一致性诊断与分析，我们可以通过如表 6-2 所示的问题和步骤展开，在实际分析时，我们将重点放在四个构件应当如何支撑业务战略的实现上。

表 6-2（1） 组织与流程的诊断与分析

现状分析： ✓ 业界典型的组织结构及业务流程分析。 ✓ 主要竞争对手的组织结构及业务流程分析。 ✓ 公司现有组织结构及业务流程优劣势分析。	对战略的支撑： ✓ 支撑业务战略的关键成功因素是什么？ ✓ 业务战略需要什么样的组织结构来支撑？ ✓ 业务战略需要什么样的业务流程来支撑？
组织优化： ✓ 如何优化组织结构？如何设计关键岗位？ ✓ 如何优化岗位职责及运作关系？ ✓ 如何设计组织考核目标和绩效牵引点？	流程优化： ✓ 分析识别关键业务流程。 ✓ 如何优化关键业务流程？ ✓ 明确决策流程及决策责任人。

表 6-2（2） 人才与激励的诊断与分析

现状分析： ✓ 竞争对手的人力状况。 ✓ 我司现有人力及布局。 ✓ 为支撑战略，还需补充哪些关键人才和能力储备？	业务骨干： ✓ 影响业务成功的能力短板有哪些？ ✓ 业务骨干在数量、质量和结构上有何差距？ ✓ 如何引入"明白人"，激励和留住"明白人"？
管理干部： ✓ 关键岗位管理干部的领导力存在哪些明显的短板？ ✓ 现有中基层管理干部的能力短板有哪些？如何提升？	员工激励： ✓ 现有激励机制是否有效调动部门和员工的积极性？ ✓ 需要什么样的激励机制支撑新业务、新组织的发展？

表 6-2（3） 氛围与文化的诊断与分析

现状分析： ✓ 现有文化氛围的优劣势分析，哪些需要加强？ ✓ 竞争对手的文化氛围有哪些是可以借鉴的？	对战略的支撑： ✓ 现有氛围文化是否支撑新的战略和业务需求？ ✓ 新业务对氛围文化有什么特别的需求？ ✓ 员工有确保成功实施战略任务的动力吗？
核心价值观： ✓ 新的业务模式或新的业务如何体现公司的核心价值观？ ✓ 核心价值观在战略执行中如何落地？	文化建设： ✓ 需要建立什么样的氛围文化？ ✓ 如何营造高绩效的文化氛围？

表 6-2（4） 业务领导力的诊断与分析

现状分析： ✓ 业务领导者的战略思维、经营意识、市场与客户导向意识如何？ ✓ 业务设计能力、团队领导风格能否满足业务发展的需要？	领导力的提升： ✓ 新的业务战略对业务领导者提出了哪些新的要求？ ✓ 如何提升业务领导力？如何选拔业务领导者？

关于华为如何用九力或四力模型提升业务主管的领导力，如何打造流程型组织（包括铁三角），如何培养和选拔干部与将军，如何塑造狼性文化，相关书籍和资料均有详细介绍，本书不再赘述。

下面我们以某汽车零部件生产商的差距根因的初步分析为例说明该工具的使用过程。首先，我们通过分析识别出了两个最重要的差距：一是市场份额低，销量不振，这是当前令公司销售部人员和高层夜不能寐、食不知味的业绩差距；二是尽管大家在各个细分市场上都能看到未来的市场增长机会点，却只能感叹我们没有拿得出手的拳头产品参与竞争，这是面对机会却无能为力的机会差距。诊断过程如图6-12所示。

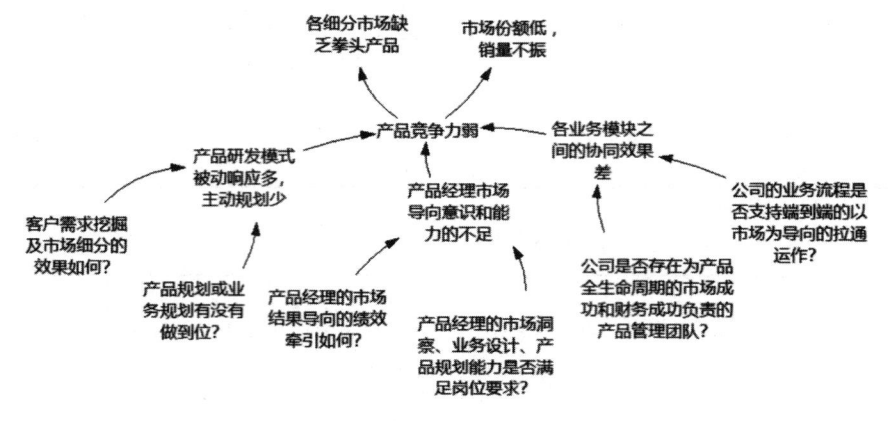

图6-12 诊断过程示例

两种差距都指向了"产品竞争力弱"这一市场表现，"产品研发模式被动响应多，主动规划少""产品经理市场导向意识和能力不足""各业务模块之间的协同效果差"则是造成"产品竞争力弱"的直接原因，"客户需求挖掘和市场细分的效果如何"反映了产品团队的市场洞察力，"产品规划或业务规划有没有做到位"则反映了产品团队的规划能力，这些也都属于内部运营能力的层面。"公司是否存在为产品全生命周期的市场和财务成功负责的产品团队"，是对组织架构的诊断；"公司的业务流程是否支持端到端的以市场为导向的拉通运作"，是在对业务流程进行诊断；"产品经理是否满足岗位要求"和"产品经理的绩效牵引如何"，则是在从人才与激励的角度进行组织诊断。

以上还只是对组织体系一致性的初步分析，进一步的分析一般都会涉及组织的氛围文化、内部协作机制、人才发展等问题。通过对组织体系的诊断，一方面可以找出造成业务差距的根因，另一方面可以识别出为支撑新的战略落地，并打赢必赢之战，组织体系必须要进行的优化和调整。综合这两个方面的需要，业务经营团队就有可能会在战略执行时启动组织流程、企业文化或人力资源管理的变革。

至此，我们完成了业务战略设计及对战略进行的空间维度的解码，这是原始的 BLM 业务领先模型的主要内容。现在再回过头来看看 BLM 模型，我们发现它其实就是基于 VDBD 的"业务设计"与基于一致性模型的"组织设计"的集成。集成是 IBM 的强项，华为的强项则在于学习并超越。

年度关键任务及 KPI 的分解

空间维度的战略解码所输出的必赢之战以及组织能力提升方案都还是覆盖未来三年的关键任务，接下来要考虑的则是要将其进一步解码成下一年度的关键任务。这一步，我们称其为对业务战略的时间维度的解码，也就是我们前面所说的第三层解码。也如前文所说，第四层解码是将各业务单元的年度关键任务和绩效 KPI 分解到各职能部门和个人。一般情况下，我们在 SP 的规划过程中，只需要做到第三层解码就够了，第四层解码则是在人力资源管理的绩效管理过程中实施的。

时间维度战略解码的逻辑过程如图 6-13 所示。

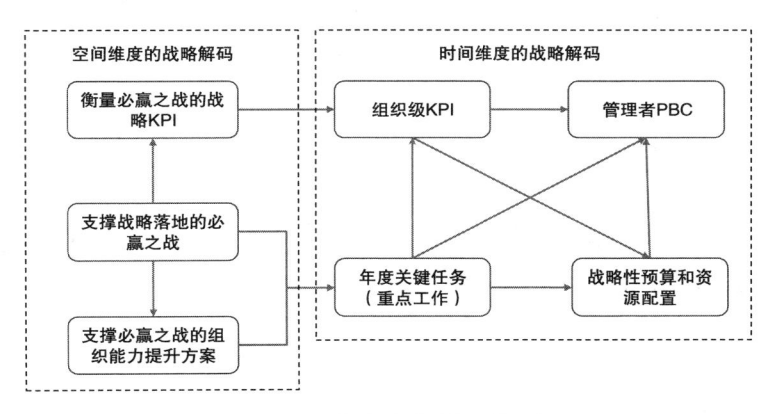

图 6-13 时间维度战略解码的逻辑

首先，从三年的战略必赢之战和组织能力提升方案（可能还有组织变革方案）中提炼出下一年度的关键任务，也就是重点工作；然后，基于年度重点工作的绩效目标和对前面战略 KPI 的分解，得到 BU 的组织级 KPI，这是对整个 BU 的关键绩效考核指标，是 BU 的一级 KPI，这些考核指标最终会落实在 BU 经营层主管的个人绩效承诺书（PBC）中；明确了年度重点工作和考核指标，接下来要考虑的则是基于年度关键任务的运营需要，提出年度战略投入预算和资源配置。

年度重点工作源自对三年必赢之战和组织能力提升方案的分解，分解时请思考"为了打赢必赢之战或提升组织能力，必须要完成的 1～3 项子任务是什么"。

例如，"为了成功开拓东南亚片区的专业服务市场，提升专业服务的收入占比"这一必赢之战，就必须完成如下三项子任务：

任务一：完成至少 5 名综合性专业服务人才的培养和开发；完成时间：2021 年第三季度。

任务二：推出满足客户需求的专业服务解决方案；完成时间：2021 年第四季度。

任务三：获得东南亚 TOP10 的客户群对专业服务品牌的认可，并实现规模增长；完成时间：2023 年第四季度。

再如，"建立真正的以市场和客户需求为导向的市场管理体系"这一组织变革方案，必须完成的两项子任务是：

任务一：建立起初步的需求管理和产品规划体系（包括组织和流程）；完成时间：2022 年第二季度。

任务二：完成至少 5 名既懂产品又懂营销的中高级产品经理的培养；完成时间：2021 年第四季度。

对于子任务的分解，一定要识别瓶颈因素，抓关键问题，只聚焦 1～3 项就行，不能太多。一般来说，从 3～5 场必赢之战中会分解出十几项子任务，从组织能力提升方案中也会分解出十几项来。然后，从所有这些子任务中筛选出 8～12 项年度关键任务，如图 6-14 所示。

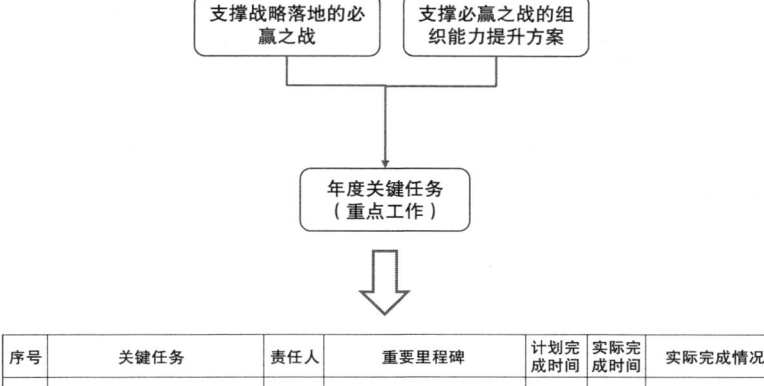

图 6-14 年度关键任务

关键任务回答"是什么"，绩效指标则回答"何时由多少改善到多少"，对于 BU 的组织级绩效考核指标，要重点关注三类指标，如表 6-3 所示。

表 6-3 BU 的组织级绩效考核重点关注的三类指标

生存能力指标	可持续发展指标	核心竞争力指标
✓ 销售收入 ✓ 销售收入增长率 ✓ 营业利润率 ✓ 计划完成率 ✓ 产品及时交付率 ✓ 客户满意度	✓ 新产品/新业务收入占比 ✓ 市场份额增长率 ✓ TOP 客户收入占比 ✓ 目标成本达成率	✓ 核心技术支撑的产品收入占比 ✓ 产品平台支撑的产品收入占比 ✓ 产品开发共享率 ✓ 关键技术突破率 ✓ 骨干员工离职率

这三类绩效考核指标针对不同战略定位的产品，侧重点又会有所不同，成熟的主力产品，往往是可以带来现金流的产品，其定位是要保证我们能活下去，所以重点关注效率与成本，权重大的 KPI 可以设置为销售收入、营业利润、目标成本达成率、产品故障率等。成长类产品，往往是正在快速增长的产品，其定位是让我们活得好，所以要加大投入，并关注交付效率，权重大的 KPI 可以设置为市场份额增长率、新产品收入占比、TOP 客户收入占比、产品及时交付率等。而种子产品，往往是实验型、预

研类产品，其定位是让我们活得久，则重点关注未来产品的竞争力，不应过于关注市场份额、收入等结果性指标，考核的重点是过程性指标如费用预算执行偏差率、计划完成率、公共模块使用度（设计成本完成率）、核心技术的投入占比等。

通过业务战略时间维度的解码，我们确定了下一年度的关键任务和组织级 KPI，这两项内容都会落实在业务主管的个人绩效承诺书（PBC）中。业务主管的个人 PBC 主要包括如下三个方面的内容：

◆ 组织绩效目标（关注组织整体目标的实现）：

经常是简单粗暴地以关键绩效指标（KPI）的形式来呈现。

◆ 个人绩效目标（凸显个人贡献）：

✓ 个人业务目标：支撑组织级 KPI 和关键任务的达成，体现岗位应负责任、角色要求及个人贡献，体现个人对组织的独特贡献。

✓ 团队管理目标：支撑所负责的组织绩效目标的达成，有清晰的可衡量标准，从团队领导、人才培养、能力建设、工作氛围等方面思考。

◆ 能力提升计划（聚焦能力短板，但不作为绩效评价项）：

根据绩效表现，分析本人工作能力方面的挑战，设定针对性的能力提升计划。

而组织级 KPI 及业务主管的 PBC，是要通过组织绩效管理的方式进行闭环管理的。整个组织绩效管理的过程，包括战略规划与解码、战略执行与监控、组织绩效评估与反馈和评估结果的应用。战略规划与解码输出组织级 KPI 和年度关键任务，战略执行与监控是通过月／季度审视、半年刷新、推动落实、资源调整等工作来完成的，组织绩效评估包括组织级 KPI 完成情况的测评及业务主管的年度述职，组织绩效的结果会影响整个团队绩效比例的调整，奖金包的分配以及业务主管的加薪和晋升。由此可见，组织绩效的管理过程，本质上还是属于战略管理。

年度经营计划及预算

对业务战略进行空间和时间维度的两层解码后，我们就完成了战略规划（SP）的全部旅程。然而，通过 SP 的战略解码，我们所输出的下一年度的重点工作和组织级 KPI，都还只是对 BU 的经营团队提出了下一年度的经营方向、业务重点和总体的业绩目标而已，BU 下面各职能领域的年度作战计划、运营策略、业务预算、资源配置等则需要通过年度经营计划（BP）的制订和年度预算的编制来完成。

BP 的制订也是一次全面、系统的分析活动，通过多个部门的交互，能够深入地挖掘各部门下一年度的机会和威胁，有利于各部门捕捉市场机会和降低运营风险，保障业务战略的顺利实施。BP 也是各部门下一年度 KPI、PBC 等的制定的主要依据，是各部门日常运作的行动纲领。通过 BP 的制订，各部门资源利用效率会得到提高、产品的路标更加明确、年度预算更加清晰。

从战略规划（SP）到年度经营计划（BP）

如何从 SP 过渡到 BP？SP 应该向 BP 输入什么？SP 与 BP 到底是啥关系？这些亦是多年都在困扰众多企业经营者的问题，我们可以用图 6-15 来回答这几个问题。

将 SP 解码成年度关键任务和 KPI，甚至将其分解给下面的各职能部门或者个人，这都是 SP 的内容。通过 SP 时间维度的解码，所得到的 KPI 只是绩效考核方案而已，具体的绩效目标值，要等到制订 BP 时才能确定，因为此时，连年度销售收入都还没有确定，是无法确定各项 KPI 的绩效目标值的。年度销售计划是整个 BP 的起点，只有先明确了机会点和销售收入，才能确定其他功能领域的经营计划，不同于从各部门的职责定位出发所制订的 BP，这才是真正的以市场和客户价值驱动的由外而内的 BP 制订过程。先有经营计划，后有年度经营预算和人力预算，但是，在 SP 时间维度的解码阶段，当年度关键任务出来后，就可以开始申请年度战略性预算了。BP 制订完成，KPI 目标值亦确定了，要通过主管的述职和评审，最后签署业务主管的 PBC。

从 SP 过渡到 BP，还必须完整输入以下三个方面的内容：

➢ 年度销售预测及财务目标。

➢ 分产品的主要市场机会。

➢ 关键任务清单及责任人。

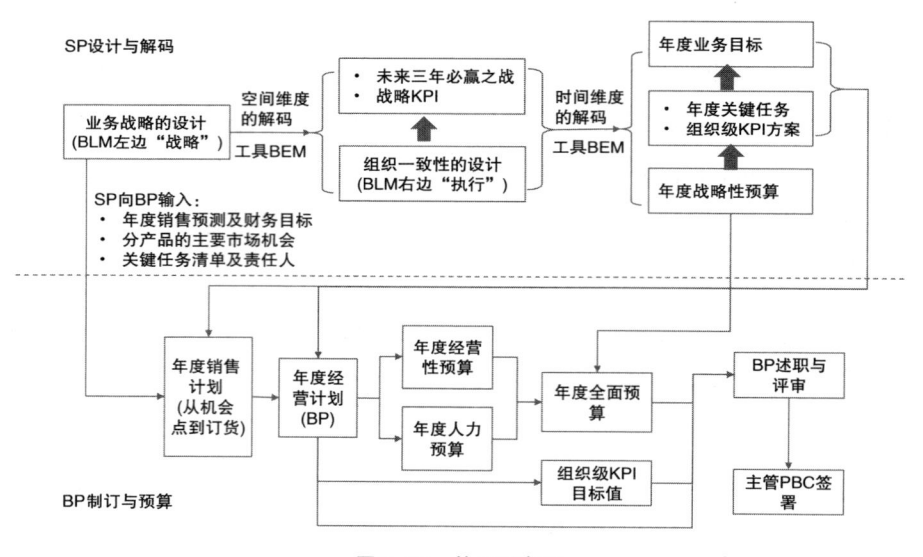

图 6-15 从 SP 到 BP

业务单元的 BU-BP 与公司级的 C-BP 的制订过程与 SP 类似，也是一个 "V" 字形。首先，C-BP 规划团队输出公司年度重点工作初稿、公司 KPI 方案，总裁办/总经办评审后给出年度销售总体目标、费用预算规则、人力总预算并确定公司 KPI 方案。各 BU 提出各自的年度销售计划初稿，总裁办/总经办解决各 BU 与总体目标的分歧后，批准 BU 的年度销售计划。随后各 BU 制订各自的年度经营计划和年度预算初稿并向总裁办/总经办述职，C-BP 规划团队则负责汇总输出公司级年度经营计划和年度预算（包括人力预算），提交总裁办 / 总经办评审并修改后定稿。

完整的年度经营计划包括了各职能领域的年度行动策略和计划，经营性预算及人力预算，项目优先级排序及重要资源的配置等。BLM 7 步法的重点在于 SP 的设计与解码，有关 BP 的详细内容，本书不展开阐述，只针对 BP 中与利益分配相关的薪酬包的预算介绍两种增量绩效导向的开放式预算方法。

增量绩效导向的开放式薪酬包预算

预算的本质是对资源进行有效配置，以支持战略的顺利落地。年度预算包括经营性预算和战略性预算，经营性预算又包含业务预算和财务预算。业务预算是业务部门负责编制的有关人、财、物的预算，财务预算则是财务部门主导的业务预算数据在财务三大报表上的指标反映。编制业务预算时需注意一点的是，要将研发、生产、销售和管理费用的预算与客户界面的预算分开，当面对降本增效的压力时，客户界面的预算不能减，必须给足，而且在年底核算时，客户界面的预算"节约不归己"，要由公司收回，不能当作奖金发放。年度战略性预算与客户界面的预算类似，要单列管理，专款专用，独立核算，再穷不能穷战略。预算采用弹性授予制，一季度按比例给足，从 4 月份开始按"收入、销售毛利完成率孰低"的原则给预算。

华为在与员工利益密切相关的薪酬包预算方法上，采取的是增量绩效导向的开放式预算。先来看一下华为总薪酬包的结构设计。

总薪酬包由四个子包组成（日常运营薪酬包、战略性薪酬包、经营性奖金包、战略 / 土壤肥力奖金包），分别从经营性预算包 / 战略性预算包、工资性薪酬包 / 奖金包两个维度划分的。如图 6-16 所示。工资性薪酬包强调配多少人，干多少活，奖金包则强调增量绩效，多劳多得。经营性预算包鼓励业务的持续经营，人均效率的提升，而战略性预算包是要引导战略任务有人干，战略项目有扶持。

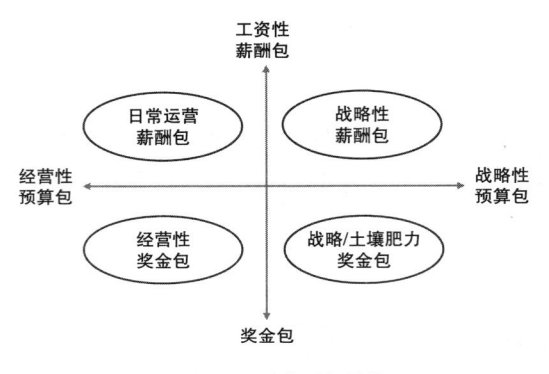

图 6-16　总薪酬包结构

战略性薪酬包用于投资未来竞争力的提升，节约不归己，而减员增效所产生的日常运营薪酬包的节省可以转换为经营性奖金。在奖金包中，要保证有10%～15%用于战略/土壤肥力奖金，与土壤肥力 KPI 挂钩，牵引中长期可持续发展，土壤肥力的考核项包括战略性项目、客户满意度、骨干员工培养、核心技术突破和组织能力建设等。

所谓开放式预算，就是把预算包设置成按比例分配，而不是一个固定的数额。所谓增量绩效导向，就是存量要打折，增量加杠杆。假如去年预计收入是1000万元，按20%的比例来算总薪酬包的话，则是200万元，如果今年预计收入能达到1800万元，则其中的1000万元是存量，要打0.8折，另外的800万元是增量，按1.5倍加杠杆，则总薪酬包是（800万元＋1200万元）× 20% = 400万元。比按 1800万元 × 20% = 360万元要多出40万元。这就是在鼓励业务经营团队多做增量，而且还可以通过 KPI 的设计，牵引增量主要来自于新产品、新市场、TOP 客户。

总薪酬包的预算过程和比例分配，可以采用如图 6-17 所示的方式。一般来说，一个行业或某个区域的销售毛利率每年不会有太大的波动，预测出年度销售收入之后，就可以算出总的毛利额，如果设置毛利额的 60% 为人工成本，除去五险一金，约 2/3 为总薪酬包。如果再设置总薪酬包的 7

成为工资性薪酬包，3 成为奖金包，则可以算出人均月薪。

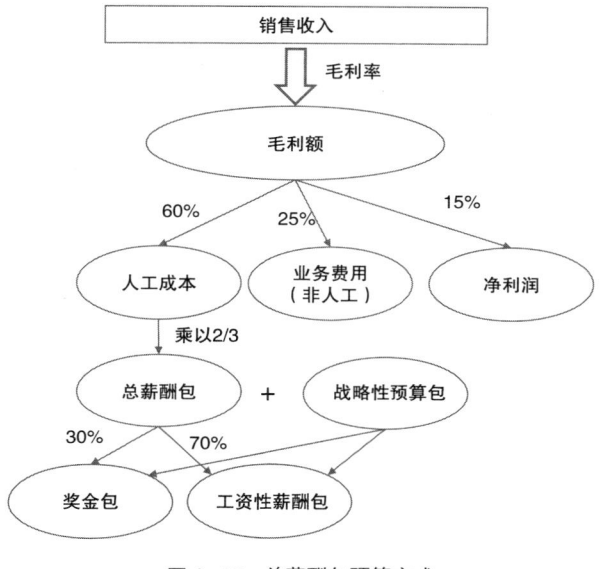

```
                    销售收入
                       ↓ 毛利率
                     毛利额
            60%    25%      15%
         人工成本  业务费用  净利润
                  （非人工）
            ↓ 乘以2/3
         总薪酬包  +  战略性预算包
        30%   70%
       奖金包  工资性薪酬包
```

图 6-17　总薪酬包预算方式

华为 2010 年曾给各业务部门提出要达到人均毛利 100 万元的目标，这是基于当时华为员工人均年固定工资达 28 万元，人均年薪酬包（工资加奖金）约 40 万元，人工成本（含五险一金）达 60 万元/人年倒推出来的。

总薪酬包的预算，还可以采用下面的这种方法：

总薪酬包 =（收入 × 收入系数 × 收入权重 + 利润 × 利润系数 × 利润权重）× 地区/国家系数 + 战略性预算包

➤ 收入（规模）权重：成长业务 60%，成熟业务 40%。

➤ 利润（效益）权重：成长业务 40%，成熟业务 60%。

➤ 收入系数 = 50% ×（上第 1 年度总薪酬包/上第 1 年度收入）+ 30% ×（上第 2 年度总薪酬包/上第 2 年度收入）+ 20% ×（上第 3 年度总薪酬包/上第 3 年度收入）。

➤ 利润系数 = 50% ×（上第 1 年度总薪酬包/上第 1 年度利润）+ 30% ×（上第 2 年度总薪酬包/上第 2 年度利润）+ 20% ×（上第 3 年度总薪酬包/

上第 3 年度利润）。

实施开放式预算，各 BU 在做年度预算特别是人力预算时，就有了统一的规则，而不是总想着在年度任务的工作量和难度上耍小聪明，然后跟公司去博弈，争取拿到更多的预算。

Growth Strategy

第 7 章
战略执行中的瓶颈突破

执行力的理念是上级将责任推卸给下级很便捷的手段。

——万科总裁 郁亮

每个人都在谈论战略执行力不足的问题，宁要三流的战略加一流的执行，不要一流的战略加三流的执行，不能被执行的战略都只是在喊口号。但是，当谈到如何强化战略执行力时，人们又往往回到了原来的老路上：通过战略解码分解战略目标，利用绩效管理压实考核指标，通过末位淘汰清理执行力差的员工。殊不知，问题都在前三排，根源却在主席台。

战略执行瓶颈的识别与突破

执行力不足是个老生常谈的问题了，是许多企业长期存在的问题。既然是长期存在的问题，必定是冰冻三尺，非一日之寒。按照前面章节所说的 GAPMB 问题思考方法，它是系统性、结构性的问题，而非员工行为层面的问题。

在企业的所有管理活动中，凡是难以解决的问题，都会表现成一种冲突的存在，是鱼和熊掌不可兼得的冲突。那么，执行力差的问题又会表现出怎样的冲突呢？冲突会发生在哪里呢？

战略执行力不足的冲突表现

下面我们来看一下战略执行中的冲突是如何发生的，企业或 BU 的经营团队通过战略规划，明确了企业或 BU 的愿景、使命及战略目标，然后通过战略解码，将总体目标分解成各职能部门或业务部门的绩效 KPI 指标。于是各部门为了达成自己的绩效指标，各种冲突和矛盾就出现了：为了提升质量，却推高了产品成本并延长了交期；为了削减成本，却造成了质量事故频发；为了增加销量，却使得企业的利润率下降了；为了缩短生产交期，却增加了库存和仓库的运营费用；为了减少库存，却会影响订单交期并流失销售机会。

现在我们把战略解码的过程分战略目标及战略举措、绩效指标及业务策略、战略执行三个层次展开来看。

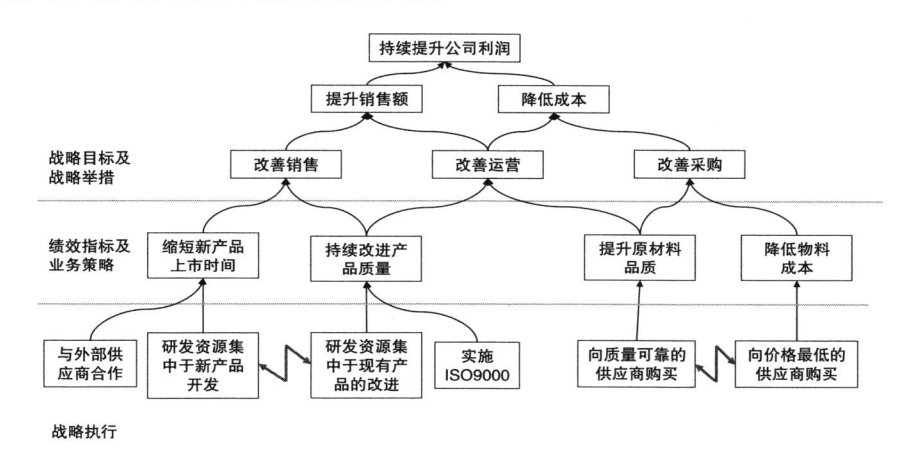

```
战略目标及                    持续提升公司利润
战略举措              ┌──────────┴──────────┐
                   提升销售额              降低成本
              ┌───────┴───────┬───────────────┐
           改善销售          改善运营         改善采购

绩效指标及   缩短新产品    持续改进产品      提升原材料    降低物料
业务策略     上市时间        品质           品质          成本

          ┌────┬───┐    ┌────┬────┐      ┌────┐      ┌────┐
        与外部供  研发资源集  研发资源集   实施      向质量可靠的   向价格最低的
        应商合作  中于新产品  中于现有产  ISO9000   供应商购买    供应商购买
                  开发      品的改进
战略执行
```

图 7-1　战略执行中的冲突发生

企业或 BU 一般都会提出持续提升公司利润的战略目标，在此之下，会进一步将其细化成改善销售、运营和采购的三个战略举措。为了支撑改善销售的战略举措，于是提出了缩短新产品上市时间和持续改进产品质量的业务策略，这两个业务策略分别对应两个绩效考核指标。为了缩短新产品上市时间，研发必须把资源集中于新产品开发，而为了改进产品质量，研发又不得不把资源集中于现有产品的改进，由于研发资源是有限的，于是争抢资源的冲突出现了。同样的，在改善采购的战略举措之下，也会发生向价格最低的还是向质量可靠的供应商采购的冲突。如图 7-1 所示。

由此可见，企业或各 BU 在战略设计和战略解码阶段所输出的战略目标及绩效指标之间并不存在冲突，但是到了执行层，冲突发生了，是我们分别支撑各项战略目标或绩效指标的行动及措施之间发生了冲突。

基层执行组织在面对这些冲突时，哪边的压力大，就会把管理注意力和资源往哪边倾斜。于是，在企业管理活动中，你会经常看到企业的资源和管理者的注意力总是在冲突的两边左右摇摆，今天以牺牲这个目标来满足另一个目标，明天再反过来重复一遍，这是冲突发生时的妥协，是被动救火的临时症状解。

在战略执行的过程中，企业的管理系统到底经历了什么？按照GAPMB思维框架，由最底层的目标出发，会向上引发一连串的APMB的因果反应，即使是基于正确的目标，却经常会在错误的假设（A）和认知之上，制定出错误的政策（P），设计出错误的绩效衡量方式（M），最后导致错误的行为（B）。

下面定我们用系统思考的因果回路图（如图7-2所示）来展示冲突发生的机理。

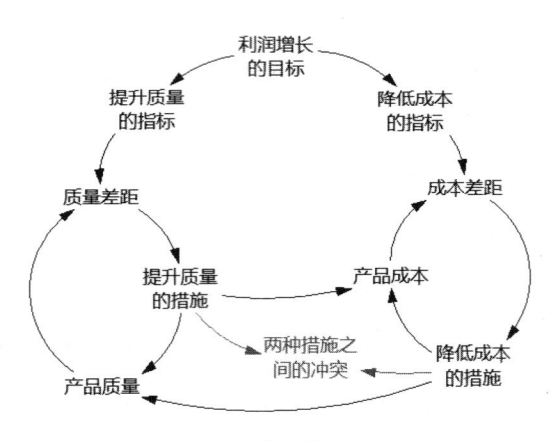

图7-2 冲突发生的因果回路图

如图7-2所示，在利润增长的战略目标之下，分解出提升质量和降低成本的指标，如果我们实现降成本的指标是基于"降成本只能依靠降物料成本来实现"的认知，则会制定低价的采购政策和降低质量标准的来料检测方式，如此所采取的降成本的措施必然会带来大量的质量隐患，危及质量指标的达成。于是，冲突便产生了。

更进一步的分析是，基于如何降成本的错误认知，会形成图7-2中右边有关达成成本指标的因果回路，同样，基于如何提升质量的错误认知，也会形成图7-2中左边有关达成质量指标的因果回路。表面上的成本与质量的冲突，实则是两个因果回路的冲突，是系统性、结构性的冲突。这种系统性结构性的冲突，决不是凭单个人或单个部门的能力就能解决的，但是高层领导却总认为只要把造成业绩差距的"害群之马（某个人或部门）"找出来处理掉就能提高企业的整体绩效。事实证明，这种头痛医头、脚痛医脚的方法可能会带来短暂的绩效改善，却为整个管理系统埋下了更大的隐患（由"降低成本的措施"→"产品质量"与"提升质量的措施"→"产品成本"连接而成的恶性循环）。

战略执行的最大冲突是追求成长与追求稳定之间的冲突

企业存在的唯一理由是追求"基业长青"，为了基业长青，所以才会制定战略以求先活下去，再活得好，然后活得久，所采取的策略则是吃着碗里的，盯着锅里的，想着田里的。

企业追求基业长青，则必须不断地推行变革以增强活下去并活得好的能力，这就要求任何形式的变革，必须确保既能给企业带来整体绩效上的改善，同时又不要破坏企业的稳定性，这是企业对推行变革的两个最基本的诉求，同时也是一个两难的抉择。说它是一个两难的抉择，是说企业会陷入图7-3右边的这样一种用冲突图展示出来的冲突：为了基业长青，必须追求成长，为了成长，必须变革；为了基业长青，同样要追求稳定地生存下去，为了稳定，就不要变革；变革与不变革是一种冲突。

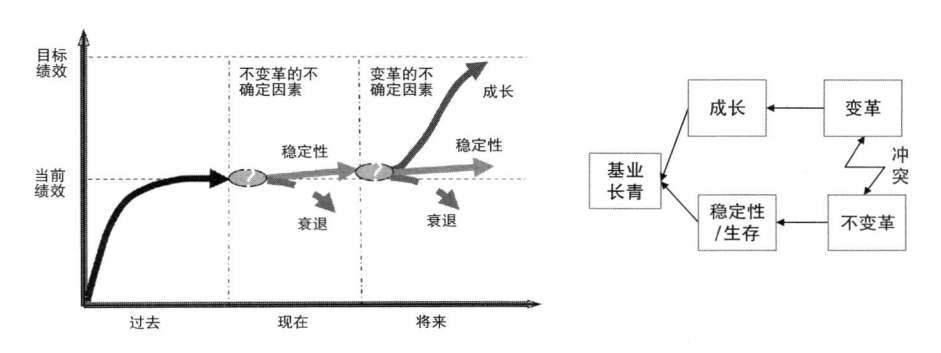

图 7-3 企业变革与不变革的冲突

其实"成长"与"生存"是达成"基业长青"的两个必要条件（也就是变革的两个基本需求），它们之间并不存在冲突，有冲突的是满足这两个必要条件所要采取的行动（变革与不变革）。

这个世界唯一不变的就是变化，不管变革还是不变革，都得面对这个激荡变化的生存环境。不变革，会让企业陷入衰退的风险；变革，更会加剧企业衰退的步伐。但是如果选择变革，也会给企业带来成长的可能，以脱离当前的困境。面对如此的抉择困境，许多企业会选择先变革来改善绩效，而在实施绩效改善方案的过程中，发现变革给企业带来的不稳定性因素太多了，又不得不停下来，甚至是原路返回，这正是绝大多数企业导入IPD体系、JIT（精益生产）等体系失败的真实写照。

如何解决战略执行中的冲突

既然战略执行力的问题是一种冲突，那么如何解决冲突呢？按照GAPMB的问题思考方法，冲突是处于B层面的一种行为表现。系统结构决定系统行为，解决冲突的办法，隐藏在系统的结构中。

所谓系统的结构，就是系统内部各要素之间的连接，在连接之上流动的是物质流、能量流和信息流，所有的流动都遵从类似于水流动时的最小阻力之路，河道就类似于系统中的连接。当物质、能量和信息流在系统中的瓶颈处被迫减缓甚至停止流动时，冲突和矛盾就产生了，在生产线上会形成库存，在管理系统里会形成冲突和矛盾的堰塞湖。

因此，冲突的解决方案就是识别系统中的瓶颈，然后重构系统的结构，设计出新的最小阻力之路。在BLM 7步法中，从业务领导力、组织与流程、氛围与文化、人才与激励四个维度识别组织体系中的瓶颈（短板）并重构组织体系的结构。

这里所说的瓶颈概念源自以色列籍物理学家、企业管理大师高德拉特博士创立的瓶颈理论。瓶颈理论把企业价值创造的过程看成一根链条，链条的强度取决于其中最弱的那一环（也就是瓶颈），不管哪一种管理系统（包括营销、研发、生产、供应链、财务、HR 等），通过聚焦少数几个"物理的"和"逻辑的"瓶颈（如图 7-4 所示）并使系统各部分同步运行，就可以在短时间内使系统得到显著的整体绩效的改善。瓶颈理论指出，任何冲突都存在着双赢的解，也就是说鱼和熊掌可以兼得，只不过不是同时。

企业管理系统的结构是受 GAPMB 影响的，那么企业管理系统的瓶颈也就存在于 GAPMB 中，存在于 B 层面的瓶颈我们称之为物理瓶颈，B 层面以下的称之为逻辑瓶颈。

常见的物理瓶颈有：

➢ 能力瓶颈：某些特定资源（人员、设备）没有足够的能力满足客户要求。

➢ 时间瓶颈：订单（或项目）的交期相比竞争对手或客户的实际要求过长。

➢ 市场瓶颈：客户需求不足或产品（服务）无法满足客户需求。

常见的逻辑瓶颈有：

➢ 政策瓶颈：以加班时长为参考的绩效衡量潜规则，论资排辈的晋升机制等。

➢ 观念瓶颈：局部观而非全局观，经验观而非逻辑观，静态观而非动态观。

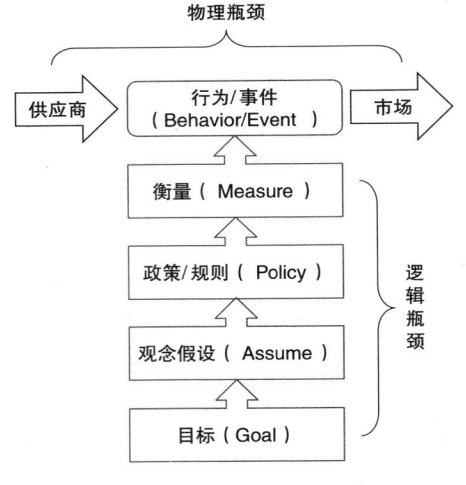

```
            物理瓶颈
        ┌─────┴─────┐
供应商 → 行为/事件 → 市场
        (Behavior/Event)
             ↑
         衡量(Measure)  ┐
             ↑          │
         政策/规则(Policy)│ 逻辑
             ↑          │ 瓶颈
         观念假设(Assume) │
             ↑          │
          目标(Goal)    ┘
```

图 7-4　物理与逻辑瓶颈

正如前面章节所介绍的，越往 GAPMB 的下层解决问题，所提出的解决方案所需的成本就越小但效果却越好，即杠杆作用越大。针对战略执行过程中的冲突问题设计解决方案时，建议先从物理瓶颈入手，提出症状解，先救火，然后再针对逻辑瓶颈，设计出最小阻力的根本解。

笔者结合 BLM、系统思考以及瓶颈理论，提出解决系统问题的 ORM 思维框架，如图 7-5 所示。该框架的核心思想是：通过系统思考洞察复杂的系统，然后用瓶颈理论找到最小阻力的杠杆解。如此，这个杠杆解，也就具有了超越复杂后的简单。

ORM 左边"方案"的四个部分就是通过系统洞察，寻找瓶颈，设计杠杆解的过程，系统洞察就是要全面而非局部、深入而非表面、动态而非静止地理解现实状态。共同目标源自战略规划输出的战略意图，是寻求双赢解的基础，冲突焦点是要聚焦系统中的核心问题及核心冲突，然后识别核心冲突下的瓶颈因素，设计杠杆解。ORM 右边的"实施"是关于解决方案实施过程的内容，系统解决方案的实施过程，也是一个管理变革的过程。

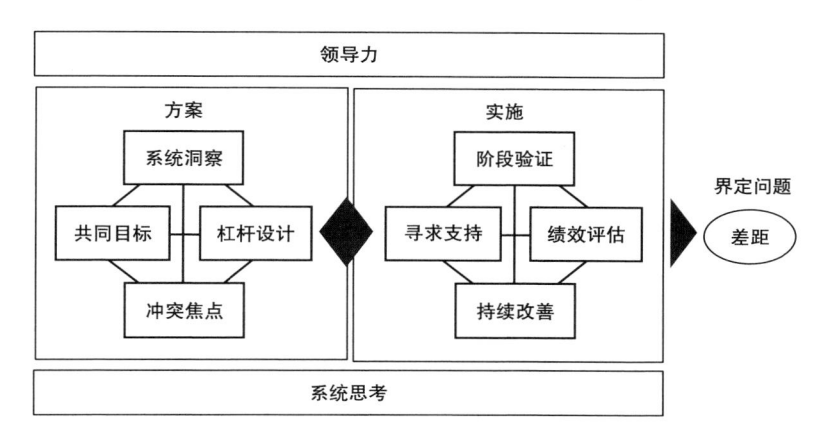

图 7-5 ORM 思维框架

在 ORM 思维框架中，系统思考是思维基础，领导力是领导变革的根本。但是，本模型中的领导力不是大家平时所理解的如教练式领导力，而是改造或创造出新的最小阻力系统结构的设计型领导力。

领导力是战略管理的根本

企业高层在经营管理的过程中，习惯性地把出现的问题归咎于员工执行力的不足，他们总是希望每位员工都能像《把信送给加西亚》里的主角安德鲁·罗文那样敬业。其实，通过上述战略执行力问题的分析，我们认识到执行力不足的根因在于企业高层对整个管理系统的顶层设计。因此，BLM 中的领导力，跟 ORM 中的领导力一样，是设计型领导力，而非其他如教练式领导力、当责领导力等的领导力概念。

BLM 的领导力是设计型领导力

BLM 最开始就是作为领导力提升的模型引入华为的，战略规划是不能被授权的，业务战略规划是业务主管每年都要亲自领导的，领导力就是在设计战略并推动战略落地执行的过程中培养起来的。图 7-6 显示的便是 BLM 中的领导力的作用与影响。

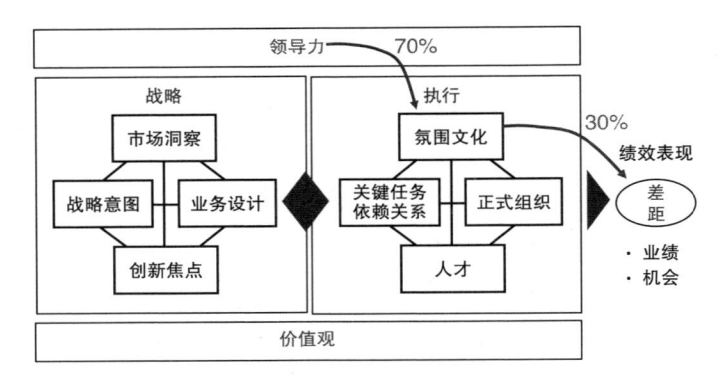

图 7-6 BLM 中的领导力的作用与影响

> 领导力对氛围文化有 70% 的影响，氛围文化对组织的最终绩效结果有 30% 的影响。

> 具有前瞻性是业务领导力最重要的特质，成功的领导者都是以未来为导向，通过市场洞察和战略意图，站在未来看现在。

> 对业务模式、业务策略以及支撑战略落地的组织体系的设计，体现了业务领导力是设计型领导力。

> 业务领导力强调以结果为导向，这与以领导力特质（角色认知、知识技能和个人素质）为核心的传统领导力形成了鲜明的对比。

设计型领导力与管理能力的区别如表 7-1 所示。

表 7-1 设计型领导力与管理能力的区别

设计型领导力	管理能力
建立新规则或改造旧规则 创立目标并制定策略 设计和优化管理体系 影响和激励人们协作及创新	管理是维持系统的正常运行 制订实现目标的计划和预算 按照管理体系配置资源，分配权力和责任 监控并纠偏计划和预算的执行偏差

BLM 的领导力是结果导向的领导力

以领导力特质为核心的传统领导力理论高估甚至神化了企业家及中高层经理们对于企业成功的作用，使得已经或即将成为企业中高层管理者的经理们过于关注自身领导力特质的提升，却因此忽略了领导力提升的最终目的——绩效结果。

也正是因为传统领导力理论过于关注领导者个人魅力、对下属的感召力等心智方面的培养，把他们"明星化""偶像化"，导致其从企业战略规划到战略执行的各个环节中需要付出足够的努力，克服重重困难推动关键任务的落地实施时，因为"看上去不是偶像所为"，使最终的执行结果大打折扣。

密歇根大学商学院教授戴维·尤里奇及著名的领导力研究专家杰克·曾格、诺曼·斯莫尔伍德通过《结果导向的领导力》向传统领导力理念发起了强烈的挑战，他们认为"领导力的有效性 = 领导力特质 × 领导结果"，并认为领导特质被过度讨论的情况下，领导结果被重视不足，从而使得所谓的领导力模型、领导选拔方式偏重于未来。完全按照这套模型选拔出来的领导者在市场技术快速变化，产品周期越来越短，知识信息爆炸式增长的环境下也许是无效的。

领导者要以当下的成就而非未来目标来评价，可能会有人提出异议，担心如果注重短期的结果，会让领导者及其行为都变得短视。领导者因为受到来自股东、投资者的压力，只重视短期财务绩效，结果弱化了战略规划并错失宝贵的市场机会，这样的案例确实俯拾皆是。

BLM 较好地平衡了短期结果与未来期望绩效之间的关系，BLM 天然就是以结果为导向的或以差距来驱动整个模型的，它要求的结果既有短期的业绩结果（右边的战略执行），也有关注未来的机会结果（左边的战略规划），所以才会出现两种差距：业绩差距和机会差距。BLM 认为领导力就是在制定战略规划和推动战略执行等实施战略管理的过程中培养起来的，它为领导力的培养提供了很好的结构化的工具，同时，领导力又为战略制定和战略执行提供强有力的支持，BLM 为那些不知道如何提升领导力并取得领导结果的经理们提供了思考框架和方法指导。

BLM 最右边的差距（业绩差距和机会差距）体现的就是领导者亲自领导下的战略管理（包括战略规划和战略执行）的市场结果，模型最上面的领导力就是设计型领导力。最下面的价值观是领导力发展的基石，它要求领导者确立团队共同的价值观，同时在其中体现出领导者自己的价值观。

模型左半部分的"战略"则是要求领导者具备敏锐的市场洞察力，捕捉市场机会，并确立有前瞻性的愿景和目标，带领团队在主业务和主航道上进行从关注成本到关注成长的多种形式的创新，最后为组织设计出推动其业务发展的业务模式。

模型右边的"执行"则从关键任务、氛围文化、正式组织和人才四个维度为领导者设计支撑战略落地执行的组织体系提供了方向性指导，是领导者的领导力在执行层面的最直接体现。它提示领导者要学会抓关键任务和主要矛盾，并把它转化为 KPI，通过绩效管理调动团队的积极性；它要求领导者营造良好的组织氛围和工作环境，因为氛围的好坏，70% 决定于领导者的管理风格，而组织氛围对团队绩效结果有 30% 的影响力；它也提示领导者要主动承担起组织和流程变革的责任，以推动组织和流程更好地匹配战略需要，而事实上组织和流程变革的最大阻力就来自于高层管理者；它也要求现任的领导者要注重下一代领导者的培养和选拔，做好接班人计划。

BLM 预示着如果领导者没有把左边的"战略"部分设计好，则中长期领导结果不会好；如果右边支持战略落地的"执行"部分没有做好，则短期领导结果不会好。因此，它是真正以结果为导向的领导力模型。

价值观及文化的杠杆作用

价值观是战略抉择与变革方案设计的基本准则，文化则是战略执行与变革方案实施的润滑剂，它们对战略与变革管理有着按章办事无法比拟的巨大杠杆作用。

价值观是战略管理的基础

价值观回答了"企业发展应遵循什么原则"的问题，是企业重要而长期的"核心原则"，这些原则指导企业经营者对企业性质、目标、经营方式做出选择，是员工所接受的共同观念并用于界定员工行为方式，是企业制定规章制度的基础，也是一切行动、任务的最高准则和依据，因而是重要的。价值观不需要理性的或外在的理由，不会随外界环境的变化而变化，因而是长期的。

战略及变革管理的过程，就是一系列战略和方案抉择的过程，做出抉择的基本准则就是企业的价值观。作为 BU 的最高领导层，要确保公司的价值观反映在战略上，同时要确保公司的价值观是日常执行中的一部分。在管理业务战略的过程中，业务经营团队要时常有赖于下面的四个有关价值观的问题指导其做出正确的抉择：

问题一：我们要用什么标准来衡量决策的对错？
问题二：什么是我们必须要坚持的？
问题三：我们信奉的最高宗旨是什么？
问题四：我们做事最基本的原则是什么？

要想成为一名优秀的业务领导者，必须在公司核心价值观的基础上，为本业务团队创建共同的价值观并以身作则地加以践行。华为认为，华为会否垮掉，取决于两个问题：一是核心价值观能否让我们的干部接受；二是能否自我批判。在传承公司的核心价值观的同时，业务主管还应当与团队成员共同创建本团队的章程，团队章程就是团队共同价值观的基本法，类似于华为基本法，其中就明确了本团队的价值观。

优秀的业务领导者还应言行一致地践行价值观并运用榜样的力量来教导业务团队，利用关键事件创造价值观的教育时机，通过绩效指标和激励机制强化价值观。

对于一个因破坏式创新而刚刚组建起来的业务团队而言，它的成长过程，也是价值观的磨合过程。在此过程中，业务领导者既要发挥规章制度的"法治"作用，更要用好价值观的"德治"作用。团队成长的四个时期如图 7-7 所示。

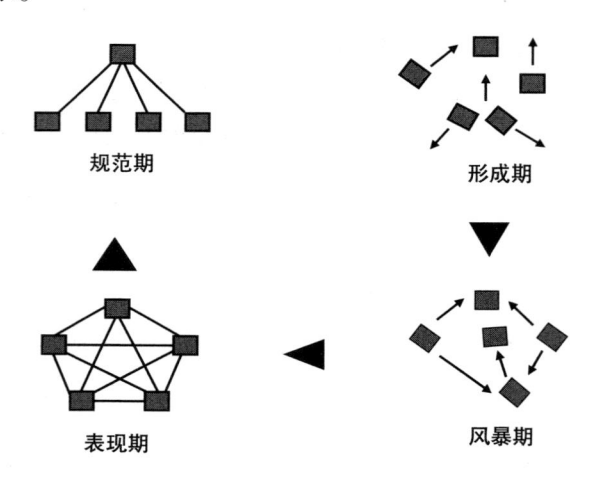

图 7-7　团队成长的四个时期

文化反映了组织的个性

资源是可以枯竭的，唯有文化生生不息。文化是一个组织内所有社会和专业的个性特征的总和，一个组织的文化就是它的个性，并且该组织的领导者常常会为该组织的文化深深地打上自己个性的烙印。中兴的侯为贵一向是为人比较谦和的，做事也有任劳任怨的精神，而华为任正非则在不同场合强调员工要有狼性,于是外界便流传着中兴树立牛文化,华为树立狼性文化的说法。华为的狼性文化有三大特征:敏锐的嗅觉,不屈不挠的进取精神和群体奋斗。

文化是员工长期在企业核心价值观的指引下所形成的行为习惯,笔者的一位同事离开华为去创业,创业初期招的都是从华为离职的员工,他说自己每天都有一项重要的工作要做,那就是凌晨两点去公司办公室把还在加班的员工赶回家去睡觉,华为长期坚持艰苦奋斗的精神在他们身上表现得淋漓尽致。

在战略管理的诸多活动中,会有大量的事务是规章制度和流程没有覆盖到的,这些都是容易产生扯皮和冲突的地方,此时,文化的润滑剂作用就体现出来了。

文化对组织的运作具有润滑剂的作用,反之,当业务战略需要转型时,它又会表现出阻滞的作用。事实上,在推动业务战略转型的组织变革中,最大的阻力正是源自员工行为习惯的改变。在组织变革的管理过程中,我们往往会高估自己的变革推动力,而低估人们改变旧的已经深入人心的行为习惯所产生的阻力。

华为组织氛围的诊断工具 Q20

价值观与文化最后都会内化为组织的氛围,一个组织的氛围好不好,对最终的组织绩效有 30% 的影响,这是价值观与文化对组织绩效的杠杆作用。华为每半年就会针对组织氛围做一次诊断,诊断工具 Q20 源自对盖洛普的 Q12 的改进。如表 7-2 所示。

表 7-2 华为针对组织氛围的诊断工具 Q20

调查内容	您的评分(0~5)	解释说明
1. 我清楚直接主管对我的工作要求		
2. 在工作中,我得到了必备的资源支持		

续表

调查内容	您的评分（0~5）	解释说明
3. 在工作中，我能经常发挥我的优点和能力		
4. 在过去的一个月，我的工作得到认可和表扬		
5. 我的部门在工作时总是朝着"成就客户（包括下游部门）"的方向努力，所做工作是能为客户产生价值的		
6. 我的主管能够带领大家不断克服工作中的困难，尽心尽力地围绕客户需求提升业绩		
7. 在我所在的团队中，每一个人都能与上下游很好地合作，及时提供支持，及时响应周边求助，促进流程的顺畅运行		
8. 我能充分感受到团队的信任和关心		
9. 我觉得有人在帮助我进步		
10. 我认为在工作中有人重视我的意见		
11. 部门的使命/目标让我觉得我的工作很重要		
12. 在工作中，我的主管能够敞开心扉，虚心倾听大家的意见，并能不断自我反省、自我改进		
13. 我的主管能够考虑不同的观点，恪守承诺，其言行举止值得我信任		
14. 我所在的团队中，每一位成员都聚焦于高质量的工作		
15. 在团队中，我有要好的朋友		
16. 我所在的团队是开放、进取的，能够博采他人之长，立足实际、围绕客户需求不断创新及改进工作		
17. 在过去的半年，直接主管和我谈及我的进步		
18. 在过去的一年，部门为我提供了学习和成长的机会		
19. 总的来说，我所在团队的工作氛围是健康、良好的		
20. 您认为，目前部门内影响组织气氛的主要问题是什么？请列出TOP3，并请给出改进建议		

该工具的使用，有一个基本的判定规则：得分高的不代表没有问题，得分低的一定是有问题的。通过调查，可以将组织诊断为消极型、中立型、激发型和高效型。对于消极型和中立型的组织，必须提出改善方案，其主管一年内不得晋升。

经营分析与战略复盘

在战略意图中，业务团队设定了最终的目的地，业务模式和业务策略及年度经营计划是业务团队选择的行驶路线，经营分析与战略复盘则是帮助业务团队按路线正常行驶的汽车仪表盘和导航软件。经营分析和战略复盘就是为了在外部市场环境和竞争格局不断变化的情况下，及时调整业务策略和战术打法，确保年度经营目标和战略关键任务的达成。

做好经营分析和战略复盘的重点是一报（经营分析报告）和一会（经营分析会）。经营分析报告的内容如图 7-8 所示。

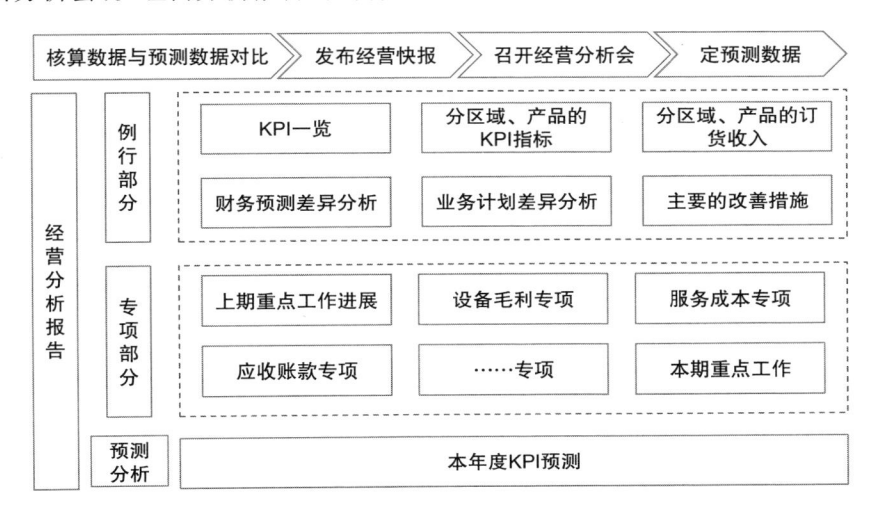

图 7-8 经营分析报告的内容

经营分析报告包含三个部分的内容：

一是例行部分，包括 KPI 执行一览，分区域、分产品的 KPI 指标达成情况，计划执行、财务预测等的偏差分析。

二是专项部分，包括上期及本期重点工作的推进情况，各专项工作的执行情况。

三是预测分析，对下一阶段和年度 KPI 结果进行预测，并对下一阶段进行滚动预测，形成业绩目标达成的机会判断和风险评估等。

经营分析的关键在于发现经营异常，分析问题根源，提出解决办法。发现经营异常的方法是将 BU 的实际经营结果与其战略关键任务、年度经营计划和预算相比，与 BU 上年（上季、上月）同期相比，与业界主要竞争对手和行业标杆相比，找出差距。问题根源的分析过程与前面章节所介绍的业绩差距的根因分析过程类似，也是首先从财务表现入手，分析其市场表现，然后进入内部运营能力的分析，分析到此，业务经营团队就可以针对市场或者运营能力上的物理瓶颈提出快速弥补差距的症状解（救火方案）。只提出救火方案还不够，还要运用 GAPMB 的系统问题思考方法，从业务领导力、组织与流程、人才与激励、氛围与文化四个维度找出引发问题的深层次逻辑瓶颈，并提出根本解（预防火灾的方案）。

为提高经营分析的质量，需要把握三个导向：

➢ 问题导向：经营分析不是工作总结，也不是述职，以聚焦差距、解决问题为主。

➢ 数据导向：识别问题，分析原因，都要以实际经营结果与 KPI 和预算作数据对比，用数据说话。

➢ 结果导向：经营分析后的结果是好是坏，是快是慢，要给出确切的结论，针对差距要找出根因，并有短期和长期的解决方案。

Growth Strategy

结语
业务战略管理的策略性建议

笔者自 2015 年下半年开讲"业务模式制胜：BLM 战略规划 7 步法"课程以来，为许多企业提供了 BLM 7 步法的咨询和培训服务，同时也发现了一些容易遇到困难的地方或常犯的错误，现将其总结成五条策略性建议，以帮助企业克服成功制定业务战略时所遭遇的固有障碍，并作为本书的结语。

建议一　战略是打出来的

枪声一响，计划作废一半，再完美的业务模式和业务策略设计都只是一种推测和假设而已，不要迷恋制定战略的工具和方法论，在会议室里周而复始地坐而论道，纸上谈兵。

战略也不是像绣花一样，按流程和模板处处做得很精细，战略管理流程不过是企业过往经验的总结和沉淀而已，不能成为未来成功的可靠保障，模板更是会让大家错误地认为战略规划就是在按模板做填空题。

成功的战略首先是要敢打、肯打，正如阿里巴巴集团 CEO 张勇所说："大部分今天看来成功的所谓战略决策，常常伴随着偶然的被动选择，只不过是决策者、执行者奋勇向前罢了。其实回头来看，我们很多正确的选择都是偶然做出的。战略是打出来的，已经总结出来的战略基本跟你没关系。"随着信息技术的迅猛发展和客户需求的不断裂变，市场上并不缺少机会，缺的是迈出敢打、肯打的第一步，有了第一步，才会有无限可能的未来。

成功的战略要善于抓住价值转移的变化趋势，确保方向大致正确。业务战略规划的最终目的是在正确的时间，抓住可做、想做并且能做的市场机会，通过业务模式的创新，及时滑向价值转移后的利润区。书中也列举了众多曾经的商业巨头因无法把握价值转移趋势而黯然退场的案例。如柯达因为没有看到数码摄影技术对胶卷的全面替代而申请破产保护，苹果因为看到了移动互网联时代对智能终端的召唤，顺势推出 iPhone 和 iPad，并构建起品类和生态优势，干掉了曾经的功能手机巨无霸诺基亚。

成功的战略要保持一定的敏捷性和灵活性，同时组织要充满活力。正如任正非所说："做事业就像舞龙，龙头要抬起来，这就是方向，大致要正确；更重要的是随后龙身子要舞动起来，要有力，整个龙才能舞起来、活起来。"战略方向如果能够做到大致正确是最好的结果，而有的时候是大致不正确的，这时该怎么办？天下武功，唯快不破。方向对的时候，快速发展，方向不太对的时候，就要快速调整，快的背后靠的是组织活力。组织有活力，说明没有大公司病，没有官僚主义，没有僵化的机制，从决策层到管理层再到执行层，快速达成战略共识，快速部署资源，快速解决冲突，所有人听得到炮火，看得到差距，拿得到结果。

建议二　适时开辟第二曲线

人们总是习惯于危机来临时才想着做出改变，温水煮青蛙，居安不思危。例如遭遇中年危机了，才想着去找第二职业。同理，企业作为一个社会系统的存在，也偏好确定性和连续性，但市场变化却是不确定的和非连续性的。企业或 BU 的经营团队，在主力业务还在增长的时候，就有必要思考如何开辟第二曲线。

开辟第二曲线需要业务经营团队在价值转移趋势开始出现质变时，能够敏锐地捕捉到战略转折点的到来。战略转折点是英特尔已故总裁格鲁夫提出的。他认为，市场在缓慢的变化过程中，会由量变引发质变，最终来到"战略转折点"。在战略转折点上，旧的战略地图会被新的地图所取代，企业必须成功找到并跨越这个转折点，否则会在到达某个高位之后，逐步滑向 S 曲线的低谷。1985 年，英特尔壮士断腕，放弃存储器业务，全力转向微处理器业务，就是为了适应市场环境的变化而主动开启的战略转折。

从此，英特尔获得了巨大成功。

战略转折点往往会先出现在市场的"边缘处"，这就要求我们的业务经营团队要经常下沉到"听得到炮声"的一线去，未来不是突然到来的，雪是从边缘处开始融化的，那些最终会对你的业务产生重大影响的力量，也许正在市场的"边缘处"孵化。

开辟第二曲线需要采用破坏式创新策略，正如理查德·福斯特在《创新：进攻者的优势》一书中所说，创新是最好的进攻方式，特别是低端市场和新市场破坏式创新，可以避免与在位企业的短兵相接。拼多多做实物电商，是从下沉的农村市场和对价格敏感的客户做起，避开了与淘宝和京东的正面竞争。美团做本地化生活服务电商，相较于淘宝的实物电商与携程的异地生活服务电商，创造了一个新的电商品类。2016年《财经》记者专访王兴时问："美团和滴滴的出现，是否给原来以BAT为主导的互联网秩序带来变化？"王兴说："互联网领域的竞争规律没有本质改变，不是在原有领域把原来的人挤掉，而是新的战场扩大了，新的参与者占住了新的战场。创新永远在边缘。"

开辟第二曲线需要基于自身的核心竞争力，尽管第二曲线是换了一条新的赛道，需要采用新的业务模式，但有一块基石是不变的，那就是企业的核心竞争力，它是第二曲线的立足点。就像书中提到过的富士，即使遭遇了与柯达一样的数码摄影技术对胶卷全面替代的不利局面，基于对胶原蛋白技术、纳米分散技术和抗氧化技术几十年的沉淀，成功进入化妆品、医疗设备、光电、数码影像、印刷以及高性能材料等新领域。

运营第二曲线需要新的管理体系，业务模式决定经营模式，经营模式决定管理模式。破坏式业务运营的重心是重构一个新的业务模式，延续式业务运营的重心则是优化当前的业务模式。前者是在换操作系统，后者是在给操作系统打补丁。第二曲线业务运营的基本策略是以学习和试验为主的策略，是设计—试验—学习的不断循环。因此，第二曲线业务需要从业务领导力、组织与流程、人才与激励、氛围与文化上构建一个新的管理体系。采用现有的管理体系，同时管理第一和第二曲线业务，将会在战略执行时遭遇大量的决策冲突，最终使组织患上"精神分裂症"。

建议三 制定业务战略的目的是求发展而非竞争

业务战略不是竞争战略，竞争战略关注的是在哪里竞争，如何竞争，何时竞争，你输我赢的竞争策略造成的结果往往是价格战下的双输或多输。制定业务战略的最终目的是谋求发展，而不是打败竞争对手，竞争只是追求发展的一种手段而已，手段中除了竞争，也可以有合作。

在商场上，"与其更好，不如不同"，用差异化避开与竞争对手的直接竞争，以客户为中心，将资源聚焦于帮助客户完成未尽的任务，达成不足的成果，消除限制条件。如果一味地盯着竞争对手，策划竞争策略，规划产品时，总想着要做"人无我有，人有我优"的"超级产品"，当竞争对手的策略是对的时候，他们有先发优势，而当竞争对手的策略是错的时候，他们把我们一起引到了阴沟里。无论竞争对手策略的对错，我们都毫无胜算。

制定业务战略的最终目的是谋求发展，即使是在过度竞争时代，我们也要优先想办法做大整个行业的蛋糕而不是从竞争对手那里虎口夺食。因此，本书认为春秋航空不是从东航、南航这些全服务航空公司手上抢夺了蛋糕，而是将原来乘坐长途汽车和火车出行的人转变成了航空客运的客户，做大了整个航空客运的蛋糕。

做大蛋糕的方法就是深入挖掘客户的真实需求，发现客户当前还没有产品可用，只能靠手工或自制的工具来完成的目标任务，或者客户因为时间、空间、经济和能力上的不足，无法完成的目标任务，通过新市场破坏式创新，将原来的零消费市场或者非消费者开发成新的市场和客户。即使是与领先企业在成熟市场上竞争，也应采取"你打你的，我打我的"策略，通过市场细分，挖掘"超出的市场机会"，为客户提供"刚刚好"的

产品，避开与领先企业的短兵相接。

建议四　依据市场类型设计业务战略

对市场进行细分，是制定业务战略的基础。在不同的细分市场，客户需求、竞争对手、行业影响、合作伙伴都有可能不同，因此，需要针对不同的细分市场类型，设计不同的业务模式，制定不同的业务策略。

本书将可投资的市场分为成熟市场、成长市场和种子市场三种类型，对市场类型的判定，是基于企业自身竞争地位所做出的判断，与整个行业或品类的客户接纳周期既有关联，又有区别。例如本书案例中的广东某生产PCB的军工企业，普通民用市场是它下一步要进入的种子市场，但对整个普通民用市场的PCB业务而言，在客户接纳周期中它早已进入了成熟期。

成熟市场主要面对保守主义者，他们购买产品但不代表他们就喜欢这些产品，有时甚至是不得不购买的。既然是迫不得已才购买的，价格自然是重要的考虑因素，同时要求产品已经很成熟，使用、维护和更换很方便。因此，标准化、大众化的延续式创新是这类市场的主要创新策略，业务范围的选择既可以聚焦于某个模块的专精特新，也可以对价值链进行优化和重构，通过规模效应和高效运营，降低产品成本，通过定制化服务保障利润并提高保守主者的转换成本。研发策略上主要关注产品体验上的差异化特征，定价策略上采取基于成本的定价。

成长市场主要面对实用主义者，他们购买产品是想得到可衡量的或可预见的改善，他们会很在乎周围大众对这些产品的评价和看法。他们需要的不只是有亮点的基础产品，而是包括了支持性产品和有品牌影响力的整体产品。成长市场的创新策略也是以延续式创新为主，此时，产品的技术架构和相关标准逐渐成熟，将支持性产品模块化、标准化后外包的效率会更高，成本也更低。在成长市场，企业一方面是要快速抢占市场份额，一方面要开始打造品牌影响力，构建起客户优势，市场领先者还可以着手考虑如何构建起生态优势。成长市场的研发策略是将基础产品标准化，与支持性产品形成完整产品（解决方案），定价策略采取基于竞争的定价。

种子市场可能分布在客户接纳周期的任何阶段，以早期采用者为例，他们甘愿冒险使用未经验证的产品或解决方案，不在乎大众的看法。在2B市场，早期采用者往往是客户中的高层决策者，他们购买产品是想通过这些产品领先竞争对手一步达到效率和性能的根本性突破。早期采用者是通过新市场破坏式创新开发出来的"蓝海"，应重点关注早期采用者没有产品可用或现有产品因各种限制条件无法使用的需求，此时技术架构和应用场景还不够成熟，采用一体化运作模式是必然的选择。对于一个新创建的价值网络，为了与旧的价值网络区隔开，先导企业往往会标榜自己的产品是一个新的品类，在营销定位上将自己定位为新品类、新概念的引领者，并运用品类优势降维打击旧价值网络中的竞争对手，此时的定价策略经常采用基于价值的定价。

由此可见，不做市场细分，或者没有针对细分市场的不同类型而设计的业务战略，必定会是空中楼阁，镜花水月。

建议五　达成战略共识比输出一堆文档更重要

制定业务战略的过程，不是输出一堆图表好看，逻辑自洽，只用于向高层汇报的几百页文档的过程，而是一个公司决策层、业务经营层、项目执行层上下同欲，销售、市场、研发、生产、服务各功能领域左右对齐的过程。

所谓上下同欲，是指用业务战略解码公司战略时，下级组织承接上级部门的战略任务和绩效目标时，下级主管分担上级领导的关键任务和考核指标时，不能只是被动地接受和知道，而应主动地理解上级的战略意图，积极参加战略研讨，提供不同角度的业务建议，采用"直升机"思维，从更高层次与上级同欲。

由于职责分工的不同，一个组织体系里，有在前端打粮食的，有在后端搞能力建设的，还有给前后端提供人力资源和财务支撑的。如果没有达成跨部门和跨功能领域端到端的左右对齐，各部门之间都是各自为战，员工内心就不可能生成自我驱动的创造性张力，战略执行过程就不可能形成高效的协同，执行效果也无法得到保障。

业务战略的 owner 是 BU 的业务主管，制定业务战略是业务主管必须要亲历亲为、不能授权的一项工作，但业务战略不是业务主管一个人的战略。只有将业务主管的战略意图转化为业务团队的一致行动，才能成为真正的战略。因此，业务主管要以开放的心态敢于分享自己尚未成熟的想法，倾听来自不同角度的观点和意见，甚至是对战略方向的挑战，多做抛砖引玉的工作，与业务团队的成员们通过战略共创，形成"力出一孔"的战略意图和战术打法。

各职能部门或功能领域的代表在参与战略研讨时，要敢于针对战略设计和执行策略提出不同意见，在战略真正执行之前就把该说的话说出来，该吵的架吵完，而不是战略研讨时一团和气，表面赞同，执行时才表达不同意见，私下有抵触心理。

因此，在战略的闭环管理过程中，感性的共识比理性的逻辑推理更具战略价值。达成战略共识的目的是要将整个 BU 凝聚形成"One Team, One Dream！"的势能，通过共同的语言，以共同的价值观，制定共同的战略及目标，形成共同的绩效承诺，达成共同的业绩成果。有了战略共识的加持，业务必增长，团队必成功。

参考文献

[1] 摩尔. 跨越鸿沟：颠覆性产品营销圣经 [M]. 赵娅, 译. 北京：机械工业出版社，2009.

[2] 布兰克. 四步创业法 [M]. 七印部落, 译. 武汉：华中科技大学出版社，2012.

[3] 克里斯坦森. 创新者的窘境 [M]. 胡建桥, 译. 北京：中信出版社，2010.

[4] 克里斯坦森, 雷纳. 创新者的解答 [M]. 李瑜偲, 林伟, 郑欢, 译. 北京：中信出版社，2013.

[5] 福斯特. 创新：进攻者的优势 [M]. 孙玉杰, 王宇峰, 韩丽华, 译. 北京：北京联合出版公司，2017.

[6] 斯莱沃斯基. 价值转移：竞争前的战略思考 [M]. 凌郢, 译. 北京：中国对外翻译出版公司，1998.

[7] 斯莱沃斯基, 安德尔曼, 莫里森. 发现利润区 [M]. 吴春雷, 译. 北京：中信出版社，2018.

[8] 汉迪. 第二曲线：跨越"S 型曲线"的第二次增长 [M]. 苗青, 译. 北京：机械工业出版社，2017.

[9] 鲁梅尔特. 好战略，坏战略 [M]. 蒋宗强, 译. 北京：中信出版社，2017.

[10] 图什曼, 奥赖利三世. 创新跃迁：打造决胜未来的高潜能组织 [M]. 苏健, 译. 成都：四川人民出版社，2018.

[11] 哈默, 普拉哈拉德. 竞争大未来 [M]. 李明, 罗伟, 译. 北京：机械工业出版社，2020.

[12] 圣吉. 第五项修炼：学习型组织的艺术与实践 [M]. 张成林, 译. 北京：中信出版社，2009.

[13] 舍伍德. 系统思考 [M]. 邱昭良, 刘昕, 译. 北京：机械工业出版社，2020.

[14] 科克斯三世, 施莱尔. 瓶颈理论手册 [M]. 张浪, 王华, 译. 北京：电子工业出版社，2015.

[15] 尤里奇, 曾格, 斯莫尔伍德. 结果导向的领导力 [M]. 赵实, 译. 北京：机械工业出版社，2016.

[16] 马浩. 战略管理：商业模式创新 [M]. 北京：北京大学出版社，2015.

[17] 郭剑. 成长模式：企业决胜未来的三大路径 [M]. 北京：东方出版社，2007.

- ➢ 原华为副总裁倾力打造，14年专业组织变革管理和人力资源管理经验之作。
- ➢ 华为独特的人才选拔、考核评价及激励机制是众多企业真正要掌握的管理核心。

- ➢ 任正非的系统性思考，华为高效执行文化背后的关键措施和行动方案。
- ➢ 华为以成果为导向的执行密码，企业高效运转的驱动力解析。

- ➢ 华为前高管联合数位业内专家联合创作。本书旨在构建系统的企业文化建设和落地路径，对标微软、亚马逊、华为、阿里巴巴、字节跳动等国内外知名企业案例，深入梳理了企业文化建设方法，帮助企业经营者、企业文化建设管理者用对方法、学通案例、引导实践。

- ➢ 做好个人品牌，就是为了加速生意！用营销思维放大个人品牌，让人认识你、认可你、认准你！
- ➢ 资深营销人峰帅多年实战经验总结，蕴含130W+个人品牌集训营课程精华。
- ➢ 全书分为四大模块，包含十个有效"放大器"，涵盖个人品牌经营中最为关键的痛点。

- 当代经济学家所犯的错误，其实是对权力、群氓与利益的妥协，对无知、懦弱与贪婪的顺从。
- 40多万人关注的《智本社经济学讲义》精华版。给普通人看的通俗经济学，有趣、有料又好懂。

- 本书对元宇宙的核心概念、技术基础、运作模式、产业应用、发展周期以及潜在问题等做了系统梳理和展望。
- 清华大学新闻学院沈阳教授团队倾力打造元宇宙浪潮航海图。了解和把握Web3.0时代人类生存新机遇，成为时代先行者。

- 全球保险界传奇人物、"保险教父"梅第的经典传记，生前正式授权出版。
- 连续52年MDRT会员，27次TOT会员，13次COT会员，数十年的销售冠军，梅第被全球保险界尊称为"永远的世界第一"。
- 你对销售的一切困惑，都可以在本书中找到答案。

- "扑克之星"菲尔·戈登的德州扑克经典著作，50多个国家引进版权、12种语言出版，全球畅销50多万册。
- 详细介绍德州扑克的基本原则、比赛策略，并引导你理解德州扑克中隐含的概率和数学及心理学等问题。